Wie hilft der Bär beim Glücklichsein?

Ajahn Brahm

Wie hilft der Bär beim Glücklichsein?

Fragen und Antworten für den buddhistischen Weg
zu einem achtsamen und erfüllten Leben

Aus dem Englischen übertragen
von Karin Weingart

Lotos

Die amerikanische Originalausgabe erschien 2017 unter dem Titel
»Bear Awareness. Questions and Answers on Taming Your Wild Mind«
bei Wisdom Publications, Somerville, Massachusetts, USA.

Sollte diese Publikation Links auf Webseiten Dritter enthalten,
so übernehmen wir für deren Inhalte keine Haftung, da wir uns diese nicht
zu eigen machen, sondern lediglich auf deren Stand zum Zeitpunkt der
Erstveröffentlichung verweisen.

Verlagsgruppe Random House FSC® N001967

Dritte Auflage 2018
Copyright © 2017 by Buddhist Society of Western Australia
Copyright © der deutschsprachigen Ausgabe 2018
by Lotos Verlag, München,
in der Verlagsgruppe Random House GmbH,
Neumarkter Straße 28, 81673 München
Alle Rechte sind vorbehalten. Printed in Germany.
Umschlaggestaltung: Christine Klell, Wien,
unter Verwendung eines Motivs von Utro-na-more
Satz: Satzwerk Huber, Germering
Druck und Bindung: GGP Media GmbH, Pößneck

ISBN 978-3-7787-8278-1
www.Integral-Lotos-Ansata.de
www.facebook.com/Integral.Lotos.Ansata

Inhalt

Vorwort

Fragen zu stellen verheißt gutes *Kamma*. In *Die kürzere Darlegung zu den Handlungen* (MN 135) erkundigte sich einer seiner Schüler beim Buddha, warum manche Leute steinreich sind, wo doch andere sich halb totschuften und trotzdem kaum über die Runden kommen. Das liege, antwortete der Buddha, am *Kamma* (Karma), an den Handlungen, deren man sich in einem früheren Leben befleißigt habe. So würden etwa aus einstigen Geizkrägen im jetzigen Leben arme Schlucker.

Auch wurde der Buddha gefragt, warum manche umwerfend gut aussehen und andere so abstoßend, dass nicht einmal ein exklusives Umstyling etwas halbwegs Attraktives aus ihnen machen könne. Die kammische Ursache von Hässlichkeit in diesem Leben, erklärte der Buddha, seien Aggressivität und Reizbarkeit im vorhergehenden.

Sodann wurde er nach der kammischen Ursache für Dummheit gefragt: warum sich manche in der Schule so anstrengen und sogar Nachhilfe in Anspruch nehmen müssen und das Klassenziel trotzdem nur mit Ach und Krach erreichen, während andere Bestnoten einheimsen, auch ohne groß etwas dafür zu tun. Die kammische Ursache von Dummheit im nächsten Leben, entgegnete der Buddha – und das ist für das Verständnis von Sinn und Zweck dieses Buches außerordentlich wichtig –, sei darin zu suchen … DASS MAN IN DIESEM KEINE FRAGEN STELLT.

Ein herzliches Dankeschön also an alle künftigen Genies, die die Fragen für dieses Buch aufgeworfen haben. In eurem nächsten Leben wird die Schulzeit ein reines Zuckerschlecken sein!

AJAHN BRAHM
Perth, Australien

Anmerkung der Herausgeber

Berühmt und hochgeschätzt ist Ajahn Brahm nicht nur für den Inhalt seiner Lehren, sondern auch für die Art, wie er sie präsentiert, und seinen Humor. Seine »dummen« Witze heben die Stimmung und öffnen das Herz – und schon bietet sich eine gütigere, mitfühlendere Sichtweise an. Oft ist bei ihm der Witz selbst schon die Botschaft. Hauptsächlich jedoch dient diese Leichtigkeit dazu, Probleme anzusprechen, die uns das Weiterkommen auf dem Weg des Buddhismus erschweren.

Dieses Buch wurde ursprünglich als Festschrift zu Ajahn Brahms vierzigstem Mönchsjubiläum geplant. Es enthält Fragen und Antworten aus Retreats, die er wenige Zeit zuvor im australischen Jhana Grove Retreat Centre abhielt. Allabendlich konnten die Teilnehmer ihre Fragen auf Zettel schreiben und diese anonym in ein Körbchen legen. Bevor er darauf antwortete, las Ajahn Brahm die Fragen allen laut vor. Fans seiner früheren Bücher werden die eine oder andere Geschichte wiedererkennen, doch sorgt die Intimität des Frage-Antwort-Formats für ein vollkommen anderes Lernerlebnis und ermöglicht so eine ungeahnt neuartige Begegnung mit einem Meister der Meditation.

Natürlich stehen Buddhas Lehren im Mittelpunkt jedes Buches, das den *Dhamma* präsentiert. Doch im vorliegenden weisen die Fragen weit über das gesprochene Wort hinaus. Beim Zusammenstellen und Redigieren des Textes wurde uns bewusst, dass sich die Schönheit der Atmosphäre im Jhana Grove, die gegenseitige Zuneigung und der in der Gemeinschaft herrschende Humor sich nicht allein in den Worten ausdrücken. Während der abendlichen Versammlungen, wenn das rot- und orangefarbene Licht der untergehenden Sonne durch das Laub des Eukalyptus fiel, konnte man entfernt das gackernde Lachen des Kookaburras hören. Der Stille des australischen Outbacks entsprach die Stille der Zuhörer. Von dieser geistigen Ruhe können auch Sie, die Leserinnen und Leser dieses Buches, profitieren. Seien Sie deshalb aufs Herzlichste eingeladen, sich vorzustellen, dass Sie sich mit Ajahn Brahm im dortigen Vortragssaal befinden. Den ganzen Tag über haben Sie meditiert, und jetzt spricht er Sie an, Sie ganz persönlich.

Für alle, denen die vielen Ausdrücke aus dem mittelindischen Pali nicht vertraut sind, mit denen der Theravada-Buddhismus aufwartet, haben wir zum besseren Verständnis ans Ende des Buches ein Glossar gestellt.

Der Hahayana-Ansatz
des Meditierens

Warum es eine gute Idee ist,
sich locker zu machen

Was ist eigentlich *Metta*? Ich stehe nämlich noch ganz am Anfang, musst du wissen.

Was für eine wunderbare Frage! Die Person, von der sie stammt, muss sehr gütig und liebenswürdig sein. Bestimmt stehst du kurz vor der Erleuchtung.

Metta nennt man die Art und Weise, wie ich euch behandle: »liebevolle Güte« – also Fürsorge, Mitgefühl, Akzeptanz, Respekt. Bringst du jemandem *Metta* entgegen, respektierst du ihn, bist nett zu ihm, denkst gut über ihn – auch wenn er mitten in der Nacht lautstark schnarcht. Begegnest du anderen Menschen mit liebevoller Güte, stellen sie kein Problem mehr dar. Begegnest du dir selbst mit liebevoller Güte, stellst du für dich auch kein Problem mehr dar. Und begegnest du schließlich jedem einzelnen Moment mit liebevoller Güte, begegnest dem Jetzt mit schöner *Metta*, befindest du dich auf dem Highway zur Erleuchtung. Und der Weg wird dann ganz leicht.

Ein Grund, weshalb Menschen keinen inneren Frieden empfinden, ist, dass sie zu ihrem Geist nicht gütig genug sind. In *Metta* hast du Nachsicht mit dir – zwingst dich zu nichts. Du betrachtest deinen Körper und deinen Geist als Freunde, und ihr arbeitet gütig, mitfühlend zusammen.

In meinem Buch *Die Kuh, die weinte* beschreibe ich *Metta* als die Fähigkeit, die Tür unseres Herzens zu öffnen, gleich was wir erleben, egal was geschieht. *Metta* ist schönstes, bedingungsloses Wohlwollen. Ein Beispiel: Vielleicht warst du faul und denkst, dass du bestraft gehörst. Das ist nicht *Metta*. Sei selbst dann lieb zu dir, wenn du faul oder nachlässig warst, etwa die während des Retreats geltenden Tugendregeln gebrochen und am Nachmittag Kekse gefuttert hast. Was auch immer: Sei nachsichtig mit dir. Und bezüglich deiner Mitmenschen: Dass sie alle möglichen störenden Geräusche von sich geben, während du meditieren willst, spielt keine Rolle: »Mögen auch sie glücklich sein und möge es ihnen gut gehen.«

Dieses schöne Gefühl von *Metta* ist weder vom Tun anderer noch von deinem eigenen Handeln abhängig. Begegne jedem Moment mit *Metta*. Sei unablässig gütig zu dir, was auch gerade sein mag und wie du es empfindest – ob du dich langweilst, rastlos oder frustriert bist. Anders ausgedrückt: Meine es mit jedem einzelnen Moment gut.

Wie kann ich *Metta* vergrößern?

Mit der *Metta*-Meditation lässt sich allen Lebewesen gegenüber bewusst Wohlwollen erzeugen. Dabei lernen wir, die liebende Güte zu erkennen und weiter auszubauen. Gewöhnlich sagt man sich bei der *Metta*-Meditation wieder und wieder

Worte wie: »Mögen alle Lebewesen glücklich sein und möge es ihnen gut gehen. Mögen alle Lebewesen frei von Leiden sein. Möge ich glücklich sein. Möge ich zu innerem Frieden finden.« Aber du kannst auch deine eigenen Formulierungen finden. Wichtig ist nur, dass du auf die Lücken, die Freiräume zwischen den Worten achtest. Nach dem »Möge ich glücklich sein und möge es mir gut gehen« machst du ein Päuschen und räumst deinen Worten damit die Chance ein, ihre Wirkung zu entfalten.

Wie du feststellen wirst, haben Worte Macht. Während der Pause, in der du dich mit dieser Macht verbindest, begreifst du die wahre Bedeutung des »Mögen alle Lebewesen frei von Leiden sein« und dein Geist beginnt *Metta* hervorzubringen. Die Worte sind nur das Streichholz, das die Güte entzündet. Das Gefühl, das sich nach den Worten einstellt, ist *Metta*. Und unglaublich angenehm.

Wiederhole die Worte nur so lange, bis du die Güte spürst. Wann immer du deinem Geist eine Anweisung gibst, beginnt er sich darauf einzustellen. Deine Worte weisen ihn in Richtung *Metta*. Ist dein Geist erst einmal voller liebender Güte, benötigt er die Worte nicht mehr. Du bist den Wegweisern gefolgt und hast dein Ziel erreicht: Du empfindest *Metta*. Du kultivierst dieses Gefühl, indem du dich ihm anvertraust und dich gut fühlst damit. So wird es sehr, sehr stark. Und du kannst es bis in einen tief meditativen Zustand hinein vertiefen.

Wiederhole die Worte also so lange, bis du sie spürst. Angenommen, du sagst »Frieden … Frieden … Frieden«. Spürst du den Frieden? Empfindest du die Bedeutung des Wortes? Sobald das der Fall ist, sobald sich dein Geist mit Frieden erfüllt hat, brauchst du das Wort nicht mehr auszusprechen. Sag es dir erst wieder vor, wenn seine innere Wirkung nachlässt. Und immer nur, solange es erforderlich ist. Bis du zu innerem Frieden gefunden hast.

So üben wir uns in liebender Güte. Mithilfe von Worten erzeugen wir ein Gefühl; sobald dieses Gefühl stark genug ist, wenden wir uns ihr zu und lassen von den Worten ab. Sie haben ihren Job getan. Wenn du willst, kannst du ein goldenes Licht in deinem Herzen visualisieren. Solche Visualisierungen helfen manchmal.

Ab einem bestimmten Punkt verselbstständigt sich dieser Prozess. Dann musst du nichts mehr sagen, sondern fühlst die Güte einfach – *du wirst zu Metta* – und es erstreckt sich auf alle Lebewesen. Noch einen Schritt weiter, und du erlebst so viel Glück und Freude, so viel *Piti-Sukha*, dass in deinem Geist ein schönes Licht aufscheint – ein *Nimitta*. Dann sitzt du einfach da in aller Glückseligkeit, total entspannt. So ein richtiges *Metta-Nimitta* ist wunderschön, herrlich, man kann sich leicht darauf fokussieren, und es führt dich in die Zustände der geistigen Vertiefung, die *Jhanas*. Während eines dreimonatigen Retreats sage ich den Mönchen immer wieder das folgende Buddha-Wort vor: *Sukhino cittam samadhiyati* – »Vor Zufriedenheit und Glück wird der Geist ganz still«. Es ist diese Zufriedenheit, dieses Glück in *Metta*, das den Geist so unglaublich ruhig macht. Und eben dann kommt es zu *Nimittas* und *Jhanas*.

Spüre, wie dein »Mögen alle Lebewesen glücklich sein und möge es ihnen gut gehen« in dir nachhallt. Sprich die Worte weiterhin aus (und meine sie auch so!). Schwelge in den entsprechenden Gefühlen, bis diese sehr, sehr stark werden und sich verselbstständigen. Als wolltest du ein Feuer entfachen und müsstest dafür das Streichholz mehrmals über die Reibefläche ziehen. Ist das Feuer dann einmal entzündet, geht alles wie von selbst. Ähnlich funktioniert auch die *Metta*-Meditation, und sie ist sehr mächtig.

Eine meiner liebsten *Metta*-Geschichten handelt von einem der berühmten thailändischen Waldmönche. Auf seinem nachmittäglichen Weg durch den Dschungel kam er in ein Dorf und erklärte dem Ortsvorsteher, er wolle die Nacht dort verbringen. Der Ortsvorsteher, der sich sehr freute, einen Waldmönch beherbergen zu können, sorgte dafür, dass die Dorfbewohner am Abend zusammenkamen, um einem *Dhamma*-Vortrag zu lauschen, den der Mönch halten sollte, und ihm am nächsten Morgen ein Frühstück servierten.

Und was tat der Mönch in den zwei Stunden, die ihm vor dem Vortrag blieben? Er setzte sich unter einen Baum und meditierte. Doch nach einigen Minuten fiel ihm auf, dass er unter dem falschen Baum Platz genommen hatte. Denn in unmittelbarer Nähe befand sich ein großes Ameisennest. Schon krabbelte ihm das erste Tierchen auf den Fuß, das Bein hoch und biss zu. Aua! Nacheinander kamen ein zweites, ein drittes, ein zehntes und ein zwanzigstes. Und allesamt bissen sie ihn! Da der Mönch jedoch hart im Nehmen war, blieb er einfach sitzen.

Allerdings nicht lange. Denn bevor er es sich versah, sprang er auf und wollte schon davonrennen … als er sich eines Besseren besann. »Hey«, dachte er bei sich, »ein Waldmönch wie ich sollte doch nicht so weglaufen …«

Als er sich umdrehte, bemerkte er, dass es auf dem Flecken, auf dem er gesessen hatte, vor roten Ameisen nur so wimmelte. Und er beschloss, sich mitten hinein zu setzen. (Solche Mönche sind heutzutage rar gesät!) Sobald er Platz genommen hatte, krabbelten die ersten Ameisen schon wieder an ihm hoch und fingen an, ihn zu beißen. Doch dieses Mal fokussierte er sich in der Meditation nicht auf seinen Atem, sondern auf *Metta*: »Mögen alle Lebewesen – ganz besonders aber diese roten Ameisen – glücklich sein und möge es ihnen gut gehen. Wenn ihr wirklich Hunger habt, solltet ihr von meinen Armen kosten und euch mal so richtig sattfressen!« (Letzteres hat er nicht gesagt, das hab ich erfunden.) Nach einigen Minuten *Metta*-Meditation hörten die Ameisen auf, den Mönch zu beißen. Zwar krabbelten sie immer noch unangenehm auf ihm herum, aber sie bissen ihn nicht mehr. Nach einigen weiteren Minuten stellte sich eine faszinierende Empfindung ein: Statt an ihm hoch krabbelten die Ameisen nun von ihm herunter. Bald war auch noch die letzte von seinem Fuß verschwunden. Dabei hatte er nichts anderes getan, als alle Lebewesen mit liebender Güte zu bedenken. Eine wunderbare, eine tief greifende Meditation.

Nach zwei Stunden hörte der Mönch die Dorfbewohner eintrudeln. Merkwürdige Geräusche machten sie, ganz so, als würden sie tanzen. »Was für ein seltsamer Brauch«, dachte er noch. »Hier tanzen die Leute, wenn sie sich einem Mönch nähern.« Dann jedoch ging ihm der Grund dafür auf: Sie alle hatten mit Ameisenbissen zu kämpfen! Rundum war der ganze Waldboden mit roten Ameisen bedeckt – nur nicht im Umkreis von etwa einem Meter. Die roten Ameisen beschützen mich ja, realisierte der Mönch.

So machtvoll ist die *Metta*-Meditation, die Meditation der liebenden Güte. So stark, dass dich sogar die Tiere befürsorgen und beschützen.

Könntest du vielleicht der Spülmaschine etwas *Metta*-Magie zukommen lassen? Unsere ist kaputtgegangen.

Wozu brauchst du eine Spülmaschine? Du hast doch zwei Hände! Und eine Spülbürste! Heutzutage haben die Leute alle diese Elektrogeräte und müssen nur noch auf einen Knopf drücken. Wie herrlich, wenn sie mal nicht funktionieren. Dann kann man gutes *Kamma* ansammeln. Und kommt in den Genuss einer echt wichtigen Lehre.

Wenn etwas nicht zu deiner normalen Arbeit gehört, sondern du freiwillig deine Hilfe anbietest, kannst du daraus unglaublich viel Freude beziehen.

Eine meiner wichtigsten Erfahrungen als junger Mönch habe ich im Nordosten Thailands gemacht, unmittelbar vor der Ordinierung dreier Novizen. Um als Mönch ordiniert zu werden, musste man sich seine drei Roben selbst anfertigen, und zwar aus einfachen weißen Stoffstücken. Was zwei oder drei Tage in Anspruch nahm. Man musste die Stoffstücke zusammennähen und dann mit Jackfruchtbaumextrakt einfärben. Dafür musste man Wasser aus dem Brunnen holen und Holz sammeln, um Feuer zu machen. Man musste Zweige vom Jackfruchtbaum holen, sie in kleine Stücke zerteilen, diese Stückchen auskochen, um die Farbe daraus zu gewinnen, die so gewonnene Flüssigkeit konzentrieren, damit die Farbe an Intensität gewinnt, und die Stoffe dann braun einfärben. Eine sehr harte Arbeit!

Diese drei Novizen waren also dabei, sich ihre Roben herzustellen. Da man, um die Farbe zu gewinnen, das Feuer beobachten musste, damit es nicht ausging, hatten sie schon lange nicht mehr geschlafen. Nach dem abendlichen Chanten ging ich in den Färbe-Schuppen. Als ich sah, wie müde die armen

Novizen waren, sagte ich zu ihnen: »Ihr legt euch jetzt ein paar Stunden lang aufs Ohr. Ich bleibe derweil auf und schaue nach eurer Farbe. Aber sagt niemandem etwas davon, denn es verstößt gegen die Regeln.« Sie gingen zu Bett und ich behielt die ganze Nacht über den Topf im Auge. Um drei in der Frühe erklang die Glocke. Die Novizen erschienen wieder und widmeten sich erneut dem Färben, während ich mich zum morgendlichen Chanten und Meditieren begab. Ich fühlte mich hellwach und vollkommen klar im Kopf, war kein bisschen müde. Sondern steckte voller Energie!

Während unserer Almosenrunde später am Tag sagte ich dem Mönchsältesten: »Das ist vielleicht merkwürdig! Die ganze Nacht über habe ich kein Auge zugemacht, aber ich bin überhaupt nicht müde, sondern richtig energiegeladen. Ich empfinde weder Trägheit noch Widerwillen. Woran liegt das?«

»An dem guten *Kamma*, das daher rührt, dass du anderen geholfen hast«, sagte er. »Du hast anderen deinen Schlaf geopfert. Mit dem Ergebnis, dass du jetzt diese besondere Energie hast.«

Von dieser Lektion profitiere ich nun schon mein ganzes Mönchsleben lang. Ich ergreife jede Gelegenheit, mir gutes *Kamma* zu verschaffen, auch wenn es nicht nötig wäre und obwohl ich jetzt selbst Mönchsältester bin. Warum? Wegen der Freude und der Energie, die ich daraus beziehe.

Egal also, wer mit Geschirrspülen dran wäre, die Devise lautet: »Nimm die Pfoten aus dem Wasser, ich mach das schon!«

Verglichen mit reiner Pflichterfüllung bringt es bedeutend mehr Spaß, wenn du etwas geben *möchtest*, wenn du helfen *willst*. Und viel mehr Energie verleiht es dir auch. Folglich ist es ein großer Segen, wenn die Spülmaschine kaputtgeht.

Eine perfekte Gelegenheit, dir Verdienst zu erwerben und gutes *Kamma* zu erzeugen. Ausgezeichnet!

Das Schöne und der Atem

Könntest du bitte erklären, wie es zum schönen Atem kommt? Wie man zu dieser anhaltenden Aufmerksamkeit für den Atem gelangt, die so natürlich und von Frieden erfüllt ist?

Um eine schöne, anhaltende Aufmerksamkeit für den Atem zu erreichen, solltest du versuchen, dich auf alles Schöne zu fokussieren. Schau dir in der Natur die Blumen an und achte nicht auf die Spinnen. Schau in den weiten Himmel, aber ohne die Kälte der Luft wahrzunehmen. Was auch immer: Wende dich einfach dem Schönen im Leben zu. Das Leben bringt Probleme und Widrigkeiten. Doch statt darauf zu stieren, schaust du genau in die entgegengesetzte Richtung.

Ein Beispiel: Solltest du an Krebs erkranken, ist davon nur ein Teil deines Körpers betroffen, alle anderen sind in Ordnung. Oder du verlierst bei einem Motorradunfall ein Bein: Dann hast du immer noch das andere. Also: Was auch geschieht, Gutes und Schönes, auf das man sein Augenmerk richten kann, gibt es immer. Man muss es nur suchen.

Manche Leute sind allerdings so negativ eingestellt, dass sie an allem etwas auszusetzen haben. Die finden sogar, ein schönes Retreat-Zentrum sei der reinste Müll. Nachmittags ist es ihnen bei den Sitzungen zu heiß, und die Kissen sind eh viel zu hart. Besteht kein Zeitplan, fehlt ihnen die Struktur. Gibt es doch einen, ist er mit Sicherheit zu straff. Egal, was ist: Solche

Leute finden immer einen Grund zum Nörgeln. Doch mit einer solchen Einstellung gelangt man nie zum schönen Atem.

Stattdessen sagst du dir – um bei diesem Beispiel zu bleiben –, wie herrlich es ist, einfach nur hier zu sein, den Atem zu beobachten und sonst absolut nichts tun zu müssen. Einfach nur da sein, körperlich und geistig – ist das nicht die reine Glückseligkeit? Wenn du so denkst, nimmst du das Schöne ganz wie von selbst wahr, den ganzen Tag über, und dann ist der Weg hin zum schönen Atem gar nicht mehr weit.

Schon nach kurzem Meditieren wurde mein Atem sehr ruhig und mühelos. Ganze zwei oder drei Stunden lang blieb das so. Was hat es damit auf sich? Dürfte ich um Erleuchtung bitten?

Verbleib noch ein paar Stunden in diesem Zustand, und die Erleuchtung stellt sich von selbst ein! Denn zwei oder drei Stunden lang mühelos und friedvoll den Atem beobachten: Genau so soll es ja sein.

Wie viel und was sollen wir beim Ein- und beim Ausatmen jeweils beobachten? Den Anfang, die Mitte und das Ende des Atemzugs – sowie die Pause zwischen dem Ein- und dem Ausatmen. Aber auch die Lücke zwischen dem Ausatmen und dem nächsten Einatmen?

Der Atem ist etwas Kontinuierliches, und seine Beobachtung auch. Das heißt, wir beobachten nicht einfach den Anfang, die Mitte und das Ende eines Atemzugs – das wären ja nur drei winzige Punkte. Davon gibt es aber wahrscheinlich Tausende bei jedem Atemzug. Also mach die Augen zu und beobachte erst einmal einen Atemzug. Wie viele Empfindungen hast du dabei? Doch ganz bestimmt einen ganzen Haufen! Nach und nach bekommst du von jedem einzelnen Atemzug mehr mit. Und irgendwann nimmst du ihn als Ganzes wahr, ohne jegliches Stocken, vom Anfang bis zum Ende. Das meinen wir, wenn wir von der Beobachtung des Atems sprechen.

Alles ergibt sich aus der Stille des Geistes, und aufgrund der Beobachtung des Atems bleibt der Atem still. Die meiste Zeit über sind wir am Denken. Und warum? Einfach, weil wir nicht wirklich glücklich sind. Denken kommt von Unzufriedenheit – normalerweise. Wenn du voll zufrieden bist, weil alles okay für dich ist, dann willst du davon doch nicht durch Gedanken abgelenkt werden. Warum sich sein Glück durch Denken trüben lassen? Wenn man rundum zufrieden ist, verschwindet das Denken einfach. Und der Geist wird still.

Das Letzte, was verschwindet, während deine Meditation sich vertieft, sind Geräusche. Also mach dir nichts draus, wenn du mit Leuten meditierst und sie noch husten und niesen hörst, obwohl du eigentlich ganz ruhig bist und deine Aufmerksamkeit schön auf den Atem gerichtet hast. Je mehr Fortschritte du machst, desto weiter weg werden dir diese Geräusche vorkommen. Du hörst sie noch, aber sie scheinen Hunderte von Kilometern entfernt zu sein. Irgendwann verschwinden sie dann ganz, und du wirst diesen Zustand nie wieder verlassen wollen.

Hier entlang

Beim Meditieren auf den Atem ist mir manchmal unbehaglich zumute. Deshalb würde ich es gern im Gehen probieren. Aber wie funktioniert das Meditieren im Gehen eigentlich genau?

Meditationen im Gehen stellen tatsächlich eine Alternative zur Atemmeditation dar. Und dafür eignet sich eine Vielzahl von Orten. Hier im Retreat-Zentrum haben wir für diesen Zweck extra Pfade angelegt, aber du kannst dich auch in den Wald begeben. Such dir einen Weg, der weder zu lang noch zu kurz ist. Und geh nicht im Kreis, sondern entscheide dich für eine gerade Strecke.

Geh ganz natürlich. Fang am Anfang des Weges an und halte den Blick locker etwa zwei Meter vor dich gerichtet (ungefähr, ein Maßband brauchst du nicht). Auf diese Weise siehst du, was auf dich zukommt, und brauchst keine Angst zu haben, dass du über irgendetwas stolpern könntest. Dann gehst du einfach los.

Unterwegs denkst du weder an die Zukunft noch an die Vergangenheit – hörst überhaupt ganz mit Denken auf. Sorgst dich nicht um die Entwicklungen an der Börse, nicht um das Schicksal deines Fußballvereins oder das, was sich zu Hause abspielt. Vielmehr lenkst du dein Gewahrsein ganz auf die Empfindungen in deinen Füßen und Beinen beim Gehen. Auf den linken Fuß. Auf den rechten Fuß.

Zuerst gelangst du in den gegebenen Moment. Dann wirst du still. Als Drittes achtest du darauf, welcher Fuß sich gerade bewegt. Viertens lenkst du deine Aufmerksamkeit auf das Gehen von Anfang bis Ende: auf die Bewegung des linken Fußes bis zu deren Ende und vom Anfang der Bewegung des rechten Fußes bis zu deren Ende.

Welcher Teil des Fußes löst sich zuerst vom Boden? Und welcher als Letzter? Und wie verlässt der Fuß den Boden? Ganz senkrecht? Oder leicht nach vorn verschoben? Wie bewegt er sich in der Luft? Nimm alle Empfindungen wahr, die dir signalisieren, was dein Fuß gerade tut. Welcher Teil von ihm trifft als Erster wieder auf dem Boden auf? Wie fühlt sich das an? Registriere es so exakt wie möglich. Welcher Teil des Fußes berührt den Boden ganz zuletzt? Spüre dann dem Gewicht deines Körpers nach, während es sich auf diesen Fuß verlagert. Es ist doch immer wieder erstaunlich: Was man allein beim Gehen so alles empfinden kann! Wundervoll.

Geh vollkommen natürlich, ohne irgendetwas erzwingen zu wollen. Sei einfach wie ein Passagier, der die wunderbaren Empfindungen in deinen Beinen beobachtet, die dich von A nach B bringen. Sobald du am Ende deines Weges angekommen bist, bleibst du stehen, und während du dich umdrehst, spürst du auch dieser Bewegung nach.

Der Nutzen des Fokussierens auf die körperlichen Empfindungen besteht darin, dass man nicht allzu viel über sie nachdenken kann. Über die Gefühle eines Fußes beim Betreten des Bodens lassen sich keine abendfüllenden Selbstgespräche führen. Deshalb bleibt man eher im Moment. Und wird nach einer Weile sehr still und friedvoll, weil die Gefühle so angenehm werden und die gesamte Aufmerksamkeit beanspruchen.

Ein weiterer Vorteil des Meditierens im Gehen liegt in dem Umstand, dass Knie oder Rücken dabei weniger leicht schmerzen als im Sitzen. Die Bewegung tut dem Körper gut. Deshalb geh ruhig, solange du magst. Werde dabei so friedvoll und

dringe so weit in die Tiefe vor, wie es dir irgend möglich ist.
Und eins sage ich dir: Bei der Gehmeditation kann man sehr
friedvoll werden.

Ich weiß, diese Anleitung war ziemlich einfach. Aber kompliziert ist nichts am Meditieren.

Manche Leute meditieren lieber im Gehen als im Sitzen.
Unter anderem deshalb gibt es bei uns im Retreat-Zentrum
drei große Räumlichkeiten für die Gehmeditation. Mach also
ruhig deine Erfahrungen damit. Oft ist das Gehen auch der
Atemmeditation förderlich, weil es sie intensiviert und vertieft.
Vielleicht kannst ja auch du davon profitieren.

Wenn ich bei meiner Gehmeditation die Wand erreiche, empfinde ich das immer als störend, und mein entspanntes Gehen ist dahin. Was kann ich tun, um besser damit klarzukommen? Denn durch die Wand zu gehen klappt bei mir bestimmt noch nicht.

Woher willst du das denn wissen? Statt sich irgendwelchen
Glaubenssätzen auszuliefern, wäre es vielleicht immer noch
besser, es wirklich mal zu versuchen! Und wenn du einfach immer nur weitergehen möchtest, kannst du ja einen Marathon
gehen. Denn du musst ja nicht stehen bleiben. Wenn du einfach weitergehst, wirst du auch nicht gestört.

Dass ein Richtungswechsel bei der Gehmeditation sinnvoll
ist, liegt daran, dass oft die Achtsamkeit nachlässt – man fängt
zu fantasieren an, zu träumen, zu planen oder was auch immer.
Wenn dir nur eine kurze Strecke zur Verfügung steht, musst
du oft innehalten und umdrehen, und das führt dich in den
gegenwärtigen Moment zurück.

Mir gefällt auch die *Idee* des Umdrehens und Zurückkommens: Am Ende bist du wieder genau da, wo du losgegangen bist. Wir denken ja immer, dass wir vorankommen. Aber stimmt das überhaupt? Meistens kommen wir doch eher wieder zum Ausgangspunkt zurück. Wie oft warst du schon bei einem Retreat, hast dich von deinen neuen Freunden verabschiedet und bist wieder nach Hause gefahren? Genauso läuft es doch: immer im Kreis, in den Zyklen des Lebens.

Gehmeditation ist auch mit einem Mantra möglich. Das macht Spaß und kann zu enormer Einsicht verhelfen. Ich selbst habe ein dafür geeignetes Mantra vor vielen Jahren in Thailand kennengelernt. Das Ganze funktioniert so: Wenn du deinen linken Fuß vorwärts bewegst, sagst du dir stumm: »Ich werde sterben«. Dann beim nächsten Schritt (mit dem rechten Fuß): »Das ist sicher.« Und immer so weiter: »Ich werde sterben … das ist sicher.«

Leute, die mit dieser Übung gerade erst anfangen, denken oft, es handele es sich um einen Scherz. Aber nicht lange. Denn wenn etwas partout nicht zu bestreiten ist, dann diese Aussage. Vielleicht erschrickst du sogar: »Mein Gott, das ist ja wahr!« Doch geh einfach weiter. Und sag dir dabei immer wieder: »Ich werde sterben, das ist sicher.« Irgendwann wirst du die Angst hinter dir lassen. Und weil du weißt, dass es stimmt, werden all deine Anhaftungen und die Sorgen, die du dir machst – über deine E-Mails, den Job, die Partnerin, die Kinder, sogar deine Gesundheit –, einfach verschwinden.

Denn welchen Sinn ergeben sie noch, sobald du einmal erkannt hast: »Ich werde sterben, das ist sicher.« Dann erlangst du wahrhaft inneren Frieden. Und gewinnst eine tiefe Einsicht in das Wesen der Freiheit. »Ich werde sterben, das ist sicher.« Was für eine Erleichterung! Siehst du? Das Meditieren im Gehen bringt große Stille, Glückseligkeit und Einsicht hervor.

Als ich einmal in Malaysia war, ist mir aufgefallen, dass sich die Leute langweilten, beim einfachen Sitzen und Beobachten des Atems genauso wie beim Meditieren im Gehen. Also sagte ich, dass wir uns im Buddhismus auf die Gegebenheiten des jeweiligen Landes einstellen müssten, und brachte ihnen die von Kängurus inspirierte australische Gehmeditation nahe. Dazu muss man, demonstrierte ich ihnen, sobald man sich auf den Weg begibt, die Hände in Höhe des Kinns locker zu Fäusten ballen … und loshüpfen. Was ich ebenfalls vormachte. Am anderen Ende des Pfades dreht man um und hoppelt zurück. Das ist die australische Gehmeditation! Versuch sie ruhig auch mal. Das Mindeste, was du damit erreichst, ist, dass jeder, der dich dabei beobachtet, in lautes Lachen ausbricht. Was wiederum auch dich glücklich und zufrieden macht. Meditieren muss nicht immer bierernst sein, wir können dabei durchaus auch unseren Spaß haben.

Mit allem, was taugt

In einem deiner Bücher sprichst du vom Betrachten einer Wand. Deshalb die Frage: Können wir auch eine Wand beobachten, wenn es uns mit geschlossenen Augen langweilig wird? Und was ist zu tun, wenn die Wand verschwindet?

Ja, oft beginnen wir das Meditieren, indem wir die Augen schließen. Aber du kannst dir auch eine Wand anschauen, wenn du möchtest. Damit diese aber verschwindet, muss dein

Geist sehr still sein, ohne Denken. Viele verwenden nur zehn Prozent ihrer Aufmerksamkeit auf die Wand, die sie beobachten wollen, während sie mit den restlichen neunzig Prozent am Fantasieren und Tagträumen sind – ans Abendessen denken, sich an etwas aus der Vergangenheit erinnern oder an ihren Lieblingsfilm. Aber wenn im Geist keine Ruhe herrscht und die Aufmerksamkeit überwiegend woanders ist, wird die Wand nie verschwinden. Dazu kommt es erst, wenn der Geist ganz still wird. Und das fühlt sich dann seltsam an. Versuch es nur – viel besser noch aber ist es, voll und ganz dabei zu sein, wenn dein Körper verschwindet.

Ist das Tragen von geräuschunterdrückenden Kopfhörern oder Ohrstöpseln okay? Ich wohne nämlich an einer Hauptverkehrsstraße, und die ist ziemlich laut.

Ich wüsste nicht, was daran falsch sein sollte. Du kannst dich ausstaffieren, wie du willst. Du könntest dir sogar die Worte »Ich werde sterben, das ist sicher« per iPod direkt aufs Ohr geben. Gestalte es dir ruhig möglichst interessant.

Mach dir nicht so viele Vorstellungen über das Meditieren! Du musst dafür nicht in einer 1-A-Lotosposition sitzen – der Buddha hat das auch nicht immer getan. Manche Statuen zeigen ihn auf einem Stuhl oder in einem Sessel sitzend, und genau so meditieren heutzutage viele Mönche. Ajahn Sujato zum Beispiel, weil ihm sonst die Knie wehtun. Im Flugzeug meditiere ich auch auf meinem Sitz. Im Gang hocken lassen sie mich nicht – also bleibt mir ja keine Wahl.

Bitte erkläre doch, wie man meditiert, wenn es wehtut. Wie konzentriert man sich auf die Quelle des Schmerzes?

Wenn du das Sitzen auf dem Boden als unbequem empfindest, aber nicht darauf verzichten magst, dann mach Yoga oder Dehnübungen. Anderenfalls nimmst du eben auf einem Stuhl oder im Sessel Platz. Oder du meditierst im Bett. Sich unnötig Schmerzen auszusetzen ist einfach nur dumm. Und wenn dir das Sitzen in jeder möglichen Position wehtut, musst du halt eine Schmerztablette nehmen. Im Ernst! Schmerzen lenken sehr ab. Doch manchmal verschwinden sie einfach nicht, egal, ob man in einem Sessel beziehungsweise auf dem Boden sitzt oder im Bett liegt – und trotz Tablette.

Eine Möglichkeit des Umgangs mit solchen Qualen besteht darin, die gesamte Aufmerksamkeit direkt in das Zentrum des Schmerzes zu lenken – und sich dann voller Mitgefühl zu entspannen. Dadurch lockert sich zumindest die Muskulatur ein wenig, und das hilft meistens schon. Manche Schmerzen stellen auch nur eine Überreaktion des Körpers auf eine Entzündung oder Wunde dar. Und indem man sich entspannt, kann man dieser Überreaktion Herr werden.

Das weiß ich, weil ich manchmal Heuschnupfen habe, eine übertriebene Reaktion auf so ein winziges bisschen Pollen. Und es schenkt mir große Erleichterung, wenn ich mich dann auf meine Nase fokussiere und diesen Bereich meines Körpers entspanne.

Eine andere Möglichkeit des Umgangs mit Schmerzen ist Achtsamkeit mit Einsicht. Diese Technik beruht auf dem Umstand, dass sich starker Schmerz in aller Regel auf einen kleinen Bereich des Körpers beschränkt. Nun stell dir vor, du würdest ein Kästchen um diesen Schmerz herum zeichnen –

sodass der Schmerz innen ist und der Rest des Körpers außerhalb. Dann vergrößerst du in Gedanken das Kästchen. Die Fläche mit dem Schmerz wird dadurch größer. Doch statt dass er sich verschlimmert, verringert er sich auf diese Weise. Nun verdoppelst du die Größe des Kästchens in allen Richtungen – in der Breite, in der Höhe und in der Tiefe. Merkst du, dass du mit dieser gedanklichen Technik auf die Schwere des Schmerzes Einfluss nehmen und ihn lindern kannst? Kontraktion intensiviert den Schmerz, durch Ausdehnung wird er geringer. Sollte das nicht funktionieren, kannst du es mit einem Gleichnis des Buddha versuchen, das ich in meinem Buch *Die Kuh, die weinte* nacherzähle. Es handelt von einem Ungeheuer, das sich Zutritt zum Kaiserpalast verschaffte (SN 11:22).

Der Dämon nahm auf dem Thron Platz und die Höflinge ereiferten sich: »Raus mit dir! Du hast hier nichts zu suchen! Für wen hältst du dich eigentlich?«

Der Dämon indes wurde darob nur größer, hässlicher, übel riechender und aggressiver. Doch wie wird man ein solches Monster wieder los? Mit Zorn und Ärger gewiss nicht.

Als schließlich der Kaiser zurückkehrte, sagte er: »Herzlich willkommen, Dämon. Wie nett, dass du mich besuchen kommst. Hab Dank dafür. Bitte, darf ich dir etwas zu essen bringen lassen?«

Mit jedem netten Wort des Kaisers wurde das Ungeheuer kleiner, ein bisschen ansehnlicher, wohlriechender und weniger aggressiv. Das Problem verminderte und verringerte sich, bis der letzte Akt der Freundlichkeit es schließlich gänzlich zum Verschwinden brachte.

Was für eine herrliche Lehre, die uns der Buddha da vermittelt! Wir sprechen hier von einem Zorn fressenden Dämon, einem Ungeheuer, das sich von Aggressivität und Feindseligkeit ernährt. Je größer die Aggressivität und die Feindseligkeit sind, die du ihm entgegenbringst, desto bösartiger wird er. Schmerz ist ein typischer Vertreter dieser Wut verzehrenden Dämonen. Wenn dir irgendetwas wehtut und du dem Schmerz »Raus mit dir! Du hast hier nichts zu suchen« entgegenbrüllst, wird er nur schlimmer. Bist du aber nett und freundlich zu ihm – »Herzlich willkommen! Ich nehme mich deiner an« –, lässt er nach. Jeder Akt der Güte, jeder Moment, in dem du die Tür deines Herzens bedingungslos öffnest, entspannt und verringert den Schmerz.

In meinem Kopf und speziell rund um die Augen baut sich bei mir eine Menge Energie auf. Soll ich weiter meditieren? Und wie werde ich diesen Druck los?

Du musst gar nichts loswerden. Gestatte es der Energie, sich aufzubauen. Was immer sie da auch tut, es dient bestimmt einem guten Zweck. Solange du schön friedlich bist und deine Meditationen gut laufen, handelt es sich wahrscheinlich nur um einen Heilungsprozess, der sich da bei dir vollzieht. Wenn du beim Meditieren zum Beispiel heiße Stellen bekommst, dann weiß dein Körper, dass er genau dort mehr Energie benötigt.

Während eines Retreats kam einmal eine Teilnehmerin auf mich zu und klagte über beinahe fiebrige Hitze in ihren Schultern und im Nacken.

»Was ist da los?«, fragte sie. »Ich finde das so merkwürdig.«

»Wann war das Schleudertrauma?«, erkundigte ich mich.

»Woher wissen Sie das denn?«, gab sie zurück. »Sie müssen übersinnliche Kräfte haben … dass Sie meine Vergangenheit kennen.«

»Ich habe lediglich eins und eins zusammengezählt und bin auf zwei gekommen.«

Es war offensichtlich. Heiße Stellen sind Symptome des Abheilens einer Verletzung. Und die häufigsten Verletzungen im Nacken und an den Schultern sind nun einmal Schleudertraumata infolge eines Autounfalls. Ich vermutete, dass der ihre schon eine Weile zurücklag und der Körper nun anfangen konnte zu heilen, weil sie losgelassen hatte und das Ereignis nicht länger verdrängte. Dadurch öffneten sich ihre Energiekanäle, und die Energie konnte in den Bereich des Körpers fließen, in dem sie benötigt wurde.

Nachher fühlte sie sich richtig gut, sagte sie. So entspannt sei sie seit dem Unfall nicht mehr gewesen.

Solange du also schön im Frieden mit dir bist und deine Meditationen gut laufen, sind heiße Stellen oder Energiestaus aller Wahrscheinlichkeit nach lediglich Zeichen für einen Heilungsprozess, Indiz dafür, dass dein Körper dort mehr Energie benötigt. In diesem Fall besteht vermutlich kein Grund zur Besorgnis. Mach einfach weiter und lass los.

Und was hat das mit Matrioschka-Puppen zu tun?

Was hältst du davon, dass man nicht den Atem als Objekt der Meditation hernimmt, sondern *Kasinas*?

Ein *Nimitta* ist ein Geistesobjekt, und da bei den meisten Menschen der Gesichtssinn dominiert, also das Sehen, nehmen sie das *Nimitta* natürlicherweise als Licht wahr. Es gibt auch Gefühls-*Nimittas*, aber die sind oft täuschend, weil es sich dabei um normale Gefühle im Geist handeln kann. Damit musst du also vorsichtig sein. Um sicher sein zu können, dass es sich um ein echtes *Nimitta* handelt, ist die Herausbildung einer Lichtwahrnehmung zu bevorzugen. Diese werden in den meisten Meditationstraditionen verwendet. Versuch gar nicht erst, eine Abkürzung zu finden.

Der Gebrauch eines *Kasinas* (einer visualisierten farbigen Scheibe) stellt eine Möglichkeit dar, *Nimittas* hervorzubringen. Die Fokussierung darauf ist im Allgemeinen weit schwieriger als beim Atem; es sei denn, du bist außergewöhnlich visuell veranlagt. Sollte es dir jedoch leichtfallen, Dinge in aller Klarheit zu visualisieren, wie es zum Beispiel bei Malern und Bildhauern der Fall ist, könnten *Kasinas* durchaus hilfreich für dich sein.

»Gelehrt« werden *Kasinas* selten. Aber die Grundidee ist, dass man sich eine farbige Scheibe so deutlich vorstellt, dass es keinen Unterschied macht, ob die Augen offen oder geschlossen sind. Aber dazu sind nur wenige in der Lage.

Wie lange sollte man ein *Nimitta* beobachten?

Ein *Nimitta* währt nur einen Moment. Länger nicht. Nie. Vergiss nicht: Sobald du »Wie lange?« fragst, entgeht dir der gegenwärtige Augenblick; dann hat dich die Zeit wieder in ihren Fängen, du misst sie, und das war's dann. Du beobachtest das *Nimitta* also einen bestimmten Moment lang – und dieser Moment ist das »Jetzt«.

Ein echtes *Nimitta* ist so hell, dass du deinen Körper nicht mehr spürst und nicht weißt, was du tust. Wenn du draußen am Gehen bist, gehst du einfach, gehst und gehst und gehst, und wir müssen ganz tief im Wald nach dir suchen, um dich wiederzufinden. Siehst du dieses helle Licht … ja, dann landest du vielleicht sogar im Meer! Ein echtes *Nimitta* ist so hell, dass du jegliches Körperbewusstsein verlierst. Solltest du also eines sehen, setzt du dich am besten einfach hin und schließt die Augen. Auf diese Weise gelangst du sogar noch tiefer.

Wenn das *Nimitta* verschwindet und du *Jhana* erreichst, hast du keine andere Wahl, als dich weiter zu vergnügen. Es sollte nämlich Freude machen. Das zweite *Jhana* ist innerhalb des ersten, mittendrin. Das heißt, dass du immer durch das erste hindurchgehen musst, um in das zweite *Jhana* zu gelangen. Und um das dritte zu erreichen, musst du durch das zweite hindurch, denn das dritte *Jhana* befindet sich mitten im zweiten. Und das vierte ist in der Mitte des dritten. Es geht immer mehr in die Tiefe, nach innen. Das ist wichtig: Beim Meditieren geht es nie auf eine höhere Stufe, sondern immer weiter ins Innere, in die Tiefe.

Denk nur an diese russischen Matrioschka-Puppen: Eine befindet sich in der nächsten, die wiederum auch in einer steckt … und so weiter. So ist es auch beim Meditieren. An fängst du mit dem Geist. Im Geist mit all seinen Gedanken an Vergangenheit und Zukunft findest du den gegenwärtigen Moment. In dessen Zentrum triffst du auf die Stille. Und in der Stille auf den Atem. Im Mittelpunkt des Atems findest du das volle Gewahrsein des Atems, in dessen Zentrum wiederum den schönen Atem. In der Mitte des schönen Atems kommt das *Nimitta*. Im Kern des *Nimittas* erreichst du das erste *Jhana*. Dann gehst du durch alle *Jhanas* hindurch. Schließlich findest du im Zentrum der vierten immateriellen Errungenschaft das Ende von allem. Dies ist das Juwel im Herzen des Lotos. Weißt du, was da ist? Und würdest du mir glauben, wenn ich es dir verraten würde? Wenn ja, wärest du ziemlich leichtgläubig. Woher willst du denn wissen, dass das, was ich dir da erzähle, auch der Wahrheit entspricht? Jeder, der etwas glaubt, nur weil man es ihm erzählt, ist dumm. Du solltest also nicht glauben, was ich dir sage. Aber wenn du mir eh nicht glaubst, kann ich es ja auch gleich für mich behalten.

Und *da* ist sowieso nichts.

Das Gute, das Schlechte und *Vipassana*

Du hast uns Meditation durch Visualisierung unserer guten Handlungen, unserer guten Sprache und so weiter gelehrt. Aber dabei geht es ja immer nur um uns.

Anderer Leute Kram zu visualisieren ist schwer. Natürlich kannst du dir alles Mögliche zusammenfantasieren, Genaues aber weißt du nie. Also bleibt dir nur dein eigener Kram, um damit zu arbeiten. Vor allem das Gute. Damit fängst du an. Das Schlechtere … geh einfach mal davon aus, dass du das nicht warst.

Im Anschluss an eine Klausur lud einmal Sufi-Lehrer seine Schüler auf den Jahrmarkt ein. An einem der Stände winkte ein Teddybär als Preis, wenn man einen bestimmten Gegenstand mit einem Pfeil traf. Der Lehrer sagte: »Ich bin ein guter Bogenschütze« und zahlte für drei Pfeile.

Schnell legte er einen Pfeil in die Bogensehne und schoss ihn ab. Der Pfeil verfehlte sein Ziel um ein Beträchtliches.

Skeptisch fragten die Schüler: »Habt ihr überhaupt schon einmal einen Bogen in der Hand gehabt?«

»Das war der Schuss eines Eiligen«, versetzte der Lehrer.

Er legte den zweiten Pfeil ein. Zog die Bogensehne zurück, stabilisierte seinen Stand und schoss ein weiteres Mal. Unterwegs erwischte der Pfeil beinahe einen Menschen, bevor er einen halben Kilometer neben dem Ziel landete.

»Gebt auf«, sagten die Schüler. »Die Leute lachen schon. Ihr seid ein berühmter Lehrer – und könnt euch hiermit nur euren guten Ruf ruinieren.«

»Nein, nein«, gab er zurück. »Das war der Schuss eines Eingebildeten.«

Und dann war der dritte Pfeil dran. Die Schüler, die sich bereits zum Gehen gewandt hatten, murmelten noch: »Ihr könnt doch mit Pfeil und Bogen gar nicht umgehen.« Aber natürlich traf der letzte Pfeil mitten ins Ziel.

Als sich der Lehrer seinen Teddybären abholte, fragten ihn die Schüler: »Wenn der erste Schuss der eines Eiligen war und der zweite der eines Eingebildeten, von wem war dann der dritte?«

»Der war von mir«, antwortete der Lehrer.

Es gibt Tage, an denen du nicht so recht bei dir bist, ein bisschen muffelig daherkommst und dich nicht besonders fühlst, eben neben der Spur bist. Aber wann immer etwas nicht klappt oder dir ein Fehler unterläuft, kannst du es einfach übergehen. Und alles, was dir gelingt, betrachtest du als dein eigenes Werk. Warum denn nicht? Es bedeutet doch nur, dass du die Niederlagen der Vergangenheit hinter dir lässt und alles Beglückende für dich reklamierst.

Aus Glück und Erfolg kannst du viel mehr lernen als aus Fehlern. Wenn du dich weiterhin stets auf Glück, auf Gutes, auf deine Erfolge fokussierst, kommst du dem Geheimnis, das sich dahinter verbirgt, allmählich auf die Spur. Das heißt, das Positive reproduziert sich. Leute dagegen, die ständig an ihre Fehler zurückdenken und zum Beispiel versuchen, Meditationen, die sie als misslungen betrachten, rauf und runter zu analysieren, werden davon depressiv. Und damit verstärken sie ihre Niederlagen nur, statt sie loszulassen. Du denkst vielleicht, dass du aus deinen Fehlern lernen kannst, aber in Wirklichkeit kriegst du davon nur schlechte Laune, wirst niedergeschlagen und sauer. Besinnst du dich dagegen auf deine Erfolge und Leistungen, auf Dinge, die dich glücklich gemacht haben, dann kommst du auf das Geheimnis des Glücks. Und das liegt nicht in dem, was wir haben, sondern im Umgang damit.

Mich verwirren die Namen der verschiedenen Meditationstechniken. Was versteht man unter _Anapanasati_, _Vipassana_ und _Samatha_?

Anapanasati heißt »Atemmeditation«, _Vipassana_ bedeutet »Einsicht« und _Samatha_ »Ruhe«. Unterschiede aber bestehen keine, letztlich bezeichnen sie alle dasselbe. Dazu gibt es eine schöne Geschichte, die ich bei Retreats immer gern erzähle.

Es war einmal ein Ehepaar. Der Mann hieß Sam (_Samatha_), seine Frau Vi (_Vipassana_). Eines Tages beschlossen die beiden nach dem Mittagessen, mit ihren beiden Hunden spazieren zu gehen, den Meditationsberg hoch. Der eine Hund hieß Metta, der andere Anapana (_Anapanasati_).

Sam wollte auf den Gipfel, weil es dort so friedvoll war und er diese Stille einfach liebte. Vi ging es um die Aussicht. Deshalb nahm sie ihre neue Kamera mit, die ihr selbst auf große Entfernung unglaublich schöne Aufnahmen ermöglichte.

Metta schloss sich an, weil sie die Besteigung des Meditationsberges spaßig fand, und Anapana der guten Luft wegen.

Nachdem sie die erste Hälfte des Weges hinter sich gebracht
hatten, wurde es – sehr zu Sams Vergnügen – friedlich und
still. Doch genoss er auch die Aussicht, schließlich hatte er
Augen im Kopf. Vi ließ derweil den Blick in die Ferne schwei-
fen und schoss bereits die ersten Fotos. Nicht jedoch, ohne sich
ebenfalls an der schönen Harmonie des Augenblicks zu erfreuen. Metta wedelte heftig mit dem Schwanz, weil sie bereits
auf halber Strecke so viel Liebe und Güte empfand. Anapana
schließlich atmete ganz ruhig – die Luft war hier so gesund
und köstlich, dass sie dem Hund wie von selbst in die Nase
strömte. Doch genossen beide Tiere auch den Frieden und die
Aussicht.

Am Gipfel herrschte vollkommene Ruhe. Auf der Kuppe des
Meditationsberges bewegte sich absolut nichts mehr, und Sam
hatte sein Ziel erreicht. Aber er genoss auch die Aussicht – er
konnte endlos weit sehen, das ganze Universum schien sich vor
ihm auszubreiten. Vi hatte so viel Schönes noch nie vor Augen
gehabt – so viele Einblicke, so tiefe Einsichten. Aber auch sie
fand Gefallen an dem Frieden, der hier herrschte. Metta war
unglaublich glücklich. Denn zu der friedlichen Atmosphäre
und der schönen Aussicht gesellten sich nun auch die Freude
und Liebe der tiefen Meditation. Und Anapana – der war verschwunden! Wohin, wusste keiner. Doch so ist es nun mal: Auf
dem Gipfel des Meditationsberges verschwindet der Atem.

Diese Techniken greifen alle ineinander. Zwischen *Vipassana*, *Samatha*, *Metta* und *Anapanasati* besteht kein Unterschied.
Es gibt nur eine einzige Meditationsform: das »Loslassen«.
Und die verschiedenen Bezeichnungen sind lediglich unter-
schiedliche verbale Ausdrücke dafür.

Du kannst also loslassen, wie immer es dir gefällt. Die einzige Meditation, die ich nicht unterrichte, ist *ana*-Pein-*a*-*sati* – Achtsamkeit mit Pein und Weh. Die hat der Buddha nicht gelehrt. Hast du Schmerzen, musst du da etwas machen.

Könntest du bitte erklären, wie man *Vipassana*-Meditation macht?

Man *macht* sie ja nicht. Du sitzt einfach da, und die Einsicht stellt sich ganz von allein ein, so wie im Flugzeug die Mahlzeiten auch quasi automatisch serviert werden. Oder um ein anderes Bild zu verwenden: Du sitzt unter dem Mangobaum und tust einfach nichts. Weder wirfst du Stöckchen in die Zweige, damit die Früchte runterfallen, noch schüttelst du den Baum oder kletterst an ihm hoch. Du sitzt einfach nur darunter, hältst die Hand auf, und die Mangos, also die Einsichten, fallen hinein. So geht das.

Aber Geduld musst du haben. Bereits nach einigen Tagen Resultate zu erwarten ist Quatsch. Du musst weitermachen, die Hand offenhalten und still dasitzen. Sobald du dich bewegst, und sei es nur ein winziges bisschen, fällt die Mango vom Baum – und an deiner Hand vorbei. Sei also sehr geduldig.

Es gibt zwei Arten von Geduld: das Warten auf etwas Zukünftiges und das Warten in der Gegenwart. Erstere ist im Grunde gar keine Geduld – sondern das Warten darauf, dass etwas geschieht, vielleicht dass eine Mango zu Boden fällt. Hier handelt es sich eher um eine Erwartung – und die zieht dich aus dem gegenwärtigen Moment heraus. Übst du dich dagegen im Loslassen, wartest du in der Gegenwart. Und nur im Jetzt können sich Einsichten einstellen.

Bei *Vipassana*-Retreats heißt es meistens, man solle jede seiner Handlungen benennen oder innerlich vermerken, um dadurch die Achtsamkeit zu kultivieren. Würdest du das auch empfehlen?

Nein. Zur Begründung habe ich mir die folgende Geschichte einfallen lassen. (Und vorsorglich möchte ich mich bei allen *Vipassana*-Lehrern entschuldigen, denen ich damit möglicherweise zu nahe trete. Ich meine es nicht böse.)

Eines Abends brach eine wohlhabende Dame zu einem Vortrag im örtlichen Buddhistischen Zentrum auf. Ihrem Wachmann schärfte sie ein: »In der Nachbarschaft kam es in der letzten Zeit vermehrt zu Einbrüchen, und diese Gauner wissen bestimmt, dass ich jetzt zum Meditieren weg bin. Ich besitze eine Menge Kostbarkeiten, also geben Sie gut acht!«

»Okay, gnä' Frau«, beruhigte sie der Wachmann, »ich habe selbst eine ganze Reihe von *Vipassana*-Kursen mitgemacht, mit der Achtsamkeit kenne ich mich aus.«

»Super«, meinte die Frau und war ganz beruhigt.

Aber als sie wieder nach Hause kam, fand sie die Villa völlig ausgeraubt. »Ich habe Ihnen doch extra noch gesagt, dass Sie achtsam sein sollen«, beschimpfte sie den Wachmann. »Und Sie haben selbst behauptet, dass Sie das auf Ihren Retreats gelernt hätten. Wie konnten Sie also nur zulassen, dass man mich beraubte?«

»Aber ich *war* achtsam, gnä' Frau«, verteidigte sich der Wachmann. »Als ich sah, dass die Einbrecher eindrangen, habe ich sehr genau registriert: ›Einbrecher gehen ins Haus. Einbrecher gehen ins Haus.‹ Als ich sie dann mit Ihrem ganzen Schmuck wieder rauskommen sah, habe ich registriert: ›Der Schmuck wird entwendet. Der Schmuck wird entwendet.‹ Danach sind sie wieder rein, und als sie mit dem Safe rauskamen, habe ich genau registriert: ›Der Safe wird geklaut. Der Safe wird geklaut.‹ Da sehen Sie mal, wie achtsam ich war.«

Das ist natürlich töricht, allein zur Kenntnis nehmen genügt nicht. Wenn du einen Einbruch beobachtest, musst du schon etwas tun: zum Beispiel die Polizei rufen. Bloßes Registrieren reicht nicht. Und das trifft auch auf die Meditation zu.

Mit der bedingungslosen Liebe ist es wie mit dem Meditieren – es geht darum, die Tür deines Herzens zu öffnen. Du übst dich darin, indem du sitzt, im gegenwärtigen Augenblick mit all der Beschränktheit, der Ermüdung, der Rastlosigkeit, die damit einhergehen, mit allem, was dir im Kopf herumspukt, und ohne das Geringste an diesem Moment ändern zu wollen. Liebende Güte und Loslassen sind ein und dasselbe. In dem Maße, in dem du zu meditieren lernst, wächst auch deine bedingungslose Liebe.

Bärenstarke Achtsamkeit

Hindernisse beim Meditieren überwinden – mit einem pelzigen Freund oder auch ohne

Beim Meditieren spuken einem mitunter die absurdesten Gedanken durch den Kopf. Womöglich fällt dir ein, dass du das T-Shirt waschen musst, das du den ganzen Tag über getragen hast, und du überlegst, ob du es mit Wäscheklammern an der Leine befestigst oder einfach in der Mitte zusammengelegt darüber hängst. Und dann denkst du dir womöglich: Von vernünftigen Gedanken bombardiert zu werden ist ja schon schlimm genug, aber was soll jetzt auch noch so'n blödes Zeug?

Nun, die Antwort ist ganz einfach: Wenn einem die vernünftigen Gedanken ausgehen, stellen sich die dummen ein! Schert deine Birne doch nicht, was darin herumspukt, Hauptsache, es spielt sich überhaupt etwas ab! Es ist wie beim Fernsehen aus Langeweile: Zunächst versuchst du noch, etwas halbwegs Interessantes zu finden; gelingt das aber nicht, schaust du dir alles an, was dir vorgesetzt wird – selbst die dämlichsten Sendungen, bloß um die Zeit totzuschlagen. Sobald du jedoch die Stille zu schätzen lernst, strömen gar keine Gedanken mehr auf dich ein.

Bitte, hab keine Angst vor der Stille. Bei vielen liegt die Stille außerhalb ihrer Komfortzone. Weil sie sich so ans Denken gewöhnt haben und auch ziemlich gut darin sind. Ihre Gedanken sind ihnen vertraut; schließlich hängen sie ja ständig mit ihnen ab. Aber ohne? Das ist echt komisch. Wenn ihnen mal nichts durch den Kopf flitzt, wissen sie gar nicht, was sie tun sollen. Also lassen sie sich irgendetwas einfallen, um sich wohlzufühlen. Weil es bequem ist und weil sie es so gewohnt sind.

Ähnlich ergeht es Gefängnisinsassen nach der Entlassung: Draußen finden sie sich anfänglich nicht ohne Weiteres zurecht. Im Knast waren ihnen die Abläufe vertraut, und damit kamen sie klar. Die Freiheit aber – das fühlt sich echt seltsam an.

In der Stille verlässt du das Gefängnis des Denkens. Am Anfang empfindest du sie womöglich als irgendwie unbehaglich, aber entspann dich einfach. Hab keine Angst, und bald wirst du daran gewöhnt sein. Dann merkst du auch, dass du deine Zeit nicht auf dämliche Gedanken verschwenden musst. Nach einer Weile lernst du, dich an deinem Zuhause zu erfreuen, so wie es ist, und willst gar keine Zeit mehr mit irgendwelchen Fernsehsendungen verplempern. Sondern sie weise nutzen – in der Stille.

Schließ Frieden mit dir

Ich kann das Jetzt-Gewahrsein nicht längere Zeit über aufrechterhalten. Zwischen den Atemzügen stellen sich bei mir immer irgendwelche Gedanken ein. Aber warum? Meine Meditationen sind alle immer gleich – selbst nach drei Jahren noch!

Wunderbar! Sehr gut! Schau mal: Diese ganzen Leute, die ständig was erreichen wollen, sind doch nur Egoisten. So kommen die nie weiter. Ewig sorgen sie sich: »Mann, wann ist es denn endlich so weit? Das geht jetzt schon drei Jahre so, und ich hab immer noch keine Ergebnisse erzielt.« Ob es nun drei, vier, zehn oder hundert Jahre sind, spielt gar keine Rolle – so funktioniert das Meditieren einfach nicht.

Hab Vertrauen! Wenn du dich an die Anleitung hältst, funktioniert es irgendwann auch! Schließ Frieden, sei gütig und sanft – mehr musst du gar nicht tun. Ist dein Geist rastlos, schließ Frieden, sei gütig und sanft. Dieses Ziel kannst du immer erreichen. Wenn du weder deinen Geist zur Ruhe bringen noch die Gedanken loslassen oder dich von deiner Müdigkeit befreien kannst, kannst du damit immer noch Frieden schließen. Du kannst immer gütig sein, immer sanft – das liegt in deiner Gewalt, was auch immer geschehen mag. Und mehr musst du gar nicht tun. Dann stellt sich Frieden ein, und du erlebst die Freude der Güte und die schöne Gelassenheit der Sanftmut.

Wie kann ich meinen Geist davon abhalten, sich in Zukunftsplanungen zu ergehen? Oder soll ich ihn einfach machen lassen? Aber wie bringe ich ihn ins Jetzt zurück?

Du darfst nicht vergessen, dass sich die Dinge nur selten so entwickeln, wie wir es uns vorstellen. Der Buddha sagte: »Was immer ihr denkt, es kommt anders« (MN 113). Die Zukunft kommt immer anders, als wir es erwarten. Und weil sie so unvorhersehbar ist, bringt es auch nichts, sie zu planen und alle Hoffnung in sie zu setzen. Denn wir wissen einfach nicht, ob und gegebenenfalls wann etwas geschieht. Deshalb sage ich auch immer, dass niemand aufgrund von Versprechungen in ein politisches Amt gewählt werden sollte – weil ja kein Mensch weiß, was die Zukunft bringt. Folglich werfe ich es Politikern auch nicht vor, wenn sie Versprechen brechen – schließlich müssen sie sich wechselhaften Umständen anpassen.

Die Kreditkrise zum Beispiel konnte niemand vorhersagen, nicht einmal die höchstbezahlten Ökonomen der Welt. Und was die generelle Zukunft betrifft, geht es uns allen wie diesen Wirtschaftswissenschaftlern. Die Beschäftigung mit der Zukunft ist die reinste Zeitverschwendung und bringt nicht das Geringste. Verzichtest du im Alltag auf solche fruchtlosen Versuche der Kaffeesatzleserei, bleibst du auch während der Meditation von derartigen Gedanken verschont.

Du hast gesagt, wir würden die Gedanken einladen. Dabei hätte ich immer gedacht, dass sie ganz von allein kommen. Ich finde es beängstigend, wenn ich mir vorstelle, dass wir unangenehme Gedanken tatsächlich einladen. Wodurch genau? Liegt es vielleicht daran, dass wir gewisse Gefühle, gewisse Emotionen herbeisehnen?

Genau! Sehr gut. Das nenne ich mal Einsicht. Weil du bestimmte Gefühle gewöhnt bist, empfindest du eine Art Heimweh, wenn sie mal ausbleiben: »Jetzt, da ich glücklich bin, vermisse ich mein Leiden.« Wie das funktioniert, zeigt die folgende Geschichte:

Nachdem ein nichtsnutziger Harvard-Professor aufgrund von Drogenmissbrauch seine Stelle verloren hatte, ging er nach Indien und wurde dort zum Guru. Geraume Zeit später begab sich der Vater einer seiner Schülerinnen mit einer schmerzhaften Erkrankung in die Klinik. Seine Tochter schlug vor, dass ihr Guru ihm einen Besuch abstattete. Mit so einem hoffnungslosen langhaarigen Hallodri wollte ihr Vater, ein konservativer Amerikaner, zwar nichts zu tun haben, die junge Frau aber lud den Exprofessor trotzdem ein.

Sobald er das Krankenzimmer betrat, raunzte der Patient ihn an: »Raus hier, sofort! Ich will Sie hier nicht sehen!« Seine Tochter trat an sein Bett, um ihm gut zuzureden. Derweil begann der Guru, weil er eh nichts Besseres zu tun hatte, dem Kranken die Füße zu massieren. Mit dem Ergebnis, dass dessen Schmerzen nach zwei oder drei Minuten verschwunden waren. Es kam einem Wunder gleich. Doch dann brüllte der Patient den Guru an: »Pfoten weg von meinen Füßen!«

Seine Schmerzen waren ihm lieber als zugeben zu müssen, dass dieser verlotterte Typ etwas zustande gebracht hatte, wozu die Ärzte nicht in der Lage waren. Er hätte seine Beschwerden loswerden können, war aber nicht bereit, seine Einstellung zu verändern.

Schon erstaunlich, wie sehr wir an unserer Lebensphilosophie, Religion, an unseren Ansichten und sonst etwas hängen. Das geht so weit, dass wir dessentwegen sogar freiwillig Leiden auf uns nehmen. Wirklich erstaunlich – unsere Anhaftungen.

Manchmal hältst du an deinem Schmerz fest, weil du dich an ihn gewöhnt hast. So bist du. Weil du so eng damit verbandelt bist, wirst du zum Opfer dessen, was dir früher einmal zugestoßen ist. Das Loslassen deiner Trauer, deiner Schuldgefühle oder deines Zorns kann sich anfühlen, als würdest du dich selbst aufgeben, als müsstest du zu einer vollkommen anderen Person werden.

Bist du allerdings in der Lage, dieses Selbstbild loszulassen, kannst du auch die innere Verbindung dazu kappen, wie du einst verletzt wurdest oder andere verletztest. Sobald dir klar wird, dass *du das nicht bist*, löst du dich davon. Dann gibt es all dieses klebrige Zeug – dein Selbstbild – nicht mehr. Du identifizierst dich nicht mehr mit dem ganzen alten Kram, und es stellen sich keine quälenden Gedanken an die Vergangenheit mehr ein. Warum? Weil sie nichts mit dir zu tun haben, sie gehen dich nicht das Geringste an. »Geht mich nichts an« – das sage ich überhaupt mit am liebsten.

Besser wird's nicht

Oft habe ich anhaltendes Atem-Gewahrsein ohne viele Gedanken und fühle mich relativ friedlich. Manchmal kommt es auch zu einem tieferen, intensiveren Loslassen, dann empfinde ich alles als sehr hell und wonnig. Was dem entgegensteht, ist eine leichte Unzufriedenheit, wenn es nicht ganz so glatt läuft, und dass ich außerdem versuche, zu viel Einfluss zu nehmen. Warum kann ich das nicht aufgeben, obwohl ich doch genau weiß, dass es die Ursache der Probleme ist?

Gib dir Zeit. Du darfst nicht davon ausgehen, dass jede Meditation gleich gut wird. Auch dazu gibt es eine schöne Geschichte:

Eines Montagmorgens ging ein Mann zur Arbeit. Und als er abends nach Hause kam, hatte er keine Lohntüte in der Hand, die er seiner Frau hätte zeigen können. Am Dienstag ging er wieder arbeiten und legte sich ordentlich ins Zeug, bekam aber wieder keinen Lohn. »Das ist die reinste Zeitverschwendung«, erklärte er seiner besseren Hälfte, »weil einfach kein Geld dabei rumkommt.« Doch auf Drängen der Gattin erschien der Mann auch am Mittwoch wieder an seinem Arbeitsplatz, sah allerdings ein weiteres Mal keinen Lohn dafür.

Am Donnerstag verließ er das Haus nur, weil er nichts Besseres zu tun hatte. Er schrubbte seine Stunden runter – ohne dafür entlohnt zu werden. Nach Feierabend ereiferte er sich: »Was soll die ganze Maloche überhaupt, wenn's keine Knete dafür gibt?« Doch auch am nächsten Morgen bestand die Gattin darauf, dass ihr Mann pünktlich bei der Arbeit erschien. Das war am Freitag.

Am Nachmittag bekam er vom Chef eine prall gefüllte Lohntüte ausgehändigt. Und sagte zu seiner Frau, als er nach Hause kam: »Jetzt hab ich den Dreh endlich raus: Künftig gehe ich immer nur noch freitags arbeiten!«

Der Sinn der Geschichte liegt auf der Hand: Mit dem am Freitag ausgezahlten Geld wird die Arbeit der gesamten Woche entlohnt. Und so funktioniert es auch beim Meditieren. Manchmal stellt sich keinerlei innerer Frieden ein, keine Glückseligkeit, aber schon bei der nächsten Gelegenheit kann alles wieder ganz anders aussehen. Und dann denkst du dir: »Warum sind eigentlich nicht alle Meditationen so? Warum kann nicht immer Freitag sein? Nicht immer Zahltag?« Aber so läuft es halt nicht.

Denk immer dran: So etwas wie schlechte Meditationen gibt es nicht. Vielmehr baust du jedes Mal die spirituelle Qualität des Loslassens und die Weisheit der gütigen Achtsamkeit weiter aus. Und auch wenn dich nicht jede Sitzung in die Glückseligkeit führt, machst du doch Fortschritte. Die nimmst du vielleicht nicht einmal wahr, aber sie sind vorhanden.

Und dann kommt der Lohn! Und du denkst, so ginge das jetzt bei jeder Meditation? Keine Chance! Höchstwahrscheinlich musst du dich sogar noch mehr ins Zeug legen. Denn Lohn gibt es immer nur für die harte Arbeit, die bei allen vorherigen Gelegenheiten geleistet wurde.

Hast du das einmal verstanden, begreifst du auch, dass Loslassen ein wahres Aufbauwerk ist. Und nicht jeden Tag Zahltag sein kann.

Im Versuch, meinen Geist nicht zu kontrollieren, übe ich mich beim Gehen oder Essen in Achtsamkeit. Obwohl ich mich auf meine körperlichen Bewegungen konzentriere, kommen unheilsame Gedanken auf. Sobald ich sie beobachte, klingen sie wieder ab. Aber wenn ich sie loslasse, kommen sie wieder und wieder, einer nach dem anderen. Soll ich sie weiterhin beobachten, oder lasse ich sie lieber los?

Lass sie los. Und sprich bitte nicht von »konzentrieren« – für mich hört sich das wie ein Schimpfwort an. Das Einzige, was für Meditierende »konzentriert« sein darf, sind Apfel- oder Orangensaftgetränke.

Mit Konzentration hat Meditation nicht das Geringste zu tun. Und es ist auch keine gute Übersetzung des Wortes *Samadhi*, das eigentlich »Stille« bedeutet. Also konzentrier dich bitte nicht. Dabei übt man nämlich viel zu viel Kraft aus. Lass Gedanken, die aufkommen, einfach los, und du gelangst in die Stille. Stell dir vor, du würdest ein Glas mit Wasser in die Hand nehmen und dich darauf konzentrieren, es still zu halten. Schau es dir achtsam an und versuch, es still zu halten. Egal, wie sehr du dich konzentrierst: Das Glas Wasser wird nie still sein. Und dich frustriert das nur. Wie du das Glas dazu kriegst, dass es still ist? Stell es einfach ab. Dann wird das Wasser ganz von selbst still. Lass los, und Stille tritt ein. Beim Meditieren ist Konzentration ein Fehler.

Es geht darum, die Balance zwischen der Fokussierung auf den Atem und dem Loslassen zu finden, damit Stille im »Glas« eintreten kann. Wenn du dich auf den Atem fokussierst und dir dabei unbehaglich wird, fängst du an zu denken. Eher nicht, wenn du die Beobachtung des Atems als angenehm empfindest. Beobachte ihn an keiner bestimmten Stelle. Weder an der Nase noch im Bauch. Versuch den Atem einfach wahrzunehmen, ohne ihn in einem bestimmten Körperteil zu lokalisieren. Bemerke nur das Ein- oder Ausströmen der Luft und nicht, an welcher Stelle. So ist es am besten. Folge einfach der Richtung, in der das Glück liegt. Und streng dich nicht allzu sehr an.

Während die Stille eintritt, empfinde ich großen inneren Frieden und genieße den Atem richtiggehend. Doch nach einer Weile spannt sich meine Nase immer so an. Wo nehme ich den Atem denn nun am besten wahr? Ich finde es nämlich weder im Kopf besonders angenehm noch im Brustkorb. Manchmal höre ich sogar mein Herz schlagen. Ich bitte um Rat.

Die Beobachtung des Herzschlages ist nicht so angenehm. Solltest du ihn hören, würde ich dir empfehlen, deine Aufmerksamkeit wieder auf den Atem zurückzulenken. Aber wenn du sehr ruhig wirst, kann es schon einmal sein, dass du dein Herz schlagen hörst und davon auch abgelenkt wirst. Dagegen gibt es einen Trick, den du vielleicht mal ausprobieren möchtest.

Stell dir vor, ich würde direkt vor dir sitzen. Und rechts und links von mir noch je ein Mönch. Wenn du dich nun auf mein Gesicht fokussierst, verschwinden die Mönche an meinen Seiten nach einer Weile, und du siehst sie nicht mehr. Genau das ist das Charakteristische am Fokussieren.

Dein Geist fokussiert sich auf die Mitte deines »Bildschirms« – das ist dein Aufmerksamkeitsfeld – und blendet alles andere aus. Es ist genau wie beim Fernsehen: Nach einer Weile passt sich der Geist den Maßen der Mattscheibe an, egal, wie groß das Gerät ist. Die Außenkanten des Apparats nimmt man nicht mehr wahr, sondern nur noch das, was sich auf dem Bildschirm abspielt. Das wäre auch nicht anders, wenn dein Monitor die Form eines Dreiecks hätte. Denn so funktioniert Fokussierung nun einmal.

Sobald du den Atem beobachtest, nimmst du womöglich auch das Schlagen deines Herzens noch wahr. Doch befindet sich das Herz außerhalb deines Aufmerksamkeitsfeldes, »rechts« oder »links« davon. Denn im Zentrum deiner Wahrnehmung steht nicht der Herzschlag. Beobachte einfach weiter, wie du atmest. Nach einer Weile wirst du das Pochen deines Herzens nicht mehr bemerken, bist ganz auf das Zentrum deiner Wahrnehmung ausgerichtet. Umgekehrt funktioniert es genauso: Wenn du dich auf den Herzschlag fokussierst und der Atem am Rand deines Aufmerksamkeitsfeldes liegt, ist dir nach einer Weile nicht einmal mehr bewusst, dass du überhaupt atmest. Das, was den Hauptfokus deiner Aufmerksamkeit ausmacht, gewinnt über kurz oder lang die Oberhand, und alles andere verschwindet von deinem Bildschirm. So entspricht es dem Wesen der Aufmerksamkeit. Erwarte nichts, sei einfach nur aufmerksam.

Sich bloß einzureden, dass man keine Erwartungen haben sollte, funktioniert natürlich nicht immer. Zusätzlich empfiehlt es sich deshalb, dein Gewahrsein noch mit einer Programmierung zu versehen. So könntest du dir zum Beispiel sagen: »Ich rechne nicht mit einem *Nimitta*. … Ich rechne nicht mit einem *Nimitta*. … Ich rechne nicht mit einem *Nimitta*.«

Zu Beginn der Meditation bestimmst du das Hauptproblem – zum Beispiel Aufregung, Schläfrigkeit oder was auch immer – und sagst dir: »Ich rege mich nicht auf … ich rege mich nicht auf … ich rege mich nicht auf, wenn ich ein *Nimitta* habe.« Das funktioniert. Weil du auf diese Weise dein Unbewusstes programmierst. Sollte sich ein *Nimitta* einstellen, greift diese Programmierung und du regst dich nicht auf. Oder wenn du normalerweise darauf zählst, dass du bald in eine bestimmte Phase der Versenkung eintrittst – »Jetzt ist es so weit!« –, kannst du dich so programmieren: »Wenn ich in dieses Stadium komme, erwarte ich nichts … Wenn ich in dieses Stadium komme, erwarte ich nichts … Wenn ich in dieses Stadium komme, erwarte ich nichts.« Diesen Satz sagst du dir dreimal, und dann vergisst du ihn. Deine Erwartungen sind verschwunden. Das nenne ich Programmierung des Gewahrseins.

Falls du so etwas noch nie gemacht hast, empfehle ich dir die folgende kleine Übung: Stell dir abends den Wecker einige Minuten später, als du eigentlich aufwachen möchtest. Also zum Beispiel statt auf sieben auf vier nach sieben. Unmittelbar vor dem Einschlafen sagst du dir: »Ich wache um sieben auf … Ich wache um sieben auf … Ich wache um sieben auf.« Und siehe da: Du wirst um sieben Uhr aufwachen (plus/minus ein oder zwei Minuten). Das klappt einfach unfassbar gut. Woher der Körper weiß, wann es sieben Uhr ist? Das *Unbewusste* weiß es. Und was die Selbstprogrammierung betrifft, kannst du ihm ruhig vertrauen, wie dieses kleine Experiment zeigt.

Auf dieselbe Weise kannst du zu Beginn der Meditation auch dein Gewahrsein programmieren: »Ich erwarte nichts … Ich erwarte nichts … Ich erwarte nichts.« Sag es klar und deutlich, hör dir selbst mit möglichst großer Aufmerksamkeit zu, und dann kann eigentlich nichts mehr schiefgehen.

Wenn ich dem Rhythmus meines Atems lausche, schlafe ich meistens ein. Mehrmals wäre ich schon beinahe vom Stuhl gefallen. Gibt es Abhilfe?

Viele, die nachts keinen Schlaf finden, dösen beim Meditieren ein. Ist doch eigentlich komisch, oder? Wenn du auch so jemand bist, könntest du es mit umgekehrter Psychologie probieren: Versuch absichtlich, beim Meditieren einzuschlafen. Vielleicht bleibst du dann ja wach.

Es gibt Schlafhaltungen und es gibt Körperhaltungen zum Meditieren. Oft erkennt der Körper: »Ja, ich folge dem Rhythmus meines Atems, das stimmt schon, aber in dieser Stellung – auf dem Meditationskissen oder einem Stuhl sitzend – schlafe ich normalerweise nicht ein.« Sitzt du dagegen auf deinem Bett, erinnert er sich womöglich an ein schönes Nickerchen … und kann der Versuchung nicht widerstehen. Demnach geht es nicht allein darum, *was* du tust; Örtlichkeit und Körperhaltung spielen auch eine Rolle. Achte also darauf, dass du die richtige Position einnimmst.

Wenn das nicht hilft, kannst du auch versuchen, dich zu programmieren. Sag dir: »Ich fange jetzt gleich an, meinen Atem zu beobachten, aber schlaf dabei bitte nicht ein … Ich fange jetzt gleich an, meinen Atem zu beobachten, aber schlaf dabei bitte nicht ein … Ich fange jetzt gleich an, meinen Atem zu beobachten, aber schlaf dabei bitte nicht ein.« Oder anders ausgedrückt: Teil deinem Geist mit, dass gerade keine Schlafenszeit ist: »Bring das jetzt nicht durcheinander. Du beobachtest den Atem, um wach zu bleiben. Du beobachtest den Atem nicht, um müde zu werden.«

Genauso gut kannst du auch im Gehen meditieren, dabei schläfst du garantiert nicht ein. Ich jedenfalls habe noch nie gehört, dass jemand vor eine Wand gelaufen wäre, weil er beim Gehen vom Schlaf eingeholt wurde. Zur Unterstützung deiner Gehmeditationen kannst du dann ja immer noch Atemmeditation üben.

Andere Möglichkeit: die Kombination von Atem- und Mantra-Meditation. Dafür muss es aber das richtige Mantra sein. Also zum Beispiel nicht beim Einatmen »Frieden« und beim Ausatmen »loslassen«. Damit es dich wach hält, muss dein Mantra schon etwas mehr Schmackes haben. Etwa so: beim Einatmen: »Ich werde sterben« und beim Ausatmen: »Das ist sicher.« »Ich werde sterben … das ist sicher … Ich werde sterben … das ist sicher.« Wenn du dabei einschläfst … tja, dann weiß ich auch nicht.

Der Bär und andere pelzige Wahrheiten

Früher hatten wir einen niedlichen Teddybären, der bei den Retreats immer neben mir saß. Aber wisst ihr was? Da ist doch tatsächlich einer hergegangen und hat den Bären geklaut, um ihn zugunsten des Nonnenklosters zu versteigern! Jetzt suchen wir einen neuen. Wenn also jemand Lust hätte, seinem Enkelkind oder sonst irgendjemandem einen Teddybären abzuluchsen – bitte seid so frei, ihn einer guten Sache zuzuführen … Aber Spaß beiseite.

Angeschafft hatten wir uns den Teddy ursprünglich, weil die Teilnehmer an unseren Retreats oft so bierernst sind und eine Portion liebende Güte gut brauchen können. Wenn dir das Meditieren mal so richtig schwerfällt, kannst du dir einen Teddy auf den Schoß setzen. Mit einem Bärchen gelangst du gleich in viel größere Tiefe!

Aber so ein Teddy kann auch eine echte Stütze sein, wenn du gerade mal nicht meditierst. Angenommen etwa, du hockst im Büro und bist motzig und grummelig. Dann kannst du das Bärchen in den Arm nehmen und dich erkundigen, ob überhaupt Grund für irgendeine nagende Kritik besteht. Der Teddy wird dich daran erinnern, sanft und gütig zu sein. Es muss sich auch gar nicht um ein Plüschtier handeln. Ein Foto deines Lieblingsmönchs oder etwas anderes, das dich an Güte, Loslassen und Vergebung erinnert, tut es auch. Also nimm deinen Teddy in den Arm oder schau dir das Foto an und lass dich wieder von Freundlichkeit und Nettigkeit überfluten.

Flauschige Wesen erfüllen aber noch andere Funktionen: Sollten dir bei der Meditation lauter Dinge in den Sinn kommen, die du anderen Menschen angetan hast, willst du natürlich Buße tun. Lass deine Strafe hundert Streicheleinheiten für die Katze sein! Oder das Kaninchen. Solltest du weder Kätzchen noch Kaninchen haben, borg dir eines aus. Nimm das Tier auf den Schoß und streichele es hundertmal. Bewirkt das noch nichts, wiederholst du die Prozedur. Der Witz beim Streicheln so eines flauschigen Tieres, insbesondere eines aus Fleisch und Blut, besteht nämlich darin, dass es dich Mitgefühl und Güte empfinden lässt. Und sobald du in der Lage bist, einem kleinen flauschigen Wesen Mitgefühl und Güte entgegenzubringen, kannst du diese Empfindungen mit großer Wahrscheinlichkeit auch auf dich selbst übertragen. Kannst vergeben und loslassen.

Geh in die Stille und bleib nicht stecken

Seit einigen Tagen sehe ich, mal hinter dem linken, mal hinter dem rechten Auge, ein leicht violettes Licht. Da es während des schönen Atems auftritt, vermute ich, dass es sich um ein *Nimitta* handelt. Es dauert nicht länger als fünf bis zehn Sekunden an und verschwindet, sobald ich mich darauf fokussiere. In deinem Buch habe ich gelesen, dass sich bei instabiler Achtsamkeit ein *Nimitta* nicht aufrechterhalten lässt. Wie kann ich da weiterkommen?

Versuch, dich nicht darauf zu fokussieren, wenn du ein *Nimitta* siehst. Versuch nicht, es festhalten zu wollen. Schließ einfach Frieden. Freu dich auf nichts, erwarte nichts, versuch nichts zu erreichen. Sobald du versuchst, dich darauf zu fokussieren, wird es verschwinden. Tu einfach gar nichts – lass alles auf dich zukommen. Wie das mit den *Nimittas* funktioniert, begreifst du am besten, wenn du sie dir wie die Tiere in Ajahn Chahs Gleichnis vom stillen Waldsee vorstellst. Auf seinen Dschungelwanderungen suchte sich Ajahn Chah nachmittags immer einen Teich oder Bach, in dem er ein Bad nehmen, seine Roben waschen und sich etwas Wasser zum Trinken filtern konnte. Anschließend befestigte er sein Moskitonetz circa zehn bis zwanzig Meter vom Wasser entfernt und meditierte am Abend dort. Bei Sonnenuntergang hielt er manchmal die

Augen offen, denn dann kamen die Tiere aus dem Dschungel, um ebenfalls zu trinken und ein Bad zu nehmen. Da sie mehr Angst vor Menschen haben als umgekehrt, musste er sich sehr still verhalten. Denn hätten die Tiere ihn bemerkt, wären sie, allem Durst zum Trotz, nicht aus dem Wald herausgekommen. Anders, wenn sie sich sicher fühlten: Dann tauchten sie auf und spielten. Das war sehr unterhaltsam, mindestens so nett wie eine Dschungeldoku auf National Geographic! Aber er musste eben total still dasitzen. Hätte er auch nur die kleinste Bewegung gemacht oder einen winzigen Laut von sich gegeben, wären die Tiere sofort weggelaufen.

Auf diese Weise hat mir Ajahn Chah den richtigen Umgang mit *Nimittas* erklärt. Demnach musst du dich, sollte eines auftauchen, genauso still verhalten wie Ajahn Chah an seinem Waldsee. Ein *Nimitta* ist wie ein Tier, das sich aus dem Dschungel hervorwagt, und du musst es genauso beobachten, wie du es auch mit einem scheuen Tier tun würdest. Sobald du versuchst, dich darauf zu fokussieren, rennt es davon. Bist du aufgeregt oder ängstlich, merkt es, dass du es beobachtest, und flüchtet. Du musst also so still sein, dass es nicht mitbekommt, dass es beobachtet wird.

Dieses Gleichnis ist einfach genial, es trifft den Nagel exakt auf den Kopf. Außerdem gibt es dir ein inneres Bild an die Hand: Sei wie Ajahn Chah am Waldsee, und all diese herrlichen Tiere verlassen ihre Deckung und wagen sich hervor, um in deinem Geist zu spielen.

Ajahn Chah hat auch mal gesagt: »Wenn du extrem still bist, kommen auch echt merkwürdige, komische Tiere zum Spielen raus, Tiere, von denen du noch nie gehört hast. Auch die sind so scheu, dass sie sich nur zeigen, wenn du absolut still bist. Das sind die *Jhanas*.«

Sobald du dich bewegst – »Oh, da kommt ein *Jhana*! Ist ja toll!« –, hören sie dich und rennen weg. Die nächsten Tage über lassen sie sich dann nicht mehr blicken.

Versuch also nicht, dich auf das *Nimitta* zu fokussieren. Tu überhaupt nichts. Stell dir vor, du bist Ajahn Chah an einem Waldsee, absolut still und unbewegt.

Ich stecke in der Helligkeit fest und komme den *Nimittas* partout nicht näher. Was kann ich da tun?

Rühr dich nicht. Der Grund für dein Gefühl festzustecken ist, dass du versuchst, dich zu bewegen. Gestattest du dir einfach, ganz starr zu sein, wie eingefroren in der Helligkeit, kannst du es dir gut gehen lassen, und das *Nimitta* stellt sich wie von selbst ein. Wenn du diese Art Dinge jedoch erzwingen willst, entziehen sie sich. Genau wie in der Geschichte vom Emu.

Vor Jahren wollte ein *Anagarika* (ein angehender Mönch) unseres Klosters unbedingt einen Emu sehen, begegnete aber nie einem dieser schönen Laufvögel. Doch als er eines Tages lange sehr still im Wald gesessen hatte, trat tatsächlich ein Emu auf ihn zu, senkte den Kopf und beschnupperte ihn von oben bis unten. Es war also genau wie in Ajahn Chahs Gleichnis von den Dschungeltieren am stillen Waldsee: Tu einfach nichts, und dann kommen sie raus, um mit dir zu spielen.

Und was meinst du überhaupt mit »in der Helligkeit feststecken«? Du steckst keinesfalls irgendwo fest, das ist doch ein sehr angenehmer Zustand. Genieß ihn. Andere Leute würden dich darum beneiden. Sei einfach zufrieden mit der Helligkeit. Damit lässt du los, und die Meditation wird sich von selbst weiterentwickeln.

> Ein stiller Geist bewegt sich nicht, ist nicht aufgeregt. Leer ist er nicht; irgendetwas ist einem immer bewusst. Oder ist der See etwa leer, wenn keine Wellen zu sehen sind? Nein, dann ist er nicht leer, sondern still.

Sei doch mal Besucher

Kannst du erklären, wie sich das Ego auf die Meditation auswirkt und wie man damit klarkommt?

Das Ego ist immer am Kontrollieren. Der Buddha sagte: »Wenn da ein Ich ist, ist da auch ein Mein. Und wo ein Mein ist, ist auch ein Ich« (MN 22). Wenn du ein Ego hast beziehungsweise das Gefühl eines Selbst, hast du auch Besitz, Dinge, über die du Kontrolle auszuüben versuchst. Zu diesen vermeintlichen Besitztümern gehört auch dein Geist. So kannst du zum Beispiel während eines Retreats das Gefühl bekommen, dein Zimmer gehöre dir; dann willst du es kontrollieren und alle Geräusche aussperren. Aber es gehört dir nicht, du bewohnst es nur eine Weile. Der Punkt ist der: Wo ein Selbstgefühl vorliegt, existieren auch Besitzgefühle und Kontrollbedürfnisse.

Die Leute, die das Bodhinyana-Kloster besuchen, sagen immer: »Es ist so schön hier, so friedlich, so entspannend.«

Worauf ich meistens entgegne: »Ja, seid ihr denn verrückt? Das hier ist mein Arbeitsplatz. Und es herrscht hier so ein Trubel. Ständig ist etwas zu bauen, zu reparieren oder zu warten. Ich muss so viele Telefonate erledigen und so viele Fragen beantworten, und die Mönchsausbildung obliegt mir obendrein. Wie kann man da behaupten, es sei ruhig hier? Ein Arbeitslager ist das!«

Mir wurde klar, dass da etwas ganz und gar nicht stimmte. Ich musste eine Möglichkeit finden, mich zu erholen, obwohl ich Abt war. Also beschloss ich, dass ich einmal pro Woche morgens so tun würde, als wäre ich nicht Eigner des Klosters, sondern nur Besucher. Als Besucher brauchte ich keine Fragen zu beantworten – dafür war jemand anders zuständig. Bauen, reparieren und warten musste ich auch nichts. Als Besucher konnte ich das Kloster genießen. Denn Verantwortlichkeiten hat man nur als Besitzer.

Mach es doch auch so. Tu einmal pro Woche, vielleicht am Wochenende, so, als wärest du bei dir daheim zu Besuch. Trink Kaffee, halt ein Schwätzchen und lass es dir gut gehen. Das Arbeiten überlässt du jemand anderem. Du entspannst dich einfach. Als Besitzer musst du die Kontrolle haben. Als Besucher darfst du loslassen und dich vergnügen.

Auf diese Weise kannst du auch deinem Meditationskissen einen Besuch abstatten. Werde zum Besucher deines Körpers. Werde zum Besucher deines Geistes. Dann kannst du richtig loslassen, denn nichts ist mehr dein Problem: »Mach, was du willst, Geist. Du gehörst mir nicht, und ich kontrolliere dich nicht mehr. Wenn du schlafen möchtest: Ist für mich vollauf in Ordnung. Ich will dich nicht besitzen. Ich bin nur Besucher, kein Eigner.« Oder wie es der Buddha ausdrückte: »Nicht mein, nicht ich, kein Selbst. Es gehört mir nicht« (SN 22:59).

Wann immer ein Ego im Spiel ist, willst du die Dinge kontrollieren, steuern. Sei ein Besucher dieses Moments, nicht sein Besitzer. So kannst du in der Meditation loslassen.

Ich weiß, dass Stille heißt, sich selbst nicht mehr im Weg zu stehen, aber dieses Loslassen des Selbstgefühls ist doch fast ein Ding der Unmöglichkeit. Obwohl ich mir so sehr wünsche, dass dieses Selbstgefühl verschwindet, habe ich das Gefühl, dass ich es eher zum Bleiben auffordere. Was kann ich tun?

Bleib einfach im gegenwärtigen Moment. Dieser Trick ermöglicht dir das Verschwinden, denn im gegenwärtigen Moment ist nicht viel von »dir« vorhanden.

Wer bist du? Wir definieren uns überwiegend über unsere Vergangenheit. Du bist Arzt, Ingenieur, Totengräber. Aber das bezeichnet nur, was du *in der Vergangenheit getan hast*, nicht, wer du *jetzt bist*. Wenn du deine Vergangenheit loslässt, wirklich loslässt: Wer bist du dann? Ohne Vergangenheit lässt sich das sehr schwer exakt bestimmen. Und tatsächlich: Verschwinden tust du, sobald du aufhörst zu denken und dir Etiketten zu verpassen. Lass das alles los – all diese Etiketten, die ganze Vergangenheit, alles, was man dir über dich gesagt hat. Auf diese Weise befreien wir uns allmählich von unserem Selbstgefühl.

Wir definieren uns aber auch über Dinge, die wir uns für die Zukunft vorgenommen haben, über unsere Vorhaben und Bestrebungen. »Ich bin ein aufstrebender Dichter. Ich bin ein aufstrebender Meditierender.« Verkneif dir lieber alle ehrgeizigen Ziele. Wenn du keine Zukunftspläne hast und die Vergangenheit loslässt, verschwindest du. Wenn wir dich mit einem Trick in den gegenwärtigen Moment bringen, verflüchtigt sich alles, worüber du dich definierst. Dann lässt du los.

Befolge einfach die Anweisungen: Jetzt-Gewahrsein, Stille, Beobachtung des Atems. Nach einer Weile kannst du dich fragen: »Wer bin ich?« Und findest heraus: »Ich bin fort!« Super!

Und wenn du nach der Meditation das Gefühl hast, es wäre Zeitverschwendung gewesen, heißt das, dass du vorankommst. Warum hast du versucht, etwas zu erreichen? Warum hast du gedacht, man müsse weise mit der Zeit umgehen und am Ende sollte dabei etwas für dich herausspringen? Ist nicht das ganze Leben reine Zeitverschwendung? Bald wirst du sowieso gestorben sein, und nach zwei, drei Generationen erinnert sich kein Mensch mehr an dich. Was für eine Zeitverschwendung! Leben *ist* Zeitverschwendung – es sei denn, du fängst etwas Sinnvolles damit an, wie etwa Meditieren.

Sieh zu, dass du heute ein totaler Fehlschlag bist, das heißt: Versuche, absolut nichts zu erreichen. Nichts zu erreichen ist etwas ganz Wunderbares: die große Leere, wenn nichts ist. Lass also los, entspann dich, genieße den Tag und mach gar nichts.

Bis der Hintern nicht mehr wehtut

Die Tücken schlechten Meditations-*Kammas*

Während eines Retreats, das ich leitete, ging ich einmal nach dem Tee zu den Mönchen rüber ins Kloster. Ich wollte duschen und nach dem Rechten sehen. Ein Mönch, der einen Vortrag vor Gefängnisinsassen halten wollte, entbot mir seinen Gruß und brach auf. Wenig später kam er zurück, um nachzuschauen, ob er seine Tasche liegengelassen hatte.

»Ich war nicht achtsam«, sagte er zu mir.

»Nein, nein«, gab ich zurück, »so darfst du das nicht sehen. Du warst nur nicht auf deine Tasche fixiert. Gut so!«

Man kann alles aus unterschiedlichen Perspektiven heraus betrachten. Angenommen, du willst meditieren und schläfst dabei ein. Dann kannst du dich entweder für faul halten oder für mitfühlend – du wirst den Schlaf wohl gebraucht haben und hast ihn deinem Körper deshalb gegönnt. Wenn du dich schon beurteilen willst, dann sei dabei wenigstens nett zu dir.

Die meisten Leute sind heutzutage ausgesprochene Kontrollfreaks. Weil man uns so lange eingebläut hat, ständig hart zu arbeiten und unseren Körper auszubeuten. In Singapur bin ich mal gefragt worden: »Kriegen in Australien auch so viele Leute Krebs? Hier bei uns sind die Krankenhäuser voll mit Tumorpatienten.« Für mich ist ziemlich klar, warum gegenwärtig so viele Menschen an Krebs erkranken: Es liegt an unserem Umgang mit dem Körper. Wie beuten ihn aus, quälen ihn und lassen ihm viel zu wenig Zeit, sich zu erholen. Wir im Westen halten Faulheit für etwas Schlechtes und empfinden die Fürsorge für den eigenen Körper als zügellosen Luxus.

Doch dass wir uns so wenig um unseren Körper kümmern, führt zu vielerlei Krankheiten und zum frühen Tod. Auf der südthailändischen Insel Phuket gab es einen Waldmönch, der 117 Jahre alt wurde – und das auch noch bei ziemlich guter Gesundheit. Also: Wenn du müde bist, geh und erhol dich. Es hält dich gesund und verlängert dein Leben. Gib dem Körper die Möglichkeit, sich zu entspannen, damit er heilen kann.

Schau selbst, wie dein Tag abläuft: Du stellst dir den Wecker, weil du zu einer für dich völlig unnatürlichen Zeit aufwachen musst. Den Rest des Tages bist du in Eile. Gehst manchmal viel zu spät ins Bett. Bist deshalb meistens angespannt und nervös. Wenn du mal genau darauf achtest, merkst du es selbst.

Gehst du dann in Klausur, auf ein Retreat, brauchst du wahrscheinlich erst einmal ein paar Tage, um runterzukommen – nutze deine Achtsamkeit und erspüre deine körperliche Verfassung. Nimm wahr, wie sich die Zeit der Entspannung – oder, wenn du magst, auch des Schlafes – auf deinen Körper auswirkt. Es ist herrlich: Wie erst die körperliche Erschöpfung nachlässt und dann auch die Blockaden schwinden. Der ganze Körper entspannt sich. Und ist erst einmal der Körper relaxt, kann sich auch der Geist viel leichter entspannen.

Die ersten zwei, drei Tage lang genießt du einfach, dass sich dein Körper ausruht. Wenn du schlafen möchtest, schlaf, aber ohne dir einen Wecker zu stellen. Wach von selbst auf. Dann kannst du einen Tee trinken und duschen; wenn du anschließend meditieren gehst, bist du entspannt und dein Körper unterstützt dich gern. Noch einmal: Wir sind dazu erzogen worden, dem Körper ständig Gewalt anzutun, ihm ständig irgendetwas aufzuzwingen und ihn zu kontrollieren. Das aber ist das Gegenteil eines harmonischen Umgangs mit ihm.

Unsere gesamte westliche Zivilisation beruht darauf, dass wir die Dinge eher steuern und kontrollieren wollen als mit ihnen zusammenzuwirken. Während eines Retreats aber folgst du wieder einer viel natürlicheren Routine. Und wenn du dich zu Beginn erst einmal ausruhst, kannst du gegen Ende viel mehr meditieren.

Die meisten schlafen am Anfang länger als sonst, in der zweiten Hälfte des Retreats wieder durchschnittlich lang und am Ende brauchen sie dann deutlich weniger Schlaf. Lass deiner Natur einfach freien Lauf. Sobald er sein Defizit ausgeglichen hat, benötigt der Körper gar nicht mehr viel Schlaf. In den ersten zwei, drei Tagen solltest du deinem Körper vertrauen. Sagt er dir »Ich möchte schlafen«, dann lass ihn schlafen. In der Halbzeit des Retreats fragst du dich, wie viel Schlaf du tatsächlich benötigst. Und folgst in der verbleibenden Zeit dem Motto »Ach, eigentlich brauch ich gar nicht so viel«. Solltest du des ungeachtet jedoch wirklich, wirklich müde sein, legst du dich eben hin.

Wenn der Geist aber doch etwas vom Körper Getrenntes ist, sollte man mithilfe von Achtsamkeit der Müdigkeit nicht Herr werden können?

Der Geist steht in enger Verbindung mit dem Körper und wird auch von ihm beeinflusst. Ist der Körper entspannt, fällt dem Geist das Meditieren leicht. Der Umgang mit dem Körper ist aber auch deshalb so wichtig, weil sich darin die generelle Haltung dem Leben gegenüber widerspiegelt. Und darauf kommt es an – auf die geistige Einstellung.

Die Haltung, aus der heraus man Dinge erzwingen, steuern will und dem Körper sagt: »Müde bist du? Mir doch wurscht – gesessen wird jetzt trotzdem!«, ist dem Meditieren denkbar unzuträglich. Alles im Leben dem eigenen Willen unterwerfen zu wollen – eine derartige Härte lässt keinerlei Frieden und Stille aufkommen.

Der Geist ist gewissermaßen beides: sowohl vom Körper getrennt als auch von ihm beeinflusst. Die mentale Einstellung des »Ich muss mich jetzt ausruhen« entspricht genau der gütigen Haltung, die den Prozess des Meditierens beobachtet und sagt: »Soll der Geist doch stumpf oder aufgewühlt sein. Ich lasse ihn in Ruhe. So will ich es und mehr kann ich auch nicht tun.« Ein solches Maß an Mitgefühl, an Loslassen ist die Ursache jeder Stille.

Ich spreche manchmal von »Meditations-*Kamma*«. Denn so, wie viele Aspekte unseres Lebens unter dem Einfluss des *Kamma* stehen, tangiert diese spezielle Art von *Kamma* eben die Meditation. Gutes Meditations-*Kamma* führt zu guten Meditationen: zu innerem Frieden, Stille, großer Achtsamkeit. Ein schlechtes Meditations-*Kamma* hat das Gegenteil zur Folge: Frustration, Langeweile, Anspannung und Mühen.

Gutes Meditations-*Kamma* heißt Frieden schließen, gütig, sanft und geduldig sein: die drei rechten Bestrebungen des Achtfachen Pfades also, ergänzt um Geduld. Das ist gutes Streben, gutes *Kamma*, aus dem nur Gutes erwachsen kann.

Schlechtes Meditations-*Kamma* ist gleichbedeutend mit Verlangen – ich will, ich will, ich will – und Übelwollen: »Geist, du tust, was ich sage. Mir doch egal, was du willst. Ich hasse

Schläfrigkeit. Hasse Faulheit.« Ich sage das, weil gutes Meditations-*Kamma* Keim und Ursache von Frieden, Stille und tiefer Meditation ist. Das Einzige, was du tun kannst, ist, die Ursachen zu erschaffen: Halte alle Bedingungen vor und warte dann, dass sie heranreifen. Mehr kannst du nicht tun.

Frieden schließen, gütig und sanft sein ist das Maximum dessen, was du anstellen kannst, um tiefe Meditation, Stille, Einsicht und Erleuchtung zu erzeugen. Das ist deine Aufgabe. Und diese Haltung gilt es zu befördern. Nimmst du sie deinem Körper gegenüber ein, weißt du, ob du schlafen musst oder nicht. Dann bist du nicht faul, sondern schließt nur Frieden, bist gütig und sanft.

Diese Einstellung wird sich auch auf deinen Geist übertragen. Und noch einmal: Es ist keine Faulheit, wenn du gutes Meditations-*Kamma* herausbildest. Sicher, im Schlaf stellt sich kein *Jhana* ein. Deine Haltung aber erschafft die Ursachen und Bedingungen für künftige *Jhanas*.

Am dritten, vierten oder fünften Tag des Retreats sind die Teilnehmer oft frustriert und meinen, dass sie nicht weiterkommen. Sie sind so angespannt, dass sie am liebsten nach Hause wollen, und haben das Gefühl, ihre Zeit zu verschwenden. »Geh in dein Zimmer, leg dich hin und schlaf«, sage ich ihnen dann.

»Aber das wäre doch Faulheit!«, halten sie mir entgegen.

»Geh in dein Zimmer, leg dich hin und schlaf.«

»Aber das wäre doch maßlos … und undiszipliniert.«

»Geh in dein Zimmer, leg dich hin und schlaf. Anschließend duschst du und trinkst einen Tee.«

Nachdem sie dann irgendwann getan haben, was ich sage, teilen sie mir beim nächsten Gespräch mit: »Ajahn Brahm, es hat funktioniert! Es hat doch tatsächlich funktioniert!«

Natürlich funktioniert es. Ich weiß nicht, wie viele Male ich es schon gesagt habe, aber die Erfolgsrate beträgt hundert Prozent. Es wird deiner Meditation sehr helfen, wenn du ausgeruht bist. Wenn du frustriert und nervös wirst, heißt das, dass du dich zu sehr anstrengst. Also musst du lernen, etwas mehr loszulassen. Das Ergebnis wird sehr schön sein.

Good, good, good vibrations – gute Schwingungen

Als ich, wie es die Anleitung besagt, stumm das *Namo Buddhaya* rezitiert habe, bekam ich so ein Prickeln auf der Kopfhaut. War aber ein angenehmes Gefühl.

Das heißt, dass du Nonne wirst! Es ist ein Zeichen. Und mit rasiertem Kopf wird das Gefühl noch angenehmer!

Wenn du während der Meditation irgendwelche Schwingungen erlebst oder eine Art Energie, lass sie zu und gibt dich ihnen ruhig hin. Als ich von einer Reise nach Korea zurückkehrte, wo ich ein Retreat geleitet hatte, bin ich ständig gefragt worden: »Hast du auch den ›Gangnam Style‹« gesehen?« Nein, hatte ich nicht, offenbar handelt es sich aber um einen Tanzstil, und zwar einen ziemlich wilden. Legst du den beim Meditieren hin, kann es sich nur um eine koreanische Meditation handeln!

Aber im Ernst: Wenn dir danach ist, dich zu bewegen, dann beweg dich, schunkle, schaukle, wiege dich hin und her. Doch sieh zu, dass du aufstehst, sonst könntest du vom Stuhl fallen.

Es kann jedoch auch sein, dass du zwar das Gefühl hast zu schaukeln, in Wirklichkeit aber vollkommen unbewegt bist.

Vor vielen Jahren war eine Frau einmal der festen Überzeugung, sie wiege sich beim Meditieren hin und her. Da ich ihr zugeschaut hatte, konnte ich ihr versichern, dass sie absolut reglos gewesen war. Doch sie glaubte mir nicht, und da bot ich ihr an, ihre nächste Sitzung per Video festzuhalten. Das überzeugte sie endlich.

Vielleicht denkst auch du, dass du dich bewegst, und es stimmt gar nicht. Dir spielt lediglich dein Wahrnehmungsvermögen einen Streich. Also mach dir keine Sorgen – lass es einfach zu und gib dich hin. Nach einer Weile legt sich das von selbst wieder.

Wenn es sehr still ist, kann das innere Geplapper bei mir schon ganz schön laut werden. Manchmal ist es so, als würde jemand auf mich einreden, und das fühlt sich an, als wäre ich schizophren, aber das bin ich nicht.

Wärest du schizophren, hättest du gesagt: »Aber die *Stimme* sagt, dass ich es nicht bin.« Also kannst du gar nicht schizophren sein!

Worum es hier geht, ist, dass du dich so ans Reden gewöhnt hast, dass du es, wenn du nicht den Mund verwendest, eben im Kopf tust. Dann sprichst du mit dir selbst, weil sonst keiner da ist. Das ist am Anfang ganz normal. Um es aber zu überwinden, könntest du es mit einem Ersatz, einer Art Platzhalter, versuchen.

Als junger Mönch in Thailand sollte ich bald einigen der großen Waldmönche zum ersten Mal begegnen, und davor fürchtete ich mich. Ich hatte Angst, dass einer von ihnen meine Gedanken lesen und den anderen berichten könnte, was sich in meinem Kopf abspielte. Dafür fühlte ich mich leider noch nicht reif. Wir dürfen ja nicht vergessen: Manche Mönche und Nonnen könnten tatsächlich in der Lage sein, Gedanken zu lesen. Du musst also schon aufpassen, was du denkst. Wenn dich das nicht dazu bringt, dein mentales Geplapper einzustellen …

Nein, wirklich: Ein guter Mönch würde nie auf die Idee kommen, deine Gedanken zu lesen, selbst wenn er es könnte. Genauso wenig, wie du je einen Schundroman lesen würdest, lesen wir Gedanken.

Aber probier es doch mal mit einem Platzhalter, vielleicht mit *Namo Buddhaya* oder mit *Om mani padme hum*. Aber womit du auch arbeitest: Vernachlässige die Pausen zwischen den Worten nicht. Denn sie lehren dich, still zu sein – zu verstehen und zu erkennen, was Stille eigentlich ist. Der freie Raum … zwischen … den Wörtern. Erkenne ihn, mache dich mit ihm vertraut, so freundest du dich mit ihm an, und er bleibt dir.

Sollten für dich weder der Platzhalter noch die Wahrnehmung der Freiräume zwischen den Wörtern funktionieren, kannst du auch die Atemmeditation mit einem Mantra kombinieren. In Thailand nimmt man dafür das Wort »*Buddho*«. Was sich für die Thais sehr bewährt hat. Für Westler ist das beste Mantra, das ich bisher kenne, »Ruuhig … jetzt«. Irgendwann hat man es verinnerlicht und »verstummt« während des Meditierens tatsächlich. Eine sehr gute Übung. Sie lehrt dich, still zu sein – was sonst Jahre dauern kann.

Sobald du gelernt hast, die Stille im Leben wahrzunehmen, wirst du viel gesünder, friedvoller und glücklicher. Du musst nur genau hinschauen und wirst im Alltag viele, viele Momente der Stille entdecken. Sobald du diese wertzuschätzen weißt, kannst du in die Stille eintreten. Ein solches Training führt dazu, dass du nicht länger ständig plappern oder denken musst und eine sehr weise, friedvolle Person werden kannst. Eine gesunde obendrein!

Und wie komme ich jetzt weiter?

Gar nicht. Und du sollst auch überhaupt nicht weiterkommen. Bleib, wo du bist, wo immer das sein mag, und gehe in die Tiefe. Es geht nie *voran*, sondern immer nur *hinein*. Dort liegt das, was du suchst, die nächste Stufe.

Gehst du nur immer weiter, wirst du nie ankommen. Ein rastloses Dasein! Dein ganzes Leben lang kommst du nun schon weiter, dem Sarg immer näher. Macht dir das keine Sorgen? Siehst du nicht, wie der Sarg näher und näher kommt? Also geh nicht weiter. Geh stattdessen nach innen. Finde heraus, wo du bist. Und gehe genau dort immer mehr in die Tiefe. Erlebe die Kraft der *Ein*-Sicht. *Aus*-Sichten dagegen … nun, die werden dich nur aufregen! Geh also immer nach innen und versuch gar nicht erst weiterzukommen. Bleib, wo du bist, und gehe tiefer – koste es immer intensiver aus.

Ich bin voll wach, voll bewusst und mein Geist ist still, schweift nicht ab. Ich sitze und sitze und der Hintern tut mir weh. Worauf warte ich eigentlich?

Du meinst nur, dass du voll wach bist. Stimmt aber gar nicht, du bist lediglich ein ganz kleines bisschen wach. Du hältst dich für voll bewusst, bist es aber nicht. Du denkst, dein Geist sei still. Doch wäre er es tatsächlich, würdest du nicht fragen: »Worauf warte ich eigentlich?«

Im Grunde wartest du darauf, dass dein Hintern aufhört wehzutun. Und dafür gibt es ein gutes Rezept, echt! Steh einfach auf und vertrete dir die Füße. Mach Gymnastik. Oder nimm auf einem Stuhl Platz. Manche mögen sagen: »Neinneinnein, auf dem Boden muss man sitzen, um Erleuchtung erlangen zu können. Die Stuhlhocker sind Memmen, strengen sich nicht genug an. Sind armselige, verweichlichte Sesselpupser. Wer das Meditieren ernst nimmt, sitzt auf dem Boden.«

Aber für die Tiefe deiner Meditation spielt es keine Rolle, ob du auf dem Boden sitzt oder auf einem Stuhl.

Beängstigendes

Während einer meiner Meditationssitzungen hatte ich ein echt beängstigendes Erlebnis. Mein Geist kam mir dabei ganz schwer und düster vor, beinahe schon böse.

Wenn du viel ins Kino gehst oder auch fernsiehst … da wird ja viel Böses gezeigt – eine Menge Vampire und Gespenster. Das Böse ist schwer angesagt! Und beim Meditieren kann es natürlich auf deinen Geist überschwappen. Vergiss aber nicht: Bei allem, was du erlebst, kommt es vor allem auf deine Einstellung an. Etwas, vor dem du Angst hast, kann tatsächlich zu etwas Düsterem, Unheilverheißendem und Bösem werden. Wann immer du ungut auf eine normale Meditationserfahrung reagierst, erschaffst du Schwierigkeiten und Düsternis.

Also solltest du deine Reaktionen verändern: »Ah, was für eine herrliche leere Finsternis.« Ist es nicht schön in der Nacht, wenn du nichts anderes sehen kannst als den Mond und die

Milchstraße? Dunkelheit ist super. Aber auch sehr schwer. Und sobald du deine Einstellung änderst, wird diese Schwere zu etwas Gutem.

Kopf und Verstand verlieren: Genau darum geht es ja.

Ich hatte das Gefühl, zunehmend außer Kontrolle zu geraten. Was sehr beängstigend war. Ist das normal, oder kommt bald jemand mit der Zwangsjacke? Ich hoffe sehr, du kannst etwas Licht in diese Dunkelheit bringen!

Du *sollst* doch die Kontrolle verlieren! Und die Angst, die hast du dir selbst eingejagt. Mit dir ist alles in Ordnung, du hast einfach nur überreagiert. Ich erzähle dir jetzt mal eine Geschichte.

Vor vielen Jahren geriet ich beim Meditieren in das *Nimitta*-Stadium, in dem man alle möglichen Dinge sieht. Bei geschlossenen Augen hatte ich die sehr klare Vision eines Ungeheuers. Ich habe es ganz genau gesehen: die hervorquellenden Augen, das Blut an seinen Reißzähnen. Und um den Hals trug es eine Kette aus Schädeln!

Würde dir so etwas geschehen, was würdest du wohl denken? Wahrscheinlich: »Ah, das ist böse! Ich will nach Hause! Da ist ein Ungeheuer!« Da ich aber wusste, dass es sich bei dieser Vision um ein Geschöpf meines Geistes handelte, konnte ich auch ein bisschen mit ihm herumspielen.

Auf die hervorquellenden Augen des Ungeheuers, die beinahe aus den Höhlen traten, setzte ich eine Ray-Ban. Ich musste nur daran denken, und schon war sie da. Sah echt cool aus, wie Elvis Presley mit Sonnenbrille. Ins Maul hab ich ihm eine Zigarette geschoben. Das kannte ich noch aus Schulzeiten, da hab ich immer auf Fotos rumgekritzelt und Mordsärger bekommen. War aber eine gute Vorbereitung für die Meditation! Als Nächstes habe ich dem Ungeheuer ein paar Zähne ausgemalt, sodass sie schwarz wurden und aussahen, als müsste es dringend zum Zahnarzt. Auf den Kopf habe ich ihm dann noch einen Strohhut gesetzt, mit einer Blume dran.

Das Ungeheuer wirkte total lächerlich – war ein einziger Witz von einem Monster! Ich lachte es aus, machte mich voll lustig darüber. Und das demütigte es so, dass es verschwand und sich nie wieder zeigte. So geht man mit dem Bösen um: Man beschämt es einfach.

Und noch eine Geschichte. Im Bodhinyana-Kloster hat mich ein Besucher mal gefragt: »Ich werde verrückt. Ich hatte eine sehr tiefe Meditation, und dann kamen plötzlich Monster aus der Wand. Muss ich zum Arzt?«

»Nicht nötig«, habe ich ihm geantwortet. »Spielen Sie einfach mit den Monstern. Verpassen Sie ihnen Brillen und Hüte – eine Melone vielleicht, wenn Sie englische Ungeheuer mögen. Und spielen Sie mit ihnen.«

Als ich den Mann am Nachmittag wiedersah, sagte er: »Ich hatte eine tolle Zeit. Hat echt Spaß gemacht, das Spielen mit den Monstern. Aber jetzt sind sie alle weg. Dieses ganze Herumalbern hat die Angst vertrieben, und die war das eigentliche Problem. Das waren gar nicht die Ungeheuer.«

Also spiel mit deiner Angst. Fühlt sie sich schwer an und dicht, finde heraus, wie schwer und dicht sie werden kann. Stell sie dir äußerst behäbig und dick vor, wie eine Statue des dicken Buddha.

Der dicke Buddha soll ja Glück bringen. Als ich in Korea war, sagte ich mit Blick auf meine rundliche Statur: »Daran könnt ihr erkennen, dass ich ein *Bodhisattva* bin!«

»Sehr gut, sehr gut!«, entgegneten mir die Leute, die das für einen gelungenen Witz hielten, weil ich ja angeblich ein Theravada-Mönch bin und kein *Bodhisattva*.

Eine Chinesin konnte nicht an sich halten. Sie kam auf mich zu und tätschelte mir den Bauch, weil das ja Glück bringen soll. Ich fand das sehr lustig. Ob es was gebracht hat, weiß ich nicht, aber sie hat jedenfalls alles versucht.

So also solltest du mit Schwere umgehen. Es kommt alles auf deine Haltung an. Amüsiere dich mit der Schwere, spiel mit ihr, und sie verliert jeglichen Schrecken.

Licht(er)?

Eine gute Freundin sagt, sie erhalte Botschaften von Gott. Was sie beschreibt, hört sich für mich wie *Nimittas* an – helle Lichter und große Glückseligkeit. Auch sagt sie, sie sähe Bilder in den Wolkenformationen und tanze mit den Engeln. Heißt das, dass auch Christen *Nimittas* erleben können und *Jhana* und dass auch sie eines Tages Erleuchtung erlangen können?

Möglich ist das. Um herauszufinden, was da genau geschieht und ob es sich wirklich um ein *Nimitta* handelt, bräuchten wir mehr Informationen, aber es kommt dem schon ziemlich nahe. Allerdings hängt es auch von den Botschaften ab, die sie empfängt, sonst könnte es sich nämlich auch um einen Fall von

Schizophrenie handeln. Man muss da sehr vorsichtig sein, wenn man nach einer Erklärung sucht. Doch solange die Botschaften einen Sinn ergeben, ist wahrscheinlich alles in Ordnung.

Hast du mal ein *Nimitta* und hörst Stimmen, musst du auf jeden Fall aufpassen. Wenn du an der Börse Geld verdienen willst, du jedoch abergläubisch bist und dich eine Stimme ständig auffordert, in ein bestimmtes Unternehmen zu investieren, solltest du keinen Pfifferling darauf geben. Hier der Klassiker:

Es war einmal ein Typ, der normalerweise nie Stimmen hörte. Doch als er eines Tages im Anschluss an seine Meditation noch ein Weilchen auf seiner Matte saß, hörte er ein Flüstern: »Geh ins Casino. Geh ins Casino.«

Er erstarrte. Wie seltsam!

Angestrengt lauschte er und schaute sich um. »Was hast du gesagt?«, fragte er schließlich.

»Geh ins Casino.«

Mannomann! Diesmal war die Stimme noch deutlicher zu hören. Deshalb dachte der Typ bei sich: »Warum eigentlich nicht? Vielleicht meint es da ja jemand besonders gut mit mir.«

Als er im Casino eintraf, hörte er die Stimme ein weiteres Mal: »Geh an den Roulettetisch. Geh an den Roulettetisch.«

Das bildete er sich mit Sicherheit nicht nur ein. Dafür war die Stimme viel zu klar und artikuliert.

Als er an den Roulettetisch trat, sagte die Stimme: »Setz zehn Dollar auf die Siebzehn … zehn Dollar auf die Siebzehn.«

Da das kein allzu großes Risiko darstellte, besorgte er sich Chips im Wert von zehn Dollar und setzte sie auf die Sieb-

zehn. Der Croupier waltete seines Amtes und die Kugel ...
blieb auf der Siebzehn liegen.

»Ja! Ja!«, vernahm der Mann die Stimme. Und weiter sprach
sie: »Den gesamten Gewinn auf die Zweiundzwanzig. Alles
auf die Zweiundzwanzig.«

Und unser Typ setzte alles auf die Zweiundzwanzig. Wieder
waltete der Croupier seines Amtes, und natürlich kam die Kugel auf der Zweiundzwanzig zur Ruhe.

»Wow! Und jetzt das ganze Geld auf die Sechzehn. Alles auf
die Sechzehn.«

Der Gewinn belief sich inzwischen insgesamt auf gut zehn-
tausend Dollar. Also echt viel Geld! Sollte er es nun wieder
aufs Spiel setzen? Schließlich könnte er das Casino jetzt auch
verlassen und sich eines erklecklichen Gewinns erfreuen. Doch
nach einem Moment des Innehaltens kam er zu dem Schluss:
»Ach, was soll's. Heute ist mein Glückstag ...« und setzte die
gesamte Summe auf die Sechzehn. Wenn das gut ging, würde
er für immer ausgesorgt haben.

Mittlerweile hatte sich schon eine kleine Menschentraube
um den Roulettetisch gebildet, die Atmosphäre war wie elek-
trisch aufgeladen. Der Croupier setzte die Scheibe in Bewegung, warf die Kugel in den Kessel. Gespannte Stille legte sich
über den Raum.

Zu vernehmen war nur noch die Kugel, die rollte ... und
rollte ... und immer noch weiterrollte, bis sie schließlich ver-
harrte ... auf der Sechzehn.

Einige der Casinobesucher stießen kleine Schreie aus, die
anderen wirkten wie versteinert vor Aufregung, denn die Kugel war nicht ganz zur Ruhe gekommen, sondern tänzelte auf
dem Rand des Fachs, als hätte sie sich noch nicht vollends für
die Sechzehn entschieden.

Derweil drehte sich der Kessel weiter, die Zeit schien sich in eine Schildkröte zu verwandeln. Und in einem letzten Taumeln sprang die Kugel aus der Sechzehn heraus und landete im Fach daneben. Die Menge war fassungslos.

Aus der Stille erhob sich ein weiteres Mal die Stimme, kristallklar: »Oh … Scheiße!«

Demnach unterläuft wohl auch himmlischen Wesen mitunter ein Fehler. Solltest du also einmal eine solche Stimme vernehmen, hör nicht auf sie, denn sie könnte dich in die Irre führen.

Vor Jahren, als ich mich in einem deiner Retreats viele Tage lang geistig fokussiert hatte, gelangte ich in eine sehr tiefe Meditation. Und da geschah Folgendes: Ich schloss die Augen und fokussierte mich auf meinen Atem. Nach kurzer Zeit machten alle meine Sinne dicht, als Letztes das Gehör, und dann verschwand mein Atem. Da ich nicht mehr wusste, worauf ich mich jetzt fokussieren sollte, schaute ich hoch und sah ein kolossales, strahlend weißes Licht, das mich zu sich einlud. Weil ich sehen wollte, was passiert, ließ ich los und wurde mit enormer Kraft hineingezogen. Auf halber Strecke wurde mir klar, dass ich, wollte ich aufs Ganze gehen, von meinem Selbstgefühl ablassen müsste, und da bin ich total durchgedreht. Mit größter Willenskraft hab ich mich wieder herausgezogen. Es war einfach entsetzlich! So etwas will ich nie wieder durchmachen müssen. Es fühlte sich an, als würde mein Geist gespalten – in einen gesunden und einen wahnsinnigen Teil. Auch jetzt noch, dreizehn Jahre später, jagt es mir riesige Angst ein, wenn ich dich von *Nimittas* und *Jhanas* sprechen höre. Andererseits hat es auch meine Neugier geweckt und ich frage mich, was wohl geschehen wäre, hätte ich ganz loslassen können. Kannst du mir dazu etwas sagen, bitte?

Oh, da hattest du aber eine große Chance! Und verrückt wärst du dabei bestimmt nicht geworden, kann ich dir versichern. Es sei denn, du hältst *mich* für verrückt.

Es ist genau so, wie du es beschreibst: Man sieht ein schönes Licht, wird hineingezogen und bremst ab. Dieses Abbremsen aber ist es, was Angst macht. Also geh einfach mit.

Die Angst hat dich davon abgehalten, Frieden und Glückseligkeit zu erleben. Im Grunde wusstest du das auch, hast dich aber in letzter Sekunde von deiner Angst einschüchtern lassen. Lass das kein weiteres Mal zu. Sobald du ein wunderschönes Licht siehst, verschmilz mit ihm und genieße die Erfahrung deines Lebens! Schlimm wäre nur, wenn du es nicht tun würdest. Das wäre richtig schade. Sollte sich dir eine solche Gelegenheit noch einmal bieten, lass dich bitte darauf ein. Jeder, der derartig tiefe Meditationen erlebt hat, bestätigt, wie wunderbar sie sind. Denn sie schenken uns enorme Einsichten, großen Frieden, Glücks- und Befreiungsgefühle. Gesund sind sie außerdem. Also lass dir das alles beim nächsten Mal keinesfalls entgehen.

Vielen Dank, dass du mir geholfen hast, meine Ängste abzulegen. Nachdem ich *Samadhi* erreicht hatte, hielt dieser Zustand lange an. Aber als ich im Anschluss an die Sitzung aufstand, schien ich den Boden unter den Füßen verloren zu haben.

Das war die Angst vor der tiefen Meditation. Aber du hast absolut nichts zu verlieren, kannst nur gewinnen. Wenn du anfängst, friedvoll zu werden, lass einfach los und genieß es in vollen Zügen. Denn genau darum geht es beim Meditieren. Jeder, der einmal eine tiefe Meditation erlebt hat, sagt, wie herrlich das ist. Deshalb schließ dich der Gemeinschaft der tief Meditierenden doch bitte an. Lass die Angst los und vergnüg dich einfach.

Beim Meditieren heute habe ich erst gelbe Lichter gesehen und dann auch noch flackernde violette. Ich habe mich ermahnt, gütig und achtsam zu sein und mich nicht aufzuregen. Aber die ganze Zeit über habe ich noch die Geräusche in der Meditationshalle gehört. Ist es normal, dass man noch etwas hören kann, während man *Nimittas* sieht?

Am Anfang, wenn sich die *Nimittas* gerade erst einstellen, ja. Dann kannst du noch etwas hören. Manchmal handelt es sich aber nicht um eine Ablenkung, sondern es ist eher, als kämen die Geräusche aus weiter Ferne. Mit anderen Worten: Die fünf Sinne machen dicht, sind aber noch nicht total abgeschaltet. Das Gehör ist der letzte, der verschwindet.

Lass dich ganz darauf ein, wenn das Licht kommt, sei es nun gelb, lila oder gepunktet. Entspann dich, sei gütig und einfach bewusst. Dann wirst du still und friedvoll und alles ist schön.

Beim Beobachten der Lichter habe ich mich immer wieder ermahnt, gütig und achtsam zu sein, aber Glücksgefühle kamen keine auf. Obwohl ich die eigentlich erwartet hätte.

Innere Einstellungen stehen im Gegensatz zu inneren Einsichten. Erstere lassen dich im Außen suchen, dort etwas erwarten oder selbst bewirken zu wollen. Letztere bewirken, dass du dich dem gegebenen Moment überlässt: Keinerlei Probleme mit Erwartungen – Glück stellt sich ein.

Als ich nach einer langen, ermüdenden Reise, die mich fast um die ganze Welt geführt hatte, zurückkam, hatte ich eines Nachmittags meine erste schöne Meditation seit Wochen. Bloß dazusitzen, in perfekter Stille, und absolut nichts zu tun – die reine Glückseligkeit! Was für eine Freude. Also lass einfach deine Erwartungen ziehen, und schon bist zu zufrieden.

Willst du von irgendetwas mehr – seien es Glücksgefühle oder Lichterscheinungen –, kannst du das, was du bereits hast, nicht mehr genießen. Du siehst Lichter? Ist doch toll! Aber du willst noch mehr?! Schon verrückt, was die Menschen so alles wollen. Sie erreichen das erste *Jhana*, aber nein, das genügt nicht, sie wollen das zweite *Jhana*. Stellt sich das ein, denken sie: »Ich will aber das dritte, ich will übersinnliche Kräfte, alles will ich.« Und dann bekommen sie gar nichts.

Willst du nichts, wird dein Geist still. Sobald du dann aber wieder anfängst, alles Mögliche zu wollen, schaffst du dir Probleme. Am besten lernst du das aber nicht auf die harte Tour, sondern geschmeidig. Das heißt: Mach diesen Fehler nur ein einziges Mal und dann nie wieder.

In einer sehr lehrreichen Geschichte spricht der Buddha über die Ausbildung vier verschiedener Arten von Pferden (AN 4:113). Das erste Pferd ist sehr schlau. Kaum sieht es den Schatten der Peitsche, die der Ausbilder zückt, folgt es dessen Anweisungen und schlägt die gewünschte Richtung ein. Genau wie ein guter Schüler: Ich gebe einen Rat, du hörst zu und befolgst ihn auf der Stelle.

Das zweite Pferd ist nicht ganz so schlau. Als Erstes muss man es kurz mit der Peitsche antippen – ohne ihm wehzutun, nur als Ermahnung. »Ich glaube, ich tu lieber gleich das Richtige, sonst muss ich leiden«, denkt sich das Pferd. Genau wie die Schüler, die vom Leiden anderer hören und es sich selbst lieber ersparen möchten. Sie lassen los, werden genügsam und erleben eine gute, friedvolle Zeit.

Das dritte Pferd ist ein bisschen langsam. Man muss ihm einen Peitschenhieb versetzen, aber wirklich nur einen. Wenn du einmal verletzt worden bist – dir Mühe gegeben hast und frustriert wurdest –, kannst du aus deinem Fehler lernen. Weil du dir denkst: »Von jetzt an lasse ich los. Ich werde Frieden schließen, gütig und sanft werden. So was wie jetzt passiert mir jedenfalls nie wieder.« Schüler mit einer solchen Einstellung sind vielleicht etwas schwerer von Kapee, aber immer noch ganz gut.

Das vierte Pferd ist echt dämlich. Es kriegt einen Peitschenhieb nach dem anderen und hat immer noch nichts kapiert. Ich spreche ja ständig von der zweiten Edlen Wahrheit – dass etwas zu wollen Leid verursacht. Lern also bitte loszulassen – schließ Frieden, sei gütig und sanft. Hör mit dem Streben auf. Bleib ganz hier, versuch nicht, irgendwo anders hinzukommen. Wie willst du friedlich werden, wenn du das Glas Wasser immer noch in der Hand hältst? Du musst es abstellen. Stell deine Bemühungen ein und besinn dich statt auf Willenskraft auf die Macht der Weisheit. Bitte lerne und führ dich nicht auf wie der vierte Gaul.

Mach jeden Fehler nur ein, höchstens zwei Mal und lern daraus. Hör mit dem ganzen Kontrollwahn auf. Schließ einfach Frieden, sei gütig, sei sanft. Reg dich nicht auf und sei's zufrieden. Dann wirst du von einem Ohr zum anderen grinsen, den ganzen Tag über und die ganze Nacht.

Während eines längeren Aufenthalts bei euch im Kloster habe ich ein oder zwei Tage lang *Metta* praktiziert, abwechselnd mit Geh- und Loslass-Meditationen. Die Güte wuchs und wuchs in meinem Herzen, breitete sich im ganzen Körper aus, bis sich in der Herzgegend schließlich eine intensiv pinkfarbene *Metta*-Kugel herausbildete. Sie fühlte sich so real an, als ob man sie berühren könnte. Sie glühte und war formbar wie weiche, glatte rosa Knete. Dann brach sie aus meinem Herzen aus, sodass mein ganzes Wesen rosa und *Metta* wurde. So ein schönes Gefühl hatte ich noch nie. Beim Mittagessen hätte ich am liebsten alle angestrahlt und meiner tiefen, tiefen Liebe versichert. Zugleich fühlte ich mich aber auch irgendwie verletzlich: Jede unsensible Bemerkung, auch wenn sie nicht einmal mir selbst galt, schockierte mich und tat mir weh, sodass ich schließlich ziemlich unsanft wieder aus der Güte herausfiel. Verzichten würde ich auf diese Erfahrung aber trotzdem nicht wollen.

So ist es, wenn du in die Meditation der liebevollen Güte gelangst – du empfängst schöne *Nimittas* und bist sehr glücklich. Das erlebst du, wenn du friedvoll wirst und loslässt. Aufrechterhalten konntest du den Zustand nicht, weil du es etwas übertrieben hast. Gleichwohl hat sich die Erfahrung von Frieden und Liebe für dich gelohnt.

Auch Menschen, die im Zuge einer Nahtoderfahrung durch das Licht gegangen sind, berichten, dass sie dabei mehr Frieden und Liebe erlebt haben als je zuvor. Nichts als reine Güte. Solche Erfahrungen, ob beim Meditieren oder durch eine Nahtoderfahrung, machen dir klar, dass reine Liebe und absolute Ekstase ein und dasselbe sind. Ekstase, äußerste Seligkeit, Einssein mit der reinen, absoluten Liebe – nenn es, wie du magst.

Dorthin gelangen kannst du nur, indem du von jeglichem Wollen ablässt. Schließ Frieden, sei gütig, sei sanft; sei so still wie möglich und hör auf, Kontrolle ausüben zu wollen.

Bekanntlich gibt es ja zwei Arten von Meditation: Die erste ist die der zweiten Edlen Wahrheit: »Ich will« – und das verursacht Leiden. Die zweite Meditation ist die der dritten Edlen Wahrheit: Alles Wollen loslassen, im Hier und Jetzt zufrieden sein, glücklich sein, Frieden schließen – und das führt in die Seligkeit. Ich kann es gar nicht oft genug betonen: Die Leute machen immer wieder denselben Fehler – ständig wollen sie irgendetwas.

Wo ist dein Geist?

Ich möchte fragen, ob es in Ordnung ist, wenn ich meine Atemzüge zähle, nachdem ich es geschafft habe, die Aufmerksamkeit anhaltend auf den Atem zu richten, damit mein Geist nicht umherstreift?

Hältst du die Aufmerksamkeit anhaltend auf den Atem gerichtet, *kann* der Geist gar nicht mehr umherstreifen. Darauf weist ja schon das Wort »anhaltend« hin.

Solltest du deine Atemzüge zählen, ist es jetzt an der Zeit, damit aufzuhören. Hast du deine volle Aufmerksamkeit vom Anfang bis zum Ende auf den Atem gerichtet und vom Ende bis zum Anfang, kommt als Nächstes das Erschaffen von Glück und Zufriedenheit. Ist dein Atem erst einmal glücklich – schönes Einatmen, schönes Ausatmen –, schweift der Geist nicht mehr umher.

Oft sagen die Leute, sie könnten sich nicht länger auf irgendetwas fokussieren, weil ihr Kopf ständig am Denken und Umherschwirren wäre. Schauen sie sich dann aber ein Fußballspiel an, scheint dieses Problem wie weggeblasen. Oder wenn ihr Lieblingsfilm läuft: Dann sind sie auch ganze anderthalb Stunden lang voll bei der Sache, selbst wenn sie aufs Klo müssen. Das merken sie nicht einmal, so konzentriert sind sie. Erst hinterher fällt ihnen dann auf: »Oh, ich müsste mal.« Schaust du einen Film, bist du fokussiert. Und warum? Weil du Vergnügen daran findest.

Und das Vergnügen – Glück, Zufriedenheit, Freude – ist es, was deine Aufmerksamkeit auf das Objekt richtet, kein Zwang irgendeiner Art. Sobald du anfängst, dich an der Meditation zu erfreuen, und zum schönen Atem gelangst, hast du das, was wir anhaltende Aufmerksamkeit nennen, und der Geist stellt das Umherschweifen ein. Du atmest ein: »Ah, ist das schön«, atmest aus: »So, so schön«. Vergiss die Freude nicht.

Solange du dir deines Atems bewusst bist, spielt es keine Rolle, was dein Körper tut.

Zwischen dem Ein- und dem Ausatmen bemerke ich bei mir eine lange Pause. Was soll der Geist derweil tun? Ich fang dann meistens an zu denken.

Sei dir dieser Pausen einfach bewusst und geh gütig mit ihnen um. Das heißt: Versuch nicht, sie in die Länge zu ziehen, um irgendeinen Rekord zu brechen. Anderenfalls setzt du womöglich dein Leben aufs Spiel, weil du dabei nämlich ersticken kannst. Du darfst also nach dem Ausatmen nie das Wiedereinatmen vergessen. Dann bleibst du uns noch lange erhalten.

Das Problem kommt vielleicht daher, dass du eher den Atem betrachtest als die Stille. Und hört der Atem auf, weißt du nicht mehr, was du beobachten sollst. Versuchst du dagegen, eher die Stille wahrzunehmen als den Atem, hast du immer etwas zu betrachten.

Verstehst du eigentlich, was Stille überhaupt ist? Auskunft kann dir dein Gewahrsein geben, damit du merkst, ob die Stille stabiler und intensiver wird oder ob du dich mehr aufregst. Die Beobachtung des Atems stellt einfach eine Möglichkeit dar, dich der Stille anzunähern. Die Stille ist wichtiger als die Beobachtung des Atems. Und die Beobachtung ihrer selbst das Allerbeste.

Ich hatte schon gute Meditationen, bei denen es nur den Atem gab und alles ganz still war. Aber dann frage ich mich: »Wo ist der Geist?« Denn ich spüre ihn nicht. Ist die Stille vielleicht der Geist?

Du Dummchen – hast mit Denken angefangen! Stör die Stille nicht. Das finde ich merkwürdig: dass die Leute beim Meditieren ganz ruhig werden und die Stille dann selbst unterbrechen. Ich bin mal in Nepal auf einen Berg gestiegen, von dessen Gipfel aus ich einen herrlichen Blick auf den Himalaja hatte. Die Aussicht war so großartig, dass ich unbedingt ein Foto machen wollte. Also rannte ich zum Wagen zurück, um die Kamera zu holen, aber als ich wieder auf dem Gipfel ankam, waren Wolken aufgezogen und ich konnte den Himalaja nicht mehr sehen. Mach du nicht denselben Fehler. Hol dich nicht selbst wieder raus, wenn du inneren Frieden empfindest, sondern genieße ihn. Und frag nicht: »Wo ist der Geist?«

Ich bin ja gelernter Naturwissenschaftler. Mache ich ein Experiment, ziehe ich deshalb keine Schlussfolgerungen, bevor nicht alle Daten erhoben sind. Denn es kann die Ergebnisse verfälschen, wenn die Werte erst zur Hälfte vorliegen und du schon versuchst, dir einen Reim darauf zu machen. Überleg also nicht, wo dein Geist sein könnte oder was da überhaupt Sache ist, bevor du die Meditation nicht beendet hast. Danach kannst du dich fragen: »Was war das denn? Was war denn da los?« Während der Meditation dagegen bleibst du ganz ruhig und still und erlaubst dir das Sammeln weiterer Daten. Versuch dir keinen Reim auf deine Reise zu machen, während du noch unterwegs bist. Warte damit bis zum Ende.

Heute war ich in allen möglichen Stimmungen, empfand Dankbarkeit und Traurigkeit, Freude und Überdruss. Bringt das Nachdenken über die unbeständige Natur dieser Gemütszustände etwas im Hinblick auf das Erreichen der *Jhanas*?

Ja, die Erkenntnis, dass du deine Gedanken, Emotionen, Stimmungen nicht steuern kannst, ist gut. Wie oft versuchst du, Kontrolle auszuüben? »Ich will nur Dankbarkeit empfinden, aber nicht traurig sein.« »Ich will nur Freude. Überdruss stinkt mir.« Kannst du diese Dinge steuern? Nein, sie stellen sich einfach ein.

Eine Schülerin von mir sagte einst, sie sei »irgendwie muffelig«. Woraufhin ich ihr eine Muffel-Lizenz erteilte, die es ihr erlaubte, jederzeit und aus jedem Grund muffelig zu sein. Glücksgefühle sind ja nie ein Problem. Ich aber gestattete der Frau ihre Muffelei. Und wie herrlich, sich nicht als Versager fühlen zu müssen, wenn man mal schlechte Laune hat. Mach also ruhig Gebrauch von deinem Recht, muffelig zu sein, wenn dir danach ist.

Deine Muffelei bereitet dir ein schlechtes Gewissen? Aber auch sie gehört ja zum Leben mit dazu. Deshalb könntest du sie genauso gut genießen. Oder anders ausgedrückt: Über manche Dinge hast du einfach keine Kontrolle. Manchmal bist du müde, manchmal muffelig und manchmal allerbester Stimmung. Was du in Wahrheit bist? Nichts davon. Also lass der Natur ihren Lauf. Wenn du dann mal muffelig wirst, freust du dich darüber. Und das heißt, dass du schon viel weniger muffelig bist. Denk mal drüber nach. Das alles ist unbeständig. Du kannst diese Dinge nicht steuern. Sie haben nichts mit dir zu tun. Hast du das einmal verstanden, bist du frei.

Am letzten Tag eines Retreats gab ein Teilnehmer mir gegenüber zu, dass er sich sehr rastlos fühlte. Er setzte sich arg unter Druck, weil er unbedingt noch etwas inneren Frieden erleben wollte, bevor es für ihn wieder nach Hause ging. Sein Geist war in heller Aufregung; er konnte einfach nicht aufhören zu denken, zu wollen, sein Ziel zu verfolgen. Nachdem er schließlich den ganzen Nachmittag in seinem heißen Zimmer gehockt, geschwitzt und sich mit dem Versuch zu meditieren abgequält hatte, stand er auf und ging ins Bad, um sich dort auf den Boden zu setzen. *Oh, wie schön kühl das war!* Und dort, auf dem Badezimmerboden, trat er in den schönen Frieden der Meditation ein.

Ist das nicht fabelhaft? Wer hätte gedacht, dass sein wahrer Meditationsraum die Toilette war – das Örtchen, an dem wir Dinge loszulassen pflegen? »Oh, es bleiben aber nur noch zwei Stunden. Da muss ich mich ordentlich anstrengen; ich hab zu viel rumgedödelt.« Dinge dieser Art solltest du nie denken. Nein, dödel ruhig so lange rum, wie es sein muss – so etwas wie den »letzten Schub«, der dich zur Erleuchtung führt, gibt es nicht. Allzu große Anstrengungen bringen dich nur ins Schwitzen, quälen und frustrieren dich. Mach das, was du tust, einfach weiter. Ich kann es gar nicht oft genug betonen: Schließ einfach Frieden und genieß jeden einzelnen Moment.

Ich stehe noch ganz am Anfang meiner Meditationsreise, und mein Geschenk an dich ist, dass ich jetzt auch in meinem Alltag weiterüben werde. Ich liebe das Meditieren.

Das ist doch großartig. Wenn du gern meditierst – Spaß daran hast, inneren Frieden empfindest, Glücksgefühle –, ist mein Job getan. Von nun an genießt du das Meditieren, wo immer du dich gerade aufhältst (und sei es auf der Toilette) – weil es eben so erfreulich ist.

In einem *Sutta* bezeichnet der Buddha den Weg, den er vorschlägt, als einen Pfad ohne Stöhnen und Ächzen (MN 139). Diesen Ausdruck mag ich sehr. Denn ein Pfad ohne Stöhnen und Ächzen ist ein Weg des Lächelns und der Zufriedenheit, eine Praxis, die dich glücklicher und immer glücklicher macht – und zwar bereits in diesem Leben.

Meditieren heißt weder, etwas zu tun, noch, nichts zu tun. Vielmehr bedeutet es »Nichtstun«. »Nichts zu tun« ist bloß eine andere Form von »Tun«. Meditation aber ist »Nichtstun«.

Fliegen mit Buddha Air

Zurücklehnen, entspannen und die Aussicht genießen

In Bezug aufs Meditieren bezeichnet *Achtsamkeit* die Fähigkeit, zu wissen, was vor sich geht – sich seiner *gewahr zu werden*. Alles kannst du nicht in dich aufnehmen, dafür ist ständig viel zu viel los; also richtest du deine Wahrnehmung auf das im jeweiligen Augenblick gerade Wichtigste. Da aktuell das Wichtigste für dich etwa das Buch ist, das du in der Hand hältst, nimmst du die Wörter auf dieser Seite in dich auf. Vieles andere beachtest du gar nicht, zum Beispiel die Gerüche, von denen du umgeben bist. Doch in dem Maße, in dem du dein Gewahrsein schulst, intensiviert sich auch deine Achtsamkeit.

Es ist so ähnlich wie bei Zimmern, die beleuchtet anders wirken als im Dunkeln. Sind die Lampen aus, kann man vielleicht noch Formen erkennen, aber auch die nur vage. Bei Licht dagegen sieht man alles ganz deutlich. So verhält es sich auch mit einem geschulten Gewahrsein im Gegensatz zum ungeschulten.

Die Schulung beziehungsweise Intensivierung des Gewahrseins führt zur Verbesserung der Achtsamkeit, speziell in Bezug auf Körper und Geist. Und das ist oft einer der Gründe für den Besuch eines Retreats. Denn mit gestärkter Achtsamkeit kann man beim Meditieren viel tiefer gehen und zu einem besseren Verständnis der Vorgänge gelangen, die sich im Inneren abspielen. Ganz so, als würden dort die Lampen angeschaltet.

Bei intensivierter Achtsamkeit schmeckst du die Zutaten in deinem Essen genauer heraus, siehst in größerer Deutlichkeit, was auf dem Boden liegt, spürst mehr und kannst – was das Wichtigste ist – dein Bewusstsein erweitern.

Darüber hinaus besteht ein enger Zusammenhang zwischen Achtsamkeit und Gedächtnisleistung. Beobachtest du etwas mit großer Achtsamkeit, fällt es dir leicht, dich daran zu erinnern. Denn je größer die Aufmerksamkeit, umso tiefer auch die mentale Spur, die hinterlassen wird. Oder in der Sprache der Neurowissenschaften ausgedrückt: Je umfassender das Gewahrsein, desto mehr Neuronen werden »abgefeuert«. Und dann gilt: Was zusammen feuert, verdrahtet sich auch gern. Das heißt: Alles, dessen du dir bewusst bist, legt in deinem Hirn einen Pfad an und prägt sich dem Gedächtnis leichter ein. Jeder Moment des Gewahrseins verbessert demnach dein Erinnerungsvermögen. Das ist der Grund, warum die Schulung der Achtsamkeit dazu führt, dass du nicht mehr so oft vergisst, was du eigentlich tun wolltest oder wo du irgendetwas hingelegt hast.

Kinder, die durch Meditieren ihre Achtsamkeit zu intensivieren lernen, steigern damit ihre schulischen Leistungen. Dann brauchen sie alles nur einmal zu sehen oder zu hören, um es sich einzuprägen. Dies liegt daran, dass sie den Äußerungen der Lehrerinnen und Lehrer ihre volle Aufmerksamkeit schenken. Gewahrsein führt zu Achtsamkeit, und Achtsamkeit verbessert die Lernfähigkeit. Und das kann gerade für Kinder beziehungsweise Jugendliche, die sich in der

Schule oder später auch an der Uni schwertun, sehr hilfreich sein.

Das *Nibbana* – unplugged

Ein Mann, der den Buddha auf dessen Almosengang bat, ihn den *Dhamma* zu lehren, erreichte auf der Stelle die Arahatschaft. Aber wie war das möglich, wenn doch das *Jhana* dafür erforderlich ist?

Diese Person war Bahiya. In seinem vorherigen Leben gehörte er zu den sieben Mönchen unter Buddha Kassapa (Ud I 10). Diese Mönche bestiegen einen Berg und bedienten sich, um den Gipfel zu erreichen, einer Leiter, die sie anschließend wegwarfen. Meditieren oder sterben! Von diesen Mönchen wurden einer oder zwei *Arahats* und einer *Anagami*, das heißt, er kehrte nicht in diese Welt zurück. Bahiya gehörte zu den restlichen und wurde nach seinem Tod in menschlicher Gestalt wiedergeboren. Er ging zur See und erlitt vor der Westküste Indiens Schiffbruch. Dabei verlor er seine Kleidung, konnte sich jedoch an die Küste retten und bastelte sich aus Rinde eine Art Lendenschurz. Die Menschen begannen in ihm einen heiligen Asketen zu sehen und brachten ihm Essen und Geschenke. Das deuchte ihn weitaus erquicklicher, als für den eigenen Lebensunterhalt arbeiten zu müssen. Und wenn die Leute ihn schon wie einen Heiligen behandelten, dann durfte er sich wohl auch selbst für einen solchen halten. (Was zeigt, dass du Mönche beziehungsweise Nonnen nicht wie Hoheiten oder Heilige behandeln solltest. Sonst bekommen sie noch das Gefühl, sie hätten es verdient, und halten sich für was Besonderes. Das aber zerstört den *Sangha*.)

Dann verließ einer von Bahiyas ehemaligen Mönchsfreunden aus dem früheren Leben die Brahma-Welt, um ihm zu erklären: »Schau, du bist doch gar kein Heiliger. Und zwar bei Weitem nicht. Du trägst bloß diese schmutzigen Klamotten, mehr nicht.«

»Und wie kann ich zum Heiligen werden?«, erkundigte sich Bahiya.

Der *Anagami* gab zurück: »Im Tal des Ganges ist ein Buddha unterwegs. Such ihn auf.«

Also begab sich Bahiya über Nacht in das Ganges-Tal, was zu Fuß ein unmögliches Unterfangen gewesen wäre. Demnach besaß er wohl übersinnliche Kräfte. Wofür auch der Umstand sprach, dass er seinen alten Freund, den *Anagami-Deva*, hatte hören können. Mit anderen Worten: Als er sich in seinem vorherigen Leben auf dem Berggipfel zu Tode meditiert hatte, hatte er vermutlich *Jhana* erlangt.

Als er dann dem Buddha auf dessen Almosenrunde begegnete und ihn um Unterweisung bat, erfuhr er: »Im Gesehenen ist nur das, was gesehen wird; im Gehörten nur das, was gehört wird; im Empfundenen nur das, was empfunden wird; im Erkannten nur das, was erkannt wird« (Ud I 10).

Bahiya verstand und wurde erleuchtet. Das ging sehr schnell, aber nicht allein aufgrund der Worte. Wärest du erleuchtet worden, hättest du sie gehört? Durch die Gebote, durch Entsagung und *Samadhi* verfügte Bahiya bereits über eine Grundlage. Deshalb konnte er allein mithilfe einiger weniger starker *Dhamma*-Worte zur Erleuchtung gelangen. Dazu bedarf es nicht nur der *Jhanas*, sondern auch aller anderen Faktoren. Einer allein genügt nicht.

Warum wurden die Menschen sofort erleuchtet, wenn der Buddha einen *Dhamma*-Vortrag hielt?

Erstens war der Buddha ein unglaublich kompetenter Lehrer. Und zweitens: Wenn du in einem *Sutta* von Menschen liest, die erleuchtet werden, dann nicht nur aufgrund der Unterweisung dieses bestimmten *Suttas*, sondern auch wegen all der Dinge, die sie vorher schon gemacht haben. In der Regel hatten sie Jahre um Jahre meditiert.

In Versform erzählen *Theragatha* und *Therigatha* die Geschichten erleuchteter Mönche und Nonnen, insbesondere von der langjährigen Praxis, die ihrer Erleuchtung voranging. Der Ehrenwerte Anuruddha etwa, einer der wichtigsten Schüler des Buddha, arbeitete hart an sich, bevor er ein Stromeingetretener wurde.

Wenn du die persönlichen Geschichten dieser Menschen liest, wird dir klar, dass die *Suttas* lediglich von den allerletzten Augenblicken vor ihrer Erleuchtung berichten. Und dass sich diese erleuchteten Wesen zuvor viele, viele Jahre lang in der Praxis geübt haben.

Eine klassische Geschichte handelt von einer Nonne zu Zeiten des Buddha. Als *Bhikkhuni* hatte sie sieben Jahre im Kloster meditiert. Und erlebte während dieser ganzen Zeit keinen einzigen Moment inneren Friedens: keinen schönen Atem, keine *Nimittas*, gar nichts! Sie konnte nicht meditieren, hielt sich für einen hoffnungslosen Fall. Aber wenn sie nicht meditieren konnte, konnte sie auch keine *Bhikkhuni* sein. Doch ins Laienleben wollte sie nicht wieder. Nicht zurück zu den »drei schiefen Dingen«: dem Besen, mit dem sie das Haus fegte, als Symbol für die Hausarbeit; der Kelle, die sie für ihre Currys brauchte, als Symbol fürs Kochen; und ihrem Mann.

Also blieb ihr nur eine Wahl. Sie besorgte sich ein Seil, ging in den Wald, kletterte auf einen Baum, befestigte ein Ende des Seils an einem Ast und knüpfte sich das andere um den Hals. Gerade wollte sie springen, da erlebte sie zum ersten Mal tiefe Glückseligkeit. Sie hatte losgelassen.

Im Angesicht des Todes wurde ihr endlich klar, dass sie alles loslassen musste, auch ihren Körper. In diesem Moment verstand sie genau, was Loslassen eigentlich bedeutet, und gelangte deshalb in einen Zustand tiefer Meditation. Das war der Beginn ihrer Erleuchtung. Nimm dir aber bloß kein Beispiel an ihr, das war dann doch ein bisschen zu extrem.

Erleuchtet zu werden ist nie einfach. Und es braucht Zeit. Manchmal gibt es einen speziellen Auslöser – sei es nun ein Selbstmordversuch oder eine kleine Geschichte, die man hört. Die Nonne Patacara, der Fortschritte bei der Meditation verwehrt geblieben waren, gelangte zur Einsicht, als sie die Flamme ihrer Öllampe ausgehen sah. Schon ganz kleine Dinge können genügen, um dir den letzten Kick zu geben, der dich zur Erleuchtung bringt. Hoppladihopp aber geht es nie. Es dauert immer sehr, sehr lange.

Warum gelangte der Buddha nicht zur Erleuchtung, als er unter seinen zwei Lehrern *Jhana* praktizierte?

Die beiden Lehrer, die der Buddha vor seiner Erleuchtung hatte, Alara Kalama und Uddaka Ramaputta, erreichten Zustände, die den immateriellen Errungenschaften zwar ähnelten, aber nicht an sie herankamen. Das liegt daran, dass die immateriellen Errungenschaften auf den vier *Jhanas* beruhen und der Buddha nie davon sprach, dass er unter diesen Lehrern ins *Jhana* gelangt wäre (MN 26). Nein, als er an die Zeit zurückdachte, in der er früher schon einmal in einen *Jhana*-Zustand gelangt war, fielen ihm stattdessen seine Meditationen unter dem Wasserapfelbaum in der Kindheit ein (MN 36). Was sehr dafür spricht, dass er unter seinen ersten beiden Lehrern kein *Jhana* erlangte. Denn sonst hätte er sich bestimmt eher daran erinnert als an die Erfahrung unter dem Wasserapfelbaum, die ja viel länger zurücklag. Das heißt also, dass der Buddha unter Alara Kalama und Uddaka Ramaputta das einzig Wahre nicht erreichte, weil die beiden es selbst nicht erfahren hatten.

In einem der Bücher von Ajahn Chah habe ich gelesen, dass auf dem Weg zum *Nibbana* im einen Moment die Geistesgifte dominieren und im nächsten der Achtfache Pfad. Ich habe aber auch gehört, dass man diese geistigen Verunreinigungen unterdrücken muss, damit sie gar nicht erst auftreten. Könntest du diesen scheinbaren Widerspruch bitte erklären?

Ajahn Chahs Bücher sind mit Vorsicht zu genießen, weil sie bei der Übersetzung umgedeutet und somit häufig falsch verstanden wurden.

Natürlich müssen die drei geistigen Verunreinigungen – Gier, Hass und Verblendung – auf dem Weg zum *Nibbana* gebändigt und zurückgedrängt werden. Das hat Ajahn Chah auch immer gesagt. Ja, manchmal kommen sie hoch, aber dann drängst du sie zurück und lässt sie mithilfe geschickter Mittel los. Du findest Wege, sie zu überwinden. Wenn sie dann wiederkommen, entkräftest du sie noch mehr, bis du sie schließlich ganz überwunden hast. Somit ist das eigentlich gar kein echter Widerspruch. Jedenfalls nicht, soweit ich mich an Ajahn Chahs Unterweisungen erinnere.

Kann man sich auch gegen die volle Erleuchtung entscheiden, oder ist das ein automatischer Prozess? Kennzeichnet das vielleicht einen *Bodhisattva*?

Ein *Bodhisattva* ist noch nicht einmal ein Stromeingetretener. Bist du allerdings ein solcher und fliegst mit Buddha Air, dann tut es mir leid: Jetzt geht es nur noch in eine Richtung: ins *Nibbana*. Du kannst nicht ins Cockpit stürmen und den Piloten bitten, dass er dich aussteigen lässt. Dafür ist es jetzt zu spät. Der Prozess läuft tatsächlich automatisch ab, und du kannst weder beschließen, nicht ins *Nibbana* einzutreten, noch kannst du es verschieben. Du bist einer Gehirnwäsche unterzogen worden, und das war's.

In manchen Klöstern wird gelehrt, Erleuchtung ließe sich allein durch *Vipassana* erlangen. Stimmt das? Wie ist bei dir im Kloster das zeitliche Verhältnis von *Jhana*, *Samadhi*, *Vipassana*, *Metta* und so weiter in der Praxis geregelt?

Zunächst einmal: Das stimmt kein bisschen. Sollte dir das noch nicht klar sein, zieh bitte den Pali-Kanon noch einmal zurate oder frag die Mönche und Nonnen. Jeder von ihnen, der oder die ein wenig die Lehre studiert hat, weiß, dass der einzige Weg zur Erleuchtung der Achtfache Pfad ist und sonst gar nichts.

Das heißt, allein durch Achtsamkeit wirst du nicht erleuchtet. Dafür musst du auch die Gebote einhalten, rechte Einsicht haben; außerdem brauchst du *Samadhi*, das achte Glied des Achtfachen Pfades, also die *Jhanas*. Eine andere Möglichkeit, Erleuchtung zu finden, gibt es nicht, das lehrt der Buddha in aller Deutlichkeit. Hunderte von Malen hat er es gesagt: Der einzige Weg zur Erleuchtung ist der Achtfache Pfad, nichts anderes. Das gehört zum ABC des Buddhismus, wie es seit zweieinhalbtausend Jahren gelehrt wird. Es ist die Kernlehre.

Dass der Buddha es so gehalten hat, liegt daran, dass der Achtfache Pfad den schnellsten Weg darstellt. Der Buddha war weise. Gäbe es eine kürzere, schnellere Möglichkeit, hätte er es uns mitgeteilt. Gäbe es eine Möglichkeit, so schwierige Unterfangen wie das Einhalten der Gebote zu umgehen, hätte er sie uns nicht vorenthalten. Würden wir die *Jhanas*, die zu erlangen viel Zeit und Fertigkeit voraussetzt, nicht benötigen, hätte er den Siebenfachen Pfad gelehrt. Buddha war ein mitfühlendes Wesen. Den Achtfachen Pfad lehrte er, weil wir dessen acht Elemente allesamt brauchen. Jedes davon ist wichtig.

Ich sage ja immer, dass es keine Abkürzungen gibt. Das Problem ist nur, dass Abkürzungen so attraktiv sind. Selbst ich kriege täglich Spammails mit Mist à la »Über Nacht reich werden«. Keine Ahnung, wie die Leute auf so etwas reinfallen können. Denn der schnellste Weg, es zu Wohlstand zu bringen, besteht nun einmal aus harter Arbeit. Aber das wollen wir nicht hören. Wir wollen Abkürzungen, hart arbeiten wollen wir nicht. Aber bitte: Es gibt eben keine Abkürzungen. Es gibt nur den Achtfachen Pfad, zu dem auch *Jhana*, *Metta* und *Vipassana* gehören – das volle Programm. Abkürzungen sind ein Mythos, sonst gar nichts.

Das erste Glied des Achtfachen Pfades, das sich erfüllt, ist die rechte Einsicht. Von da aus erreichst du Schritt für Schritt das Ende des Pfades, erlangst *Samadhi*, den *Jhana*-Zustand. Den *Suttas* gemäß führt immer ein Faktor zum nächsten – mit dem Ergebnis, dass du die Dinge schließlich siehst, wie sie wahrhaftig sind (MN 117). Das stellt eine Abfolge dar.

Was genau ist *Samadhi*? Ajahn Maha Bua schreibt in seinem Buch, er habe fünf Jahre lang in einem bestimmten *Samadhi*-Stadium festgesteckt. Weil er so süchtig war nach dem Frieden und der Ruhe dieses Stadiums, wie er sagt. Ob du so nett sein könntest, das näher zu erläutern?

Ich weiß nicht genau, was Ajahn Maha Bua (ein berühmter Schüler Ajahn Muns, Meditationsmeister und Mitbegründer der thailändischen Waldtradition) sagt, denn Bücher hat er gar keine geschrieben. Du beziehst dich hier auf Übersetzungen seiner Vorträge, die fehlerhaft sein können. Was ich allerdings genau weiß, ist, dass man im *Samadhi* nicht »stecken bleibt«. In einem verkehrten *Samadhi* vielleicht, aber nie im echten, den *Jhanas*. In den Stadien des Loslassens bleibt man nicht stecken. Loslassen heißt ja eben, *nicht* festzustecken – loslassen bedeutet, dass du frei bist. Die *Jhanas* sind Stadien der Stille, des Loslassens, des Friedens. Und wie könnte man gleichzeitig feststecken und loslassen? Die *Jhanas* sollten tatsächlich als Stadien des Loslassens begriffen werden. Sie auf irgendeine Weise mit Anhaften zu assoziieren ist vollkommen abwegig.

Wenn du dich über die Lehre Buddhas unterrichten möchtest, dann geh an die Quelle – glaub nicht einfach alles, was

Ajahn Brahm, Ajahn Chah oder Ajahn Maha Bua sagen. Im *Pasadika Sutta*, das dem *Digha Nikaya*, der »Größeren Sammlung«, angehört (DN 29), sagte der Buddha, dass jeder, der sich in den *Jhanas* suhlt, sie wieder und wieder praktiziert, nur eine der vier folgenden Konsequenzen zu gewärtigen hat: Stromeintritt, Einmalwiederkehr, Niewiederkehr oder Arahatschaft – also die vier Stufen der Erleuchtung. Zu ihnen kommt es, wenn du beständig *Jhana* praktizierst. Der Buddha sagte auch, statt sich vor den *Jhanas* zu fürchten, solle man auf sie hinarbeiten, sie nach Möglichkeit ausbauen und kultivieren (MN 66).

Ich weiß also nicht, was Ajahn Maha Bua tatsächlich gesagt hat; einen *Samadhi*-Zustand jedenfalls sollte man keinesfalls herabsetzen. Vielmehr sollte man ihn fördern, schließlich handelt es sich um den Pfad der Erleuchtung. Leute, die behaupten, man könne ohne *Jhana* zur Erleuchtung gelangen, wissen gar nicht, wovon sie reden. Weil es nicht geht. Du brauchst die *Jhanas*; um zur Erleuchtung gelangen zu können, musst du loslassen können.

Die Erinnerung an Vergangenes

Wenn wir unsere Vergangenheit beim Meditieren doch loslassen, wie kommt es dann, dass wir nach den *Jhanas* in unsere früheren Leben zurückkehren?

Alles Vergangene, an das du dich erinnerst, entstammt diesem Leben hier, und das ist doch langweilig. »Ich bin zur Schule gegangen, hatte Freundinnen, dann tauchten Probleme auf, ich ging zur Uni« – nicht gerade interessant. Würde irgendjemand deine Biografie lesen wollen? Warum also solltest du dich daran erinnern? Lass die Vergangenheit los und werde frei.

Länger im gegenwärtigen Moment bleiben wirst du erst können, wenn du deine Vergangenheit und Zukunft losgelassen hast. Dann wird dein Geist sehr still und stark, der Körper verschwindet, und du erreichst die *Jhanas*. Kommst du daraus nachher wieder hervor, hast du Kraft gesammelt. Dann kannst du nach deinen vergangenen Leben fragen, und dann wird es auch wirklich interessant.

Zunächst wird dir klar, dass du bereits früher existiert hast. Du zweifelst nicht mehr, weißt nunmehr, dass die Wiedergeburt eine Tatsache ist. Das solltest du vor deinem Tod herausfinden, denn es verändert deine gesamte Sicht auf das Leben: Das Streben nach Geld, Vergnügen und Macht lässt nach, schließlich hast du das alles schon mal erlebt und durchgemacht. Was soll's also? Wer das große Ganze überblickt, gewinnt enorm an Weisheit.

Zudem verlierst du die Angst vor dem Sterben. Auch das kennst du ja schon – *na gut, dann eben wieder dasselbe alte Spiel* – und kriegst es diesmal gut hin.

Den Tod anderer Menschen – auch solcher, die dir wirklich am Herzen liegen –, empfindest du nicht mehr als unerträglichen Verlust. So geht es dir nur, solange du glaubst, dass jeder bloß ein einziges Leben hat. Und wenn dann etwa ein vier- oder fünfjähriges Kind stirbt, ist das natürlich traumatisch, ganz schrecklich, total ungerecht. Weißt du jedoch, dass es wiedergeboren wird, begreifst du auch, dass es beim nächsten Mal vermutlich eine viel höhere Lebenserwartung haben wird. Auf lange Sicht herrscht Gerechtigkeit. Das Wissen um die Wiedergeburt kann sich sehr positiv auswirken.

Ich wünschte, unser politisches Führungspersonal wüsste über die Wiedergeburt Bescheid. Denn jeder, der heute in einem anderen Land einmarschiert, könnte nach seinem Tod dort wiedergeboren werden und müsste unter den Folgen leiden. Und würdest du etwa einen Ort zerstören, von dem du wüsstest, dass du dort wiedergeboren werden könntest?

Unsere Oberhäupter sind überwiegend alte Leute, in erster Linie alte *Männer.* Vielleicht weil sie meinen, sie hätten ja eh bald alles hinter sich, denken sie nicht weiter als bis zu ihrer Nasenspitze. Wüssten die Regierungschefs, dass sie zurückkommen und wieder auf diesem Planeten leben müssen, würden sie sich besser um ihn kümmern.

Weißt du eigentlich, warum Kinder Probleme machen und keinen Respekt vor ihren Eltern haben? Weil sie in ihrem vorherigen Leben Großmutter oder -vater waren und die jetzigen Eltern sich nicht um sie gekümmert haben. Nun, da sie wiedergeboren wurden, rächen sie sich!

Wäre den Herrschenden bewusst, dass nicht nur sie selbst wiedergeboren werden, sondern auch die vielen alten Menschen, würden sie bedeutend mehr Geld für diese Personengruppe locker machen. Denn dann wäre ihnen auch klar, dass die Fürsorge für unsere Senioren eine Investition in die Zukunft ist.

So könnte das Wissen um die Wiedergeburt die gesamte Staats- und Regierungsdynamik verändern. Denn sobald uns bewusst wird, dass wir alle auf diesen Planeten zurückkehren werden, denken wir langfristig – und schonen die Erde, um ein Beispiel zu nennen.

Dies waren nur einige Gründe dafür, warum es so wichtig ist, ein Verständnis für die Wiedergeburt zu entwickeln.

Und wie lässt sich beweisen, dass es ein Leben nach dem Tod gibt?

Das liegt doch auf der Hand – anderenfalls wärst du nicht hier.

Und wer wird wiedergeboren?

Du.

Wer befindet darüber, ob ich wiedergeboren werde?

Du.

Hängt jede Wiedergeburt von dem Guten und Schlechten ab, das wir im Leben tun? Wer bestimmt eigentlich die Wiedergeburt?

Du. Du entscheidest, wo du wiedergeboren wirst. Auch *dass* du wiedergeboren wurdest, ist dein Fehler. Das kannst du niemand anderem vorwerfen.

Wie lang kann der Geist beziehungsweise Bewusstseinsstrom zwischen den zwei Leben verweilen, bevor er sich das neue sucht?

Wie alt war der älteste Geist, der je gesehen wurde? In Ländern, die so alt sind wie zum Beispiel England, wird von Geistern berichtet, die 150 oder vielleicht auch 200 Jahre alt waren. Ist aber je der Geist eines Höhlenbewohners gesichtet worden, sagen wir ein Cromagnongeist? Das wär mal interessant, nicht wahr? Oder ein Dinosaurier-Geist. Einen Dinosaurier-Geist aufzuspüren könnte echt cool sein.

Also vielleicht 150 Jahre. Und das zumeist, weil die Leute nicht glauben können, dass sie gestorben sind. Es ist so ähnlich wie manchmal im Schlaf – das kennst du bestimmt: wenn man nicht ganz sicher ist, ob man nun wach ist oder noch schläft, ob das Erlebte real ist oder nicht. Du träumst vielleicht, dass du fällst, und denkst »Ich sterbe, jetzt sterb ich gleich«, aber dann wachst du auf und merkst, dass es nur ein Traum war. Noch eine Minute zuvor aber hat es sich total echt angefühlt. So ähnlich wie im Schlaf ist es im Bereich der Geister oft auch – man weiß nicht genau, was eigentlich Sache ist. Deshalb kann man in diesem Bereich auch sehr lange verweilen.

Die Aufgabe jedes guten Mönchs, jeder guten Nonne und überhaupt von jedem, der diesen Menschen helfen will, besteht nun darin, ihnen zu sagen: »Du bist tot. Für dich ist dieses Leben vorbei. Jetzt ist es an der Zeit, loszulassen und die Wiedergeburt in Angriff zu nehmen.«

Hat der Buddha irgendwann erklärt, warum wir uns nicht immer an die vergangenen Leben erinnern können?

Das glaube ich nicht. Was er aber gesagt hat, ist, dass wir versuchen sollten, uns daran zu erinnern. Und dass man, sowie das gelingt, auch versteht, wie *Kamma* funktioniert.

Ein Grund dafür, dass wir uns nicht an unsere vorherige Existenz erinnern können, ist, dass sich der Geist mit dem Gehirn des Menschen aus dem gegenwärtigen Leben vermischt. Kleine Kinder erinnern sich manchmal noch. Von einem bestimmten Alter an aber hängt sich ihr Geist dann zu sehr an das neue Hirn, das sie jetzt haben. So verlieren sie den Zugang zu ihren frühkindlichen Erinnerungen. Die allerdings beim Meditieren und manchmal auch unter Hypnose wieder mobilisiert werden können.

Gibt es so etwas wie Geister wirklich? Und sind sie gut oder schlecht? Können sie uns Menschen Schaden zufügen? Du sagst, dass das Bewusstsein nach dem Tod vom Körper getrennt wird. Und was geschieht dann mit diesem Bewusstsein?

Ja, so etwas wie Geister gibt es durchaus. Leute, die solche Fragen stellen, warne ich immer vor einem besonders gefährlichen. Den habe ich schon sehr oft gesehen. Und auch beobachtet, wie er von Menschen Besitz ergriff. Wer von diesem Geist besessen ist, kann nicht mehr normal sprechen, sich nicht mehr normal verhalten und nicht einmal mehr gerade gehen. Dieser Geist ist der »Flaschengeist«. In Wein, Bier, Gin, Whiskey und Wodka ist er zu Hause. Hast du die Flasche einmal geöffnet, dringt er in dich ein, und wenn du Auto fährst, kann er dich umbringen. Deshalb ist der Flaschengeist der allergefährlichste Geist überhaupt, und nicht umsonst sagen wir auch »Sprit« zu Alkohol. In ihm leben die wirklich bösen Geister. Die gibt es allerdings, und vor ihnen sollten sich die Menschen wirklich fürchten. Gewöhnlich aber machen uns ausgerechnet die Geister Angst, die *gar nicht existieren.*

Gestatten: der größte Verlierer

Folgen beim Tod eines *Arahats* die vier Aggregate, aus denen sich der Geist zusammensetzt, dem Muster des Körperaggregats – das heißt: Lösen auch sie sich auf und gehen in eine nicht physische Ebene über?

Mit dem Tod eines *Arahats* verschwinden alle fünf *Khandhas* (Aggregate) – Körper, Gefühle, Wahrnehmungen, Wille und Bewusstsein. Da bleibt gar nichts.

Wo sie hingehen? Wie der Buddha einst dem Wanderasketen Vacchagotta erklärte, ist es genau wie bei einer Kerzenflamme (MN 72). Wo geht die Flamme hin, wenn sie erlischt? Nach Osten? Nach Westen? Nach Norden? Nach Süden? Oder geht eine Flamme, die gutes *Kamma* angesammelt hat, womöglich in den Bereich des Himmels ein, wie alle guten Flammen? Wird sie womöglich in einem Reinen Land der Flammen wiedergeboren? Oder ergründet sie das Wesen des Flammeseins schlechthin? Wo geht die Flamme hin, wenn sie erlischt?

Was für eine dumme Frage. Die Flamme war lediglich ein Resultat aus Docht, Wachs und Hitze. Fallen alle drei Ursachen weg, gibt es keine Flamme mehr. Mit uns Menschen verhält es sich genauso. Beim Tod eines *Arahats* ist es, als wäre eine Flamme erloschen. Endlich Frieden. So hat es der Buddha erklärt.

»Ich will aber nicht verschwinden«, sagen die Leute. »Für meine Erleuchtung habe ich so hart gearbeitet. Darf ich sie nachher nicht genießen?«

Nein.

Da ist von Anfang an nichts, das darfst du nie vergessen. Ist jetzt jemand da? Wer bist du? Dein Körper bist du nicht. Deine Gefühle bist du nicht. Nicht deine Wahrnehmungen. Nicht dein Wille. Nicht einmal dein Bewusstsein bist du. Wenn da jetzt nichts ist, kommt – außer Leiden – auch nichts abhanden, wenn der *Arahat* stirbt.

Schon bei vielen Gelegenheiten habe ich gesagt, dass es bei der Praxis des Meditierens und beim Achtfachen Pfad darum geht, dass man lernt, zum Verlierer zu werden. Möchtest du ein Verlierer werden? Ich jedenfalls bin einer.

Denn ich habe mein ganzes Geld verloren. Ich habe meine Familie verloren. Alle meine Besitztümer. Ich befreie mich von so vielem wie möglich. Buddhist zu sein heißt auch, Verlierer zu sein.

Und der größte Verlierer ist der erleuchtete Buddhist – der hat alle Anhaftungen verloren und ist mithin frei. Im Grunde gibt es nichts Schöneres, als ein Verlierer zu sein.

Ist der Wissende das Selbst?

Nein. Der Wissende ist nicht das Selbst. Der Wissende kommt und geht. Wer oder was ist dieser Wissende überhaupt? Ich gebe dir jetzt mal einen kleinen Einblick.

Was siehst du, wenn du beim Meditieren die Augen schließt? Als Erstes das Innere deiner Augenlider. Weil das Licht die Blutgefäße durchdringt, siehst du, wenn es um dich herum hell ist, rot. Ein bisschen was kannst du noch erkennen, aber das ist gleichförmig, matt und undeutlich. Da im Inneren deiner Augenlider alles gleich bleibt, schaltet sich der Gesichtssinn nach einer Weile ab. Neuronal entspricht dies der Natur des menschlichen Sinnesapparates: Er ist ausschließlich auf die Wahrnehmung von Veränderungen programmiert.

Dies trifft auch auf den Gehörsinn zu. Ein gleichbleibendes Geräusch aus gewisser Entfernung, zum Beispiel von einer Klimaanlage oder dem Straßenverkehr, nimmst du nach einer Weile gar nicht mehr wahr, weil eben auch das Ohr nur Veränderungen registriert. Desgleichen der Geruchsinn: Solange die Gerüche in deiner Umgebung gleich bleiben, riechst du gar nichts.

Beim Meditieren sitzt du still da. Sitzt du aber still und bewegt sich auch sonst körperlich nichts bei dir, fährt das Gehirn nach einiger Zeit den Tastsinn herunter. Nur Bewegungen nimmst du dann noch wahr. Dein Körper beginnt zu verschwinden, bis schließlich nur der Atem bleibt. Und zwar, weil er immer in Bewegung ist. Dann kommt auch dein Atem immer mehr zur Ruhe, wird gar so weich, dass du das Einatmen kaum mehr vom Ausatmen unterscheiden kannst. Und was geschieht? Da das Gehirn nur Dinge wahrnehmen kann, die sich verändern, verschwindet selbst die Atmung.

Deine fünf Sinne – Sehen, Hören, Riechen, Schmecken und Berühren – haben sich verflüchtigt. Wunderbar! Damit wären diese fünf Sorten Bewusstsein weg.

Dann bleibt nur noch das letzte Bewusstsein – der Geist beziehungsweise das Erkennen, das Wissen. Aber solange es still ist, versucht auch dieses zu verschwinden. Dein Wissen verflüchtigt sich. Irgendwann ist überhaupt nichts mehr übrig. Was also könnte hier ein Selbst sein? Das nennt man die »Kunst des Verschwindens«. Wenn alles verschwindet, wird dir bewusst, dass da niemand ist in dir. Dass du leer bist.

Wie ich gelesen habe, bedeutet *Anatta* »Nicht-Selbst«. Heißt das, dass nichts von dem, was ich erlebe, mir gehört? Oder dass ich kein Selbst habe? Oder dass die Dinge weder ein Selbst haben noch von bleibender Substanz sind?

All das ist damit gemeint. Aber das Nicht-Selbst ist schwer zu verstehen. Darüber nachzudenken bringt gar nichts, das würde dich nur verwirren. Stattdessen können wir es beim Meditieren erleben.

Ein erster Anhaltspunkt: Stell dir ein fließendes Gewässer vor, einen Fluss. Du schaust ihn dir jeden Tag an, und er wirkt immer gleich, aber du weißt, dass sich das Wasser, das du heute siehst, total von dem unterscheidet, das du gestern gesehen hast. Dieses Bild erfasst, finde ich, auch den Bewusstseinsstrom recht gut.

Das, wofür du dich hältst, scheint immer gleich zu sein, doch wenn du genau hinschaust, erkennst du, dass du heute vollkommen anders aussiehst als gestern. Nichts von gestern ist heute noch vorhanden. Das meinen wir mit »Nicht-Selbst«.

Wie geht das: sich an frühere Leben erinnern, aber keine Seele haben? Bedeutet die Analogie der Kerze, die von einer anderen entzündet wird, nicht, dass die Energie auf ein neues Leben übergeht? Und wenn diese Energie über ein Erinnerungsvermögen verfügt, warum können wir dann nicht von Seele sprechen?

Der Buddha sprach vom Bewusstseinsstrom. Und dieser ist es, der von einem Leben ins andere übergeht. Ein Strom beziehungsweise Fluss sieht Tag für Tag gleich aus, aber das Wasser, dessen Fließen du heute beobachten kannst, ist absolut nicht dasselbe wie gestern. Mit dem Bewusstseinsstrom verhält es sich genau wie mit einem Fluss: Er verändert sich von Tag zu Tag, von Minute zu Minute. Der Bewusstseinsstrom hat keinerlei Essenz, keinen irgendwie gearteten Kern, der immer da wäre. Er ist heute vollkommen anders als gestern.

Hast du dieses Bild vom Strom erst mal im Kopf, verstehst du auch, warum der Buddha den Begriff »Seele« nicht verwendete, der etwas Stabiles, Unveränderliches unterstellt. Der Bewusstseinsstrom dagegen ist immer im Fluss, ständig in Bewegung, genau wie ein fließendes Gewässer. Hast du das begriffen, verstehst du auch, was bei der Wiedergeburt geschieht: Der Bewusstseinsstrom tritt in einen neuen Körper ein.

Aber wenn es kein Selbst gibt, wer erschafft dann das gute oder schlechte *Kamma* – und für wen?

Kamma produzierst du, solange du denkst, es gäbe ein Selbst – und das ist jetzt nicht theoretisch gemeint, sondern tiefenpsychologisch. Sobald du das Nicht-Selbst als wahre Wirklichkeit durchdringen und erkennen kannst – also nicht nur mit dem Gedanken daran spielst oder darüber nachdenkst, sondern mit Sicherheit weißt, dass es kein Selbst gibt –, befreist du dich vom *Kamma*.

Deshalb gelangen Stromeingetretene nicht mehr in die niederen Bereiche, werden nicht in der Hölle, im Bereich der Tiere oder dem der Geister wiedergeboren. Warum? Weil kein schlechtes *Kamma* mehr existiert (stattdessen sprechen wir dann von *Ahosi-Kamma*, wirkungslosem *Kamma*), sobald du erkannt hast, dass es ein Selbst nicht gibt. Erkennst du, dass es kein Selbst gibt, kannst du jedwedes schlechte *Kamma* einfach so loslassen. Wenn du dagegen glaubst, dass du wahrhaft existierst, fest davon überzeugt bist, trägst du auch alle Bürden von früher. Sobald dir jedoch klar ist, dass da sozusagen gar keiner zu Hause ist, wird es dir sehr leichtfallen, deine Vergangenheit loszulassen.

Also lass los. Hör auf, dich selbst in den Bereich der Geister oder der Tiere zu verbannen. Mir hat mal jemand gesagt, er würde gern als Hund wiedergeboren werden, weil er dann nicht mehr arbeiten müsste, sondern den ganzen Tag über schlafen könnte, gefüttert würde und nur mit dem Schwanz zu wedeln bräuchte, um gestreichelt zu werden. Sein ganzes Leben wäre dann ein einziges Spiel – ohne die geringste Verantwortung.

Als ich ihm dann aber sagte, dass Hunde bereits in ihren ersten Lebenswochen kastriert werden, ist er noch mal umgeschwenkt. Das hatte er wohl nicht bedacht. Sei also sehr vorsichtig damit, wo du dich hinschickst.

Wie du sagst, untermauert »Tun« das Ego. Wie aber hat es der Buddha dann geschafft, einen *Sangha* aufzubauen und zu lehren, ohne das Selbst zu verstärken? Wie sollen wir es bei der Arbeit halten? Mit Achtsamkeit? Indem wir aus dem *Anatta* heraus handeln? Danke, du bist der Größte!

Danke, ja, speziell um den Bauch herum …

Tun verstärkt tatsächlich das Selbstgefühl. Es gibt aber auch Handlungen, auf die das nicht zutrifft, weil sie auf Mitgefühl und Güte beruhen. Mit dir selbst haben diese Handlungen nichts zu tun; bei ihnen geht es ausschließlich darum, anderen zu helfen und von Nutzen zu sein.

Und dann gibt es da ja auch noch die Meditation, bei der du überhaupt nichts tust. Bist du dann wieder bei der Arbeit, geht das natürlich nicht. Sonst überquerst du am Ende noch eine Hauptverkehrsstraße und bemerkst nur: »Ich hebe meinen Fuß an … schiebe ihn vor … setze ihn auf …«

Dazu gibt es eine schöne Geschichte:

Ein *Vipassana* Praktizierender besuchte ein *Vipassana*-Retreat mit langsamem, bewusstem Gehen. Am folgenden Montag begab er sich wieder zur Arbeit. Beschäftigt war er im Zoo von Perth. Und … auf … dem … Weg … dorthin … war … er … so achtsam …, dass … er gaaanz … gaanz lang…sam … ging … und … gaaanz … gaaanz … lang…sam … sprach …, vol…ler … Acht…sam…keit …

Der Chef des Zoos überlegte, welche Arbeit er einem so unglaublich langsamen Menschen geben könnte. Klug, wie er war, sagte er schließlich: »Du kannst das Schildkrötengehege bewachen.«

»O…kay, … dann … be…wach…e … ich … das … Schild… krö…ten…ge…he…ge.«

Mit diesen Worten wandte sich unser Tierpfleger um und begab sich in aller Achtsamkeit zum Schildkrötengehege. Um die Mittagszeit kam der Zoodirektor auf die Idee, nach ihm zu schauen und sich zu vergewissern, dass alles in Ordnung war. Als er am Schildkrötengehege ankam, stand das Gatter offen und die Tiere waren alle fort.

»Was ist geschehen?«

»Na … ja, … ich … wollte … nur … kurz … die … Tür … auf…ma…chen, … und … dann … wu…hu…sch…!«

Das ist ein alberner Witz, aber ich mag ihn, weil er genau beschreibt, was bei einer sehr langsamen Gehmeditation so alles passieren kann. Wenn schon die Schildkröten an einem vorbeizischen. Leg also bei der Arbeit bitte ein angemessenes Tempo an den Tag. Und solltest du mit dem Wagen unterwegs sein, schalt ruhig wieder einen Gang hoch, nachdem du die Kreuzung überquert hast.

Ja, bei der Arbeit machst und tust du und strengst dich an – genau wie der Buddha, als er den *Sangha* aufbaute. Wenn ihm aber danach war, hielt er inne und tat eine Weile gar nichts mehr.

Welche Möglichkeiten, das Ego in die Schranken zu weisen, gibt es, wenn man gerade nicht meditiert?

Du kannst etwas total Dummes und Lächerliches machen, wie zum Beispiel die Känguru-Meditation (s. 2. Frage im Kapitel *Der Hahayana-Ansatz des Meditierens / Hier entlang*). Das schmälert dein Ego sofort! Versuch's einfach mal. Dinge dieser Art machen dich auf der Stelle glücklich – und andere Leute bringen sie zum Lachen. Das heißt, dass du dich deinen Mitmenschen gegenüber mitfühlend verhältst. Das ist eine Möglichkeit, das Ego zurückzufahren.

Eine andere besteht darin, mit dem ewigen Kontrollieren aufzuhören, welches das Ego sonst nur verstärkt. Je mehr du kontrollierst, desto größer wird das Ego. Je mehr du verlangst, desto größer das Selbstgefühl. Und: Je mehr du loslässt und dich dem Lauf der Dinge hingibst, desto mehr verschwindest du. Wenn du loslässt, wenn du gütig bist, wenn du vergibst, wird dein Ego kleiner und immer kleiner. Und es verschwindet, hörst du ganz mit Kontrollieren auf.

Was kommt raus, wenn du das »H« von Hinayana nimmst und das »aha« von Mahayana sowie das »yana« von Vajrayana hinzufügst? Hahayana – meine Tradition. All diese Traditionen ergeben einen spaßigen Pfad. Vieles davon hat der Buddha nicht gelehrt. Gelehrt hat er die Vier Edlen Wahrheiten und den Achtfachen Pfad. Je simpler etwas ist, desto größer ist die Wahrscheinlichkeit, dass es direkt von Buddha stammt.

Kamma Suttas

Wie erklärst du dir, dass gute Menschen negative Konsequenzen zu tragen haben und schlechte Menschen gute erfahren? Ist das womöglich die eigentliche Aussage des Gesetzes von Ursache und Wirkung, des Gesetzes vom *Kamma*?

Nein, so läuft das nicht. Kennst du diese »guten« Menschen denn wirklich? Manchmal ist es nämlich so, dass die Menschen oberflächlich betrachtet so wirken, man aber eigentlich nicht weiß, was sie tatsächlich im Schilde führen. Haben sie dann negative Konsequenzen zu tragen, liegt es daran, dass sie so gut dann doch nicht waren.

Und schlechte Menschen zeitigen keine guten Resultate. Viele derer, von denen du vielleicht denkst, dass sie gut dastehen – die Wohlhabenden oder Berühmten –, führen im Grunde ein schreckliches Leben. Viele von ihnen nehmen harte Drogen. Denk nur an Michael Jackson. So, wie es aussieht, hat er jede Menge Chemie schlucken müssen, nur um einschlafen zu können. Sehr wohlhabend und weltberühmt war er, und doch hatte er ein fürchterliches Leben. Positive Konsequenzen präsentieren sich nicht immer in Form von Geld und Wohlstand.

Manche Leute besitzen wenig, sind aber glücklich. Sie haben vielleicht nicht den größten Erfolg, aber ein schönes, friedvolles Leben. Die wirklich positiven Resultate, die Folgen wahrhaft guten *Kammas*, zeigen sich als Zufriedenheit und Glück. Das beste Leben ist oft ein ganz einfaches. Denn Leute mit viel Besitz sind von ihm oft besessen und deshalb alles andere als frei.

Menschen jedoch, die wirklich Gutes tun, fahren auch gute Resultate ein, was mitunter aber gar nicht so leicht zu erkennen ist. Doch schau nur, wie glücklich und zufrieden sie sind. Das ist der beste Hinweis auf wirklich gute Menschen.

Ich bin der festen Überzeugung, dass Negativität negative Dinge ins Leben zieht. Was ich aber nicht verstehe: warum Ajahn Chah gegen Ende so krank wurde und sehr leiden musste oder warum der Buddha-Schüler Mahamoggallana erschlagen wurde.

Manchmal ist das *Kamma* aus der Vergangenheit so stark, dass du die Folgen ertragen musst und nichts dagegen tun kannst. Außer: dir die rechte Einstellung zu eigen zu machen und die Dinge zu akzeptieren – Frieden schließen, allem gütig und sanft begegnen, was auf dich zukommt. Worum es dabei geht, spielt keine Rolle. Ob du leidest oder frei bist, hängt ganz von deiner Einstellung ab. Versuchst du etwas loszuwerden? Bist du verärgert? Hast du Frust und versuchst wegzukommen? Oder bist du ruhig, gelassen und friedlich? Selbst Schmerzen, richtig starke Schmerzen, verschwinden, wenn du sie nur zulässt, akzeptierst, ihnen die Tür deines Herzens öffnest und sie freundlich aufnimmst. Das habe ich selbst erlebt, und nicht nur ich.

Dem Buddha zufolge besteht der Schmerz aus zwei Komponenten: der physischen und der mentalen. Der körperliche Schmerz ist winzig im Vergleich zu den mentalen Qualen. Lässt du diese los, wird der physische Schmerz erträglich. Menschen sind in der Lage, Folter auszuhalten, psychische Verletzungen aber können so wehtun, dass sie sich wünschen, sie wären nie geboren worden.

Führt es den *Suttas* nach zu schlechtem *Kamma*, wenn man an Buddha zweifelt?

Wenn es sich um echte Zweifel handelt, nicht. Das ist kein Problem – nur ehrlich. Schlecht ist es allerdings, wenn man dem Buddha schaden will oder ihn verflucht. Auch sehr schlecht ist es, andere davon abzuhalten, dass sie Buddha folgen. Zweifel als solche ziehen also kein schlechtes *Kamma* nach sich. Und dadurch, dass sie zu Fragen anregen, sind sie eigentlich sogar etwas Gutes.

In deinem Buch *Im stillen Meer des Glücks* erwähnst du, dass man an sich arbeiten müsse, wenn das *Nimitta*, das man sieht, schmutzig oder dumpf ist.

Ja, genau. Du darfst ja nicht vergessen, dass das *Nimitta*, das du beim Meditieren siehst, deinen Geist widerspiegelt, dein Inneres. Taucht ein *Nimitta* auf, erblickst du deinen Geist. Dessen

Strahlkraft wird von der Strahlkraft des *Nimittas* widergespiegelt. Vorspiegeln kannst du dir selbst dagegen nichts! Du bist unmittelbar mit deinem Geist konfrontiert.

Wenn du Türen schlägst, dich ständig über andere beschwerst, nie sauber machst und ewig dumme Fragen stellst, wird dein *Nimitta* schmuddelig, schmierig und schäbig wirken. Wie ein Spiegel, der dringend geputzt werden muss, weil er voller Fingerabdrücke und Staub ist.

Bekommen dagegen reinherzige, gütige Menschen ein *Nimitta*, ist es einfach nur prachtvoll. Das sind die Leute, die stets bereit sind, anderen zu helfen. Sie halten dir die Tür auf, und wenn du mal kränkelst, bieten sie dir eine Tasse Tee an oder bringen dir sogar das Frühstück ans Bett. Menschen, bei denen du einfach spürst, wie wunderbar sie sind.

Nimittas reflektieren also die Reinheit und Güte deines Herzens. Und ja, das angesammelte *Kamma* spielt dabei auch eine Rolle. Wenn du stets freigebig warst, dich an die Gebote gehalten und Menschen geholfen hast, denen es schlechter ging als dir – wenn du also immer gütig und großmütig warst –, dann wird dein *Nimitta* hell scheinen und glänzen.

Kann das schlechte *Kamma* aus der Vergangenheit eines Menschen einen anderen dazu veranlassen, in diesem Leben schlechtes *Kamma* zu erschaffen? Hat zum Beispiel das schlechte *Kamma* aus der Vergangenheit des Ehrenwerten Mahamoggallana die Verbrecher, die ihn ermordeten, so beeinflusst, dass auch sie durch ihr Tun schlechtes *Kamma* erschufen?

Einer Legende zufolge hatte Mahamoggallana, einer der bedeutendsten Schüler des Buddha, in einem früheren Leben seine Eltern ermordet und musste deshalb in einem späteren ertragen, dass er totgeschlagen wurde. Doch waren die Diebe zu ihrer Tat *gezwungen*, um Mahamoggallanas *Kamma* zur Reife zu bringen, oder bestand da kein Zusammenhang? Beides war unabhängig voneinander. Während die Diebe eigenes *Kamma* erschufen und irgendwann den Preis dafür würden zahlen müssen, konnte Mahamoggallana das wirklich schlechte *Kamma* des Mordes an seinen Eltern abtragen.

Jeder hat sein eigenes *Kamma*. Mein *Kamma* gehört mir und deines gehört dir. Doch können wir einander beeinflussen. Ich zum Beispiel hatte das gute *Kamma*, bei Ajahn Chah sein zu dürfen, und dies wirkt sich nun auch – positiv – auf meine Schüler und deren *Kamma* aus. Ist das nicht herrlich? Wir können einander beeinflussen, aber jeder hat sein eigenes *Kamma*.

Kannst du bitte den Zusammenhang von Fleischkonsum und *Kamma* erklären? Ich töte keine Tiere, esse aber Fleisch. Bin ich trotzdem für das Töten verantwortlich? Ich mag den Geschmack von Fleisch, und außerdem ist der Fleischkonsum Teil unserer Kultur.

Wenn du Vegetarier werden kannst, gut, verurteile aber niemanden, der es nicht ist. Tu du selbst einfach dein Bestes.

Vor meiner Ordinierung habe ich vegetarisch gelebt. Als ich dann aber Mönch wurde, musste ich alles essen, was immer ich zugesteckt bekam, und das war oft Fleisch. Du hast bestimmt schon gehört, dass Leute Frösche verzehren oder Schnecken. Ich kann nur sagen, dass ich in meiner Anfangszeit als Mönch alles gegeben hätte, um mehr Fleischloses essen zu können.

Einmal, als ich noch Laie war, hat meine Freundin für mich gekocht. Da ihr offenbar entfallen war, dass ich Vegetarier war, setzte sie mir ein Fleischgericht vor. Und ich habe mich geweigert, es zu essen. Stell dir nur mal vor, wie viel Mühe sie sich gegeben hatte, um mir eine schöne Mahlzeit zuzubereiten! Und ich gehe einfach hin und verschmähe sie – nur weil Fleisch drin war! Unsere Beziehung hat das nicht überlebt.

Später wurde mir dann klar, wie dumm ich mich verhalten hatte. Ich war im Unrecht gewesen. Hatte mich verhalten, als liebte ich zwar Tiere, aber keine Menschen. Meiner Freundin gegenüber war das brutal, und darauf bin ich nun wirklich nicht stolz. Ich gebe zu, dass ich einen Fehler gemacht habe. Ich hätte das Fleisch einfach essen und in aller Freundlichkeit sagen sollen: »Danke, aber sei doch so lieb und mach beim nächsten Mal etwas Vegetarisches.« Das wäre richtig und angemessen gewesen. Stattdessen habe ich mich wie ein Veggie-Terrorist aufgeführt. Also: Wenn du Vegetarier sein kannst, prima! Aber fang nicht an, andere mit deinen Vorzügen zu terrorisieren.

Samsara ist echt Mist! Doch der Achtfache Pfad bietet immerhin einen Ausweg. Zeigt das nicht, dass das Universum vom Grundsatz her wohlwollend ist und ihm eine Kraft zum Guten innewohnt? Sonst gäbe es doch keinen Ausweg.

So könnte man es natürlich auch sehen. Im Grunde aber ist das Universum nicht wohlwollend, es _ist_ einfach. _Samsara_ kann ganz schön mühsam sein, doch weißt du erst einmal, wie es funktioniert, und erschaffst gutes _Kamma_, ist das Universum gar nicht so übel.

Willst du wirklich aus dem Universum, aus dem *Samsara* herauskommen, so führt der Weg dort hinaus über Glück, Glück und nochmals Glück. Früher habe ich oft den Vergleich mit einem Meteor am Himmel angestellt, einer Sternschnuppe. Meteore sind in der Regel Eisklumpen, die Jahrmillionen lang im Sonnensystem herumwirbeln – und plötzlich auf die Atmosphäre treffen. Während sie vergehen, können wir sie dann als schöne Lichtstreifen am Himmel wahrnehmen. So unendlich lange waren sie unterwegs, und jetzt werden wir Zeuge ihres schönen, strahlenden Sterbens.

Den Menschen ergeht es genauso. Runde um Runde drehen sie im *Samsara*, Hunderttausende von Malen kehren sie zurück. Dann begegnen sie dem *Dhamma*, und es widerfährt ihnen dasselbe wie dem Meteor, der in die Erdatmosphäre eintritt. Sie fangen an zu leuchten – werden zu einer schillernden Sternschnuppe, die den Nachthimmel beleuchtet. Wie wunderbar! Ein herrlicher Lichtstrahl, und dann … erloschen.

> Zu Zeiten des Buddha gab es viele Wandermönche, unter anderen Jainas, zu denen auch Frauen gehörten. Religiös waren damals beide Geschlechter. Der Buddha aber war es, der den ersten weiblichen *Sangha* gründete. Demnach gehörte er zu den ersten Feministen überhaupt und kämpfte für die Gleichheit der Geschlechter. Was ich von ganzem Herzen befürworte.

Warum ziehen die buddhistischen Nonnen so oft den Kürzeren, wenn es um die Unterstützung der Klöster geht? Können wir irgendetwas tun, um Geld für das Nonnenkloster zu sammeln?

Auf einer Spendengala habe ich einmal eine Geschichte über Ajahn Chah erzählt. Eine ausgesprochen schöne Geschichte.

In Sydney hatte ein Mann von Ajahn Chah gehört und wollte ihn unbedingt persönlich sprechen. Also flog er nach Bangkok und fuhr von dort aus mit dem Zug die ungefähr vierhundert Meilen in den Bezirk Amphoe Warin Chamrap. Den Rest der Strecke zu Ajahn Chahs Tempel legte er in einem Taxi zurück. Als er am Kloster eintraf, hatte er einen ziemlichen Trip hinter sich.

Ajahn Chah traf er dort an, wo er sich tagsüber immer aufhielt: In einer Hütte empfing er Gäste aus ganz Thailand sowie auch einige Ausländer. Die Leute stellten ihm alle möglichen Fragen, meistens über ihre Ehe oder die Geschäfte, denn Ajahn Chah war für seine große Weisheit sehr berühmt. Und wenn man so weise ist, stehlen einem die Leute echt die Zeit. Statt dass sie sich für die Meditation interessierten, fragten sie ihm wegen irgendwelchem blöden Zeugs Löcher in den Bauch.

Dank seiner Güte blieb Ajahn Chah jedoch keinem eine Antwort schuldig. Der Typ aus Sydney hatte eine wichtige Frage, doch weil Ajahn Chah von einer großen Menschentraube umgeben war, kam er nicht nahe genug an ihn heran. Nachdem er stundenlang gewartet hatte, hielt er seine lange Reise für vergebens und beschloss, wieder abzufahren. Als er sich zum Gehen wandte, bemerkte er, dass ein paar Mönche den Boden fegten. Und dachte bei sich: »Damit die Reise nicht ganz umsonst war, könnte ich doch ein wenig gutes *Kamma* erschaffen und beim Fegen helfen.« Das war wichtig: Er dachte nicht nur an sich selbst, sondern erschuf auch gutes *Kamma*.

Während des Fegens spürte er mit einem Mal eine Hand auf seiner Schulter. Als er sich umdrehte, bemerkte er, dass sie Ajahn Chah gehörte. Dieser war zwar schon auf dem Weg zu seinem nächsten Termin, doch da er realisierte, dass der Weiße eine lange Reise auf sich genommen hatte, um ihn zu sehen, hielt er einen Moment inne und sprach ihn an. Mir erzählte der Australier später, wie kostbar ihm diese wenigen Worte gewesen waren. Was Ajahn Chah dem Mann gesagt hatte? »Wenn du dich anschickst zu fegen, leg alles rein, was du hast und kannst.«

»Wenn Sie sich anschicken zu spenden, legen Sie alles rein, was Sie haben und können«, forderte ich die Gäste der Wohltätigkeitsgala nun also auf. Glaubt mir, ich meinte es ebenfalls gut! Leider aber war meine Unterweisung nicht von Erfolg gekrönt.

Doch um deine Frage zu beantworten: Vergiss bitte nicht, dass die *Bhikkhunis* in Dhammasara innerhalb der theravadischen Traditionslinie eine echte Vorhut darstellen. In Perth haben wir einen ganzen Haufen Mönchsklöster, Klöster für Nonnen aber sind auch heute noch eine große Seltenheit. Immer und überall rede ich auf die Leute ein, ihre Klöster schlicht zu halten, doch manche unterscheiden sich schon kaum mehr von einem Palast. Was für eine Geldverschwendung! Wir haben eine lange Warteliste von Frauen, die in unserem Kloster zu *Bhikkhunis* ordiniert werden wollen – aber viel zu wenig Unterkünfte.

Möchtest du also etwas spenden, dann bitte fürs Nonnenkloster. Denn solltest du später einmal die Bilanz deines Lebens ziehen, wirst du feststellen, dass sich diese Investition wirklich gelohnt hat. Weil du damit nämlich einen Beitrag zu etwas wahrhaft Historischem geleistet und Großes bewirkt hast.

Als ich noch Laie war, hörte ich mal den Vortrag einer tibetischen Nonne über das Waisenhaus, das sie im nordindischen Kalimpong gegründet hatte. Der hat mich so inspiriert, dass ich am nächsten Tag zehn Pfund von meinem Konto abgehoben und gespendet habe. Da die Summe dem Geld entsprach, das ich zwei, drei Wochen lang für Nahrungsmittel ausgeben konnte, wurde ich während dieser Zeit nie richtig satt. Verhungert bin ich zwar nicht, musste aber doch auf vieles verzichten. Und das hat wehgetan. Trotzdem war diese Spende von zehn Pfund eine der besten, die ich je getätigt habe. Weil sie mir einiges abverlangte, habe ich sie nie vergessen. Und es erschafft echt gutes *Kamma*, wenn du eine Spende machst, die dir wehtut oder deinen Kontostand ernstlich dezimiert.

Spende also bitte für das Nonnenkloster. Ich garantiere dir, dass du es nie bereuen wirst. Denn wenn du stirbst und dich fragst: »Was habe ich eigentlich mit meinem Leben gemacht? Welchen Nutzen habe ich gestiftet?«, wirst du dich daran erinnern, dass du beim Aufbau eines Nonnenklosters geholfen hast, einer echten Rarität. Dass die Nonnen nicht mehr Unterstützung erhalten, enttäuscht mich sehr.

Angenommen, jemand beleidigt beziehungsweise beschimpft den Buddha und den *Dhamma* oder sitzt einem Missverständnis auf. Sollten wir ihm dann alles erklären und ihn korrigieren? Erzeugt es womöglich schlechtes *Kamma*, wenn wir den Mund halten?

Den Buddha oder den *Dhamma* kann niemand beleidigen; die Leute beleidigen sich nur selbst. Wer Schlechtes sagt, zerstört seine eigene Glaubwürdigkeit. Denn der Buddha ist über jede Verunglimpfung erhaben. Sie können eine Buddha-Statue in die Luft jagen, schreien, beleidigen, verhöhnende Cartoons in die Welt setzen, aber kann all das dem Buddha wirklich etwas anhaben? Natürlich nicht. Menschen jedoch kann es durchaus etwas anhaben. Die Lehren des Buddha zu vergessen und manchmal sogar jene zu töten, die versuchen, den Buddha zu schänden, ist leicht. Buddhistisch aber ist daran absolut gar nichts.

Anhand einer Geschichte, die sich in Guantanamo Bay abgespielt hat, möchte ich das erläutern. Einige Marines dort wurden beschuldigt, ein Exemplar des Korans die Toilette runtergespült zu haben, und auf der ganzen Welt empörten sich Muslime über diese Entweihung der Heiligen Schrift des Islam. Ein australischer Zeitungsreporter rief mich an, weil er einen Artikel darüber schreiben wollte. Vertreter aller größeren Religionsgemeinschaften unseres Landes hatte er bereits kontaktiert und mit derselben Frage konfrontiert. Nun meldete er sich also bei mir, einer Stimme des Buddhismus. Und seine Frage lautete: »Was würden Sie tun, wenn jemand ein heiliges Buch des Buddhismus nehmen und es die Toilette runterspülen würde?«

»Den Klempner würde ich rufen.« Meine Antwort brachte den Reporter zum Lachen.

»Das ist die erste vernünftige Antwort, die ich bislang erhalten habe. Darf ich sie im Blatt bitte genauso wiedergeben?«, sagte er.

Du kannst so viele buddhistische Bücher das Klo runterspülen, wie du magst. Du kannst die Statuen in die Luft jagen. Die Tempel in Brand setzen. Maschinengewehre auf Nonnen und Mönche richten. Was ich aber nie zulassen würde, ist, dass du den Buddhismus in der Toilette versenkst. Dass du Vergebung, Frieden und Güte zerstörst.

Die Gebäude, Statuen, Bücher, selbst menschliche Körper – all dies bezeichnen wir als Gefäße, Behälter. Doch worauf es wirklich ankommt, sind die Inhalte. Wofür steht der Buddha? Was ist in den Büchern geschrieben? Was lehren die Mönche und Nonnen? All das darf nie den Lokus hinuntergespült werden.

Es spielt also nicht wirklich eine Rolle, wenn jemand den Buddha beleidigt. Ich vergebe ihm. Ich bin gütig zu ihm. Den Buddhismus kann er so nicht zerstören.

Gibt es eine Beichte im Buddhismus? Werden eventuelle Sünden vergeben, wie es in der katholischen Kirche Usus ist?

Ob wir die Beichte kennen? Sicher. Du möchtest mir deine Sünden anvertrauen? Bitte: Nur zu! Dann kann ich dich damit erpressen, um Spenden fürs Nonnenkloster aufzubringen. Wenn ich einmal weiß, was du im Schilde führst, kann ich mich mit deiner Frau in Verbindung setzen. Es sei denn natürlich, du machst ein ordentliches Sümmchen locker …

Nein, die Beichte nehmen wir nicht ab. Aber dir selbst gegenüber kannst du alles eingestehen. Du weißt ja selbst am besten, was du getan hast. Also vergib dir und lass es los. Priester oder Mönche könnten dir sowieso nie richtig vergeben. Das kannst einzig und allein du selbst.

Jemanden, den du verletzt hast, kannst du natürlich um Verzeihung bitten, und derjenige sagt vielleicht so etwas wie »Oh, vergiss es, nichts für ungut, wir alle machen Fehler.« Er vergibt dir also. Nimmt dir das aber auch dein schlechtes Gewissen? Womöglich nicht, womöglich empfindest du immer noch Schuldgefühle; denn die einzige Person, die dir wirklich vergeben kann, bist du selbst.

Sadhu heißt »es ist gut«, »alles cool«. Es bedeutet »toll«, »gut gemacht«, »auf *dich*!«. *Sadhu* drückt Wertschätzung und Anerkennung aus.

Liebevolles Akzeptieren

Das Rezept gegen alles, was dich plagt

Vor ein paar Jahren gab während eines Retreats in Sydney ein Mann beim Meditieren laute Atemgeräusche von sich. Nach zwei Tagen fanden sich in unserem Kummerkasten die ersten Beschwerden darüber, und ich wurde gebeten, die Teilnehmer um leises Atmen zu ersuchen. Besagter Mann litt an Nasenkrebs im Endstadium. Die Ärzte hatten ihn aufgegeben und das Retreat war sein letzter Strohhalm, wie man so sagt. Womöglich, hoffte er, würde ihn das Meditieren ja am Leben halten. Sobald ich die anderen Teilnehmer darüber informiert hatte, hörten die Beschwerden sofort auf; an ihre Stelle trat großes Mitgefühl: wie wunderbar, dass er der Meditation eine Chance gab. Alle hatten sofort begriffen, dass die Geräusche von einem riesigen Tumor in der Nase verursacht wurden.

Am letzten Tag des Retreats suchte der Mann das Gespräch mit mir. Wie er mir mitteilte, war in den vergangenen Stunden etwas ganz Erstaunliches geschehen: Er hatte wie üblich meditiert und dabei durch den Mund geatmet, als er plötzlich ein »Plopp« hörte – und durch die Nase atmen konnte. Wenn auch nur eine knappe Minute lang, dann versperrte der Tumor den Nasengang wieder. Ich dachte noch: »Wäre er früher zum

Meditieren gekommen, hätte er den Krebs vielleicht besiegen können.«

Jahre später kam, ebenfalls in Sydney, jemand auf mich zu und fragte: »Erinnern Sie sich an mich?« Es war der Mann. Er habe mit dem Meditieren weitergemacht, sagte er mir, und der Tumor sei zu einem Nichts geschrumpft – vollkommene Remission. Jetzt führt er ein Leben als Meditationslehrer.

* * *

Noch so eine tolle Geschichte: Zu einem Retreat, das wir in unserem früheren Meditationszentrum im Norden von Perth abhielten, kam ein Teilnehmer mit einer Gesichtsmaske aus Gummi. Wie er mir vor Beginn der Klausur mitteilte, war er sich nicht sicher, ob er die ganzen neun Tage würde bleiben können, da er unter einer schweren Psoriasis leide. Der Ausschlag bedeckte seinen gesamten Körper (zum Beweis schob er seine Hosenbeine hoch und lüftete sein Hemd) und juckte wie Hölle. Die Maske trug er, um sich nicht die Haut vom Gesicht zu kratzen. Der Mann litt schrecklichste Qualen. Pausenlos.

Doch irgendwie schaffte er es, die neun Tage zu bleiben, was mich tief beeindruckte. Als er mich am Ende noch einmal aufsuchte, trug er keine Maske mehr. Er hob den Saum seines Hemdes an und zog die Hosenbeine hoch. Abgesehen von einem schmalen Streifen an den Fußgelenken war der Ausschlag verschwunden. Wie wunderbar, seine Erleichterung zu sehen. Er war von den Höllenqualen, die er pausenlos erlitten hatte, befreit.

Ja, Meditieren wirkt. Du musst dich nur entspannen, loslassen, still sein und damit aufhören, alles kontrollieren zu wollen. Was dagegen nicht klappt: wenn du meditierst, um die Krankheit loszuwerden. Die verliert sich, wenn du bloß meditierst, um Frieden zu schließen, um still und gütig zu sein. Deshalb wird das Meditieren von so vielen Ärzten empfohlen.

Geflüsterte Weisheiten

Wie können wir das, was wir beim Meditieren lernen, zum Umgang mit Krankheiten nutzen? Sollen wir vielleicht so zufrieden sein, dass wir gar nicht erst versuchen zu gesunden, sondern einfach alles akzeptieren?

Genau: akzeptieren und gesunden. Versuchst du krampfhaft, dich zu erholen, machst du alles nur noch schlimmer. Erkrankungen gehen zu einem großen Teil auf Stress zurück, auf zu viel Arbeit, auf Erschöpfung. Möchtest du eine Erkrankung überwinden, musst du sie zuerst akzeptieren und aufhören, gegen sie anzukämpfen. Sobald du dich entspannst und sie annimmst, ist sie mit großer Wahrscheinlichkeit schnell vorbei. Gegenwehr jedoch stresst nur – und verschlimmert die Erkrankung. Halt dich einfach an die Anleitungen zum Meditieren, die du erhalten hast, und bestimmt geht es dir dann bald besser.

Ich weiß, dass wir die Vergangenheit akzeptieren und loslassen sollen. Manchmal aber erinnere ich mich an sehr unangenehme Erlebnisse, die mich echt traumatisiert haben. Wie kann ich lernen, die Vergangenheit zu akzeptieren? Und woran merke ich, dass ich sie richtig losgelassen habe?

Daran, dass du dich nicht mehr an ihr störst. Oder anders ausgedrückt: Sobald du spürst, dass es sich bei diesen Vorfällen einfach um etwas handelt, was irgendwann einmal geschehen ist: »Kein Problem. Ich hab's losgelassen. Ist nicht mehr wichtig.«

Wenn dich Dinge von früher heute noch nerven, liegt es daran, dass du ihnen Bedeutung gibst, Wichtigkeit verleihst. Dass du irgendwie meinst, du müsstest dich eingehend mit ihnen befassen, dürftest sie nicht loslassen. Und dass du dich weiterhin ständig bestrafen musst. Im Westen ist diese Tendenz sehr verbreitet, aber selbst in Asien bleibt man nicht mehr unbedingt davon verschont: Die Leute denken wirklich, sie hätten Strafe verdient, Vorwürfe, müssten wegen irgendetwas, was sie getan haben, zu Recht leiden.

Manche meinen sogar, sie müssten leiden, obwohl sie gar nichts falsch gemacht haben. Nur weil sie es verdient hätten! Vom Standpunkt des Buddhismus aus betrachtet ist das der absolute Wahnsinn. Strafen gibt es bei uns nicht, selbst wenn du etwas falsch gemacht hast.

Gib einfach zu, dass dir ein Fehler unterlaufen ist, du etwas Dummes angestellt hast. Und Fehler macht schließlich jeder mal. Dann vergibst du ihn dir und lernst daraus, damit dir so etwas nicht noch einmal passiert. Und das ist schon alles: zugeben, verzeihen und lernen. Keine Bestrafung.

Wenn es keine Strafen gibt, fällt das Loslassen viel leichter. Strafen komplizieren alles. Dann neigen wir nämlich dazu, die Wahrheit zu verschleiern und zu leugnen, was wir getan haben. Wir wollen uns damit nicht beschäftigen, weil wir fürchten, dass es wehtun würde. Und können nicht loslassen, weil wir der Strafe, die wir doch meinen verdient zu haben, entgehen möchten.

Versteh also bitte, dass es keine Strafen gibt, dann wirst du die Vergangenheit ganz leicht loslassen können. Quäl dich nicht mit ihr ab, tu dir nicht selbst weh. Das hast du nicht verdient. Hast du etwas falsch gemacht, dann erzähl es überall herum, damit die Leute was zu lachen haben.

Wenn dich das Handeln und Verhalten deiner Schüler frustriert, hast du dann manchmal Lust, deinen Job als spiritueller Lehrer an den Nagel zu hängen und die Leutchen ziehen zu lassen?

Frustrieren lass ich mich nie; höchstens, dass ich meinen Spaß habe. Tut jemand etwas wirklich Dummes, denke ich nur: »Wow, das ist ja jetzt echt mal komisch.«

Erstens rechnet man ja damit, dass die Leute dumme Sachen machen. Geschehen die dann tatsächlich, sieht man alles mit Humor – sieht, wie doof wir Menschen sein können. Dann kann man anderen davon berichten – und sie zum Lachen bringen.

Ab und zu tun wir ja alle mal was Dummes, es besteht also gar kein Grund, frustriert zu sein.

Frust ist ein Zeichen dafür, dass du versuchst, Kontrolle auszuüben, dies zu erreichen und jenes zu erwerben. Anderen sage ich immer, sie sollen keine Kontrollfreaks sein, und so verhalte ich mich auch. Ich bin kein Kontrollfreak-Abt. Ich kontrolliere ja noch nicht mal meinen Geist – vielmehr akzeptiere ich ihn, wie er ist, und das ist weit friedvoller, stiller und beglückender. Und dadurch, dass ich die Mönche also nicht kontrolliere, frustriert es mich auch nicht, wenn sie dumme Sachen machen.

Ich hörte einmal, einer der *Anagarikas* (Mönchsanwärter) sei in den Streik getreten. Doch statt mich davon frustrieren zu lassen, dachte ich mir: »Das ist ja mal lustig! Keine Ahnung, was er jetzt tut. Von mir aus kann er so lange streiken, wie er will – Hauptsache, er gründet keinen Betriebsrat und bringt die anderen *Anagarikas* dazu, sich ihm anzuschließen. Sollte er dem Gewerkschaftsverband in Perth beitreten, bin ich am A…! Sonst aber ist das Ganze einfach nur komisch.«

Also lach und nimm nichts allzu ernst. Frust ist ein Zeichen für Dummheit, für zu hohe Erwartungen. Schraub sie runter. Hab gar keine Erwartungen, vor allem nicht, was dein Meditieren betrifft, dann schiebst du auch keinen Frust.

Was ist der Unterschied zwischen Disziplin und Kontrolle? Wo ziehst du die Grenze zwischen strikter Disziplin und übermäßiger Kontrolle?

Diese Frage wurde mir schon oft gestellt. Meine Antwort entstammt dem Buch *Über die Kriegskunst*, in dem ein chinesischer General erklärt, wie er erreicht hatte, dass seine Soldaten die diszipliniertesten der gesamten kaiserlichen Armee wurden.

Der Kaiser rief den General zu sich und fragte ihn: »Welches Geheimnis verbirgt sich hinter der Disziplin Eurer Truppe? Eure Soldaten halten sich streng an ihre Befehle und begehren nie auf. Warum? Welches Geheimnis hütet Ihr?«

Worauf der General entgegnete: »Meine Soldaten folgen meinen Befehlen deshalb immer, weil ich ihnen nur Dinge zu tun auftrage, die sie eh tun möchten.«

Würde mir jemand sagen, was ich zu tun hätte, und würde ich ebendas ohnehin tun wollen, würde ich den Vorschlag natürlich gern aufgreifen. Wie aber kann man morgens in aller Frühe aufstehen wollen, um schnellstmöglich mit den militärischen Übungen beginnen zu können? Wie dermaßen hart exerzieren wollen? Und wie kann ein Soldat in den Krieg ziehen wollen, obwohl er genau weiß, dass er das Risiko eingeht, schwer verwundet oder gar getötet zu werden?

Die Antwort heißt: Motivation. In erster Linie war der General ein hervorragender Motivator. Wenn die Glocke ertönte, die die Soldaten morgens weckte, waren sie längst auf. Denn sie wollten exerzieren und mussten dazu nicht aufgefordert werden. Vermutlich akzeptierten sie sogar freiwillige Extraschichten. Ging es dann in den Kampf, waren sie vor lauter Patriotismus, Heroismus oder was auch immer so motiviert, dass sie den Marschbefehl kaum mehr erwarten konnten. Das ist das Geheimnis der Disziplin: so motiviert zu sein, dass man sich gern diszipliniert.

Dann stehst du morgens liebend gern früh auf – findest es einfach supertoll – und bist ganz enttäuscht, wenn du verschläfst: »Oh, schade, ich hab' was verpasst.« Du möchtest die Regeln einhalten, weil du verstehst, welchen Sinn sie haben. Du bist motiviert.

Ich unterziehe die Schüler einer Gehirnwäsche: motiviere sie so, dass sie meditieren *wollen*. Daher rührt die Disziplin. Solltest du Manager sein oder auf den schulischen Erfolg deiner Kinder erpicht, bediene dich keines Stocks und schrei sie nicht an. Finde andere Formen, sie zu motivieren. Die beste Disziplin entsteht, wenn die Leute motiviert sind, zu tun, was von ihnen verlangt wird.

Wie geht man am besten mit Kontrollfreaks um? Wenn du das bitte möglichst genau erklären könntest …

Wir kontrollieren aus Angst vor dem Loslassen. Wir kontrollieren, weil wir verletzt wurden, weil wir denken, wir müssten uns schützen, indem wir unsere Zukunft planen und versuchen, das Umfeld zu kontrollieren. Trotzdem geht noch vieles schief. Genauer gesagt: Je mehr wir kontrollieren wollen, desto mehr geht schief. Am sichersten ist es, wenn du loslässt.

Mein erstes Fahrrad bekam ich mit elf. Anfänglich hatte ich dermaßen viel Angst davor runterzufallen, dass ich die Griffe umklammerte, bis meine Fingerknöchel ganz weiß wurden. Und wenn es um die Ecke ging, war ich so steif, dass ich die Balance nicht halten konnte und tatsächlich vom Fahrrad fiel. Immer wieder. Doch nach einiger Zeit vergaß ich das mit dem Runterfallen einfach und hatte meinen Spaß am Fahren, wie es bei Kindern eben so ist. Einmal entspannt, fuhr ich echt schnell und hatte keinerlei Probleme mehr.

Im Rückblick ist mir klar, dass ich nur vom Fahrrad gefallen bin, weil ich Angst hatte. Angst führt dazu, dass du versuchst, die Kontrolle zu behalten, und das wiederum haut dich vom Rad. Sobald du das realisiert hast, legt sich die Angst. Ein wichtiger Teil dieses Prozesses ist die Erkenntnis, dass du alles Recht der Welt hast, es nicht gleich richtig hinzukriegen. Sobald du akzeptiert hast, dass du Fehler machen darfst, entspannst du dich und bist kein Kontrollfreak mehr.

Warum wir immer so viel kontrollieren wollen? Aus Angst. Also lass die Angst los. Und überhaupt: Wovor hast du eigentlich Angst? Davor, was andere von dir denken könnten? Bitte nicht. Denen bist du eh nicht wichtig genug, als dass sie an dich denken würden. Entspann dich einfach und sei so deppert, wie du magst. Auf diese Weise brauchst du kein Kontrollfreak zu sein. Wenn es nichts mehr gibt, wovor du Angst haben müsstest, kannst du jegliche Kontrolle fahren lassen. Dann findest du endlich deinen Frieden und fällst auch nicht mehr vom Rad.

Ist die Wahrnehmung der Unbeständigkeit der gewöhnlichen Sinneswahrnehmungen Teil des Prozesses, in dem wir uns mit Veränderungen vertraut machen und lernen, sie zu akzeptieren, damit wir sie in der Meditation loslassen können und aufhören, alles kontrollieren zu wollen?

Ja. Schauen wir uns das mal näher an. Die Leute mögen zum Beispiel alle unterschiedliches Essen. Ich etwa liebe Fish and Chips. Und kann nicht verstehen, warum andere das nicht mögen. Wo es doch die köstlichste Speise der Welt ist! Eigentlich müsste es jeden Tag Fish and Chips geben, mittags und auch schon zum Frühstück.

Aber das, was ich mag, sagt dir vielleicht gar nicht zu. Und Vorlieben können sich auch verändern. Sodass du das, was du eigentlich magst, manchmal nicht ausstehen kannst. Heute zum Beispiel könnte dir der Sinn nach etwas anderem stehen. So unterliegen also selbst die Dinge, die wir besonders mögen, der Veränderung. Mithin ist nicht immer Verlass auf deine Sinneswahrnehmungen.

Ich war schon circa zehn Jahre lang Mönch, als ich zum ersten Mal wieder Fish and Chips bekam, in Australien. Einen Ordensmann, der sich in Thailand von Frosch auf Reis und dergleichen ernährt, kann es schon mal nach Fisch und Pommes gelüsten.

Kurz nach meinem Umzug nach Australien hatte ich in der Frühe eine Bestattungszeremonie und wusste, dass ich es bis zum Mittagessen nicht ins Kloster zurück schaffen konnte. Also schlug Ajahn Jagaro, der damalige Abt, vor: »Dann holst du dir eben unterwegs was.«

»Du meinst, dass ich mir selbst etwas aussuchen darf?«

Also chauffierte mich der *Anagarika*, der am Steuer saß, zu einer Fish-and-Chips-Bude. Zum ersten Mal seit Jahren bestellte ich mir Fisch und Fritten – und zwar ohne irgendwelchen Firlefanz wie Curry oder anderes Zeugs oben drauf, sondern einfach nur heißen Fisch und Pommes mit Essig und Salz auf einem Stück Papier. Im Kloster ist das Essen, wenn es bei uns ankommt und wir mit dem Chanten fertig sind, gewöhnlich kalt. Das sollte diesmal anders sein!

Das war's doch! Heißer Fisch mit heißen Pommes! Zehn Jahre hatte ich davon geträumt. Aber nach dem Essen tat mir der Bauch weh. Wie deprimierend. Warum war das so?

Weil meine Wahrnehmungen, als es darauf ankam, hinter meinen Erwartungen zurückblieben.

Wie oft hat sich in deinem Leben schon etwas, von dem du geträumt hast, etwas, das dir das Wasser im Mund hat zusammenlaufen lassen, als ziemlich belanglos herausgestellt, sobald du es bekommen hast? Warum verschwenden wir bloß so viel Zeit darauf, uns Dinge zu wünschen?

Umgekehrt geht es aber auch: War ein Retreat für deine Begriffe mal nicht so toll, veränderst du womöglich deine Wahrnehmung und findest es gut, weil es dir peinlich wäre, deinen Freunden gegenüber zugeben zu müssen, wie viel Geld und Zeit du darauf verschwendet hast. Stattdessen sagst du etwas Positives wie zum Beispiel: »Ich hab enorm was gelernt bei diesem Retreat.« Das heißt, du passt deine Wahrnehmung dem an, was du erzählen willst – darum kannst du ihnen nicht trauen. Sie trügen.

Ist Angst eine Form von Übelwollen?

Ja, Angst ist Übelwollen in puncto Kontrollverlust und verschwindet, sobald du loszulassen lernst und dich nicht mehr scheust zu scheitern. Gesteh allen deine Fehler, leg sie vollkommen offen und du kannst dir einen Ast darüber lachen.

Vergiss nicht: Du *darfst* Fehler machen. Vom Fahrrad zu fallen ist vollkommen akzeptabel. Und daraus folgt: Wenn es in Ordnung ist, lernst du was und fällst nie mehr runter. Hast du jedoch Angst davor, vom Rad zu fallen, Angst vor Fehlern, dann machst du nur umso mehr.

Das habe ich bei uns im Bodhinyana-Kloster zu einer sehr wichtigen Lehre erhoben. »Mönche, ihr dürft Fehler machen«, sage ich immer. Und weil sie Fehler machen dürfen, machen sie gar nicht so viele. Wäre ich ständig hinter ihnen her und würde ihnen jedes Mal aufs Dach steigen, wenn sie einen Bock schießen, würden sie weit öfter etwas ausfressen. Doch dadurch, dass wir sagen »Du darfst Fehler machen. Es ist okay. Auch ich mache Fehler und dumme Sachen«, erschaffen wir eine Atmosphäre, in der sich die Leute entspannen können und dann auch nicht mehr so viel falsch machen. Das lernst du beim Meditieren.

Heute habe ich mental total negativ auf jemanden reagiert. Was mich sehr überrascht und enttäuscht hat, weil ich eigentlich gedacht hätte, in einem glücklichen Zustand zu sein. Daraufhin sind mir Zweifel an der Echtheit dieses Zustands gekommen. War der nur oberflächlich, wie wenn ich mir ein nettes Filmchen angucke und dabei genau weiß, dass das schöne Gefühl sofort wieder abflaut, wenn ich das Kino verlassen habe? Ich weiß es einfach nicht.

In deinem Geist taucht ein Gedanke auf? Nun, das ist nicht anders zu erwarten. Du befindest dich in einem glücklichen Zustand, und der hält nicht an. Sieh es doch mal so: Ohne die negative Reaktion würdest du dein Glück nicht wertschätzen können. Dafür musst du auch das Gegenteil spüren. Wärest du immerzu glücklich, würdest du diesen Zustand für selbstverständlich halten und dich nicht daran erfreuen können. Deshalb war diese negative Reaktion ganz wunderbar! Denn jetzt kannst du richtig froh sein über dein Glück. Eine sehr wichtige Lektion hast du da erteilt bekommen. Freu dich.

Ein Grund für den Besuch von Retreats ist, dass die Leute zu Hause so gestresst sind, dass sie sich noch mehr stressen, indem sie dusselig darauf reagieren – zum Beispiel zu viel fernsehen, statt zu meditieren – und sich anschließend dafür niedermachen. Da bei Retreats nie in die Glotze geguckt wird, kannst du die Zeit nutzen, um deine Befähigung zur Friedfertigkeit zu stärken. Bist du dann wieder zu Hause, verfügst du über die erforderlichen Fertigkeiten und musst dich nicht mehr mit hausgemachtem Stress plagen. Dann kannst du dich einfach hinsetzen, Frieden mit dem Stress schließen, gütig sein, sanft sein – sodass der Stress und damit die Tendenz zu dummen Angewohnheiten verschwinde.

Weg damit – aber liebevoll

Ich habe eine regelrechte Phobie gegenüber bestimmten Fluginsekten und Spinnen. Die ist komplett irrational, bringt mich aber trotzdem total zum Ausrasten. Wenn ich meditiere und so ein Tier im Raum ist, muss ich es irgendwie wegkriegen und breche schließlich meine Übungsregeln. Bitte sag mir, wie ich diese Angst überwinden und die Tiere in Ruhe lassen kann.

Zunächst einmal: Denk nicht darüber nach und mach dir keine Sorgen. Meditiere nur, mach deinen Geist friedvoll und ruhig. Mein Lehrer (Somdet Phra Buddhajahn) erzählte mir einst, eigentlich habe er nie groß meditiert, außer als junger Mönch. Zu der Zeit meditierte er einmal irgendwo tief im Dschungel, und als er aus der Versenkung heraustrat, rollte sich eine Giftschlange in seinem Schoß zusammen. In Thailand sind die Schlangen überaus gefährlich. Sobald du dich bewegst, beißen sie zu. Doch obwohl er wusste, wie bedrohlich die Situation war, hatte er kein bisschen Angst. Und das verblüffte ihn sehr. Schließlich erkannte er, dass eben das beim Meditieren geschieht: Dinge, die einem normalerweise fürchterliche Angst einjagen, verlieren ihren Schrecken … letzten Endes ist es ja nur eine Schlange. Dazu kommt es, wenn der Geist sehr friedvoll und ruhig ist. Bald glitt die Schlange davon, und der Mönch stand auf.

Mit deiner Moskito- und Spinnenphobie wird es genauso gehen. Befass dich momentan gar nicht mit dem Problem. Versenke dich tief in die Meditation – werde friedvoll, ruhig, glücklich –, dann hast du keine Angst. Dank dieser Akzeptanz wird sich dein Hirn allmählich so umprogrammieren, dass du die Phobie überwindest. Also meditier einfach weiter.

Als ich in Thailand war, spazierten Vogelspinnen über die Decke beziehungsweise auf den Dachsparren. Manchmal fielen sie auch runter. Da es sehr heiß war, trug ich nur meine unterste Robe und hatte den Oberkörper frei. Sodass die Tierchen auf meiner nackten Brust landeten! Und obwohl das ziemlich oft geschah, hatte ich nicht die geringste Angst. Ein bisschen gekitzelt haben sie, das war aber auch alles.

Eigentlich hat sich der Spaziergang einer Vogelspinne auf meiner nackten Brust sogar ganz nett angefühlt. Die bissen ja gar nicht, die genossen nur ihren Rundgang.

Versuchst du, eine Angst loszuwerden, vergrößert sie sich nur. Wird dein Geist jedoch erst einmal friedvoll, ruhig und glücklich, besteht überhaupt kein Problem mehr: Die Ruhe wirkt so auf dein Hirn ein, dass es von allen Ängsten und Phobien befreit wird. Siehst du dann eine Spinne oder Mücke ganz in deiner Nähe, denkst du vielleicht: »Meine Güte, ich reagiere ja überhaupt nicht!« Wenn du sie einfach zulässt, friedvoll und gütig bist, verschwindet die Angst.

Seit vier Jahren leide ich unter Panikattacken. Obwohl ich täglich meditiere, Yoga und Tai-Chi mache. Ständig lebe ich in Angst vor diesen Angstzuständen. Wie kann ich sie bloß überwinden?

Auf jedem Retreat erzähle ich die Geschichte von einer Studentin der Zahnmedizin an der Universität von Adelaide. Bei der jungen Frau waren die Panikattacken so schwer, dass sie sogar Angst davor hatte, ihr Schlafzimmer zu verlassen, und manchmal nicht einmal aus dem Bett kam. Zu der Zeit lebte sie schon seit Monaten wie eine Gefangene in ihrer Wohnung.

Niemand konnte ihr helfen, auch kein Psychologe und kein Arzt. Mich rief sie an, weil ihr Onkel zu den aktivsten Unterstützern unseres Klosters gehört.

Ich bat sie, die Panikattacken in ihrem Körper zu lokalisieren. Doch sie sagte, sie wisse gar nicht, wo sie sich bemerkbar machten. Nun, dann solle sie es herausfinden und sich in ein paar Tagen wieder bei mir melden, forderte ich sie auf. Ich gab ihr also etwas zu tun.

»Im Brustbereich«, erklärte sie mir bei ihrem nächsten Anruf.

»Sehr gut«, antwortete ich. »Und nun beschreiben Sie mir diese Panikattacken bitte. Wie genau fühlen sie sich in der Brust an?«

Das konnte sie nicht sagen. Deshalb bat ich sie, der Sache auf den Grund zu gehen und mich drei Tage später erneut anzurufen. Auch damit hatte ich ihr wieder Hausaufgaben gegeben: die körperlichen Empfindungen, die bei ihr mit den Panikattacken einhergingen, bewusst wahrzunehmen.

Bei ihrem nächsten Anruf beeindruckte sie mich durch die überaus präzise Beschreibung all dessen, was sie während eines Angstanfalls empfand. Sie war eine sehr intelligente junge Frau.

»Großartig«, sagte ich zu ihr. »Nunmehr sind Sie in der Lage, Ihre Empfindungen mit Achtsamkeit wahrzunehmen. Als Nächstes üben Sie sich in Mitgefühl. Sobald sich wieder eine Panikattacke ankündigt und Sie spüren, wie diese Empfindungen aufkommen, legen Sie sich eine Hand auf die Brust und geben sich eine kleine Massage. Kriegen Sie das nicht hin, überlassen Sie es Ihrem Freund. Der macht das bestimmt gern.«

Nach drei oder vier Tagen rief sie mich wieder an und sagte: »Ich habe mich genau an Ihre Anweisungen gehalten.«

»Und?«

»Sobald ich diese Empfindungen massiere, verschwinden sie.«

»Und was ist mit der Panik?«

In diesem Moment ging ihr ein Licht auf. »Tja, die geht auch weg«, antwortete sie nach einer kurzen Pause.

Zwei Wochen später sah sie sich in der Lage, ihr Schlafzimmer zu verlassen, und nahm ihr Studium wieder auf. Intelligent, wie sie war, legte sie ein Prädikatsexamen hin. Sie heiratete ihren Freund und ich hatte die Ehre, im Senkgarten der University of Western Australia die Segenszeremonie für sie leiten zu dürfen. Sie schlug mich sogar zum Australier des Jahres vor!

Diese Ehre wurde mir natürlich nicht zuteil, die Initiative der jungen Frau aber hat mich tief berührt. »Sie haben mir das Leben gerettet«, sagte sie. »Und da war dieser Vorschlag doch das Mindeste, was ich tun konnte.« Heute lebt sie glücklich mit ihrem Mann in Sydney. Sie ist eine Spitzen-Zahnärztin, führt ein wunderbares Leben – und ganz ohne Angstanfälle.

Jetzt weißt du also, wie du mit Panikattacken am besten umgehst. Nur die wenigsten sind dazu befähigt, sich direkt auf der mentalen Ebene damit auseinandersetzen zu können. Doch jede Panikattacke ist auch mit körperlichen Empfindungen verbunden. Hast du dir diese einmal bewusst gemacht, kannst du dich auch mit ihnen befassen. Und sobald du in physischer Hinsicht Erleichterung erfährst, verschwindet auch die emotionale Belastung.

Du musst lediglich die körperlichen Empfindungen genau lokalisieren und dich mit ihnen so vertraut machen, dass du sie anderen detailliert beschreiben könntest. Sobald sie dir bewusst geworden sind, kannst du dich ihnen zuwenden. Und

zwar vielleicht am besten, indem du die betreffenden Körper-
partien mit so viel Güte und Sanftheit massierst, wie es dir nur
möglich ist. Legt sich ihr physischer Gegenpart, legen sich
auch die Emotionen selbst. Sogar Psychologen haben das von
mir gelernt und geben es jetzt an ihre Patienten weiter.

Schon als Kind war ich immer sehr nervös und angespannt.
An der Uni wurde es dann so schlimm, dass ich vor lauter
Ängsten wie gelähmt war und kaum zum Studieren kam. Ordentlich in der Welt zu funktionieren ist mir immer schwerge-
fallen, aber deine Unterweisungen waren mir eine Riesenun-
terstützung, und ohne sie hätte mein Leben nicht die Qualität,
die es jetzt aufweist.

Als ich kürzlich angefangen habe, mich für eine Organisation einzusetzen, die mir sehr am Herzen liegt, waren plötzlich
meine Ängste wieder da. Ich suchte Zuflucht in der Meditation, doch meine Probleme mit diesen Leuten sind so eskaliert,
dass ich mich arg verspannt habe. Jetzt frage ich mich, ob ich
weiterhin für die Organisation tätig sein kann, ohne komplett
zusammenzubrechen.

Mir ist aufgefallen, dass ich alles möglichst gut machen
will, aber schreckliche Angst vor einem Scheitern habe und
dass ich daraufhin abgelehnt und in die Isolation getrieben
werden könnte. Ähnliches erlebe ich auch beim Meditieren.
Ich gelange zum Atemgewahrsein, komme dann aber immer
schnell wieder davon ab, weil ich fürchte, nicht dabeibleiben
zu können. Der ganze Stress und die Anspannung machen
mich reizbar und manchmal kriege ich auch Kopfschmerzen
davon.

Das ist ein sehr weit verbreitetes Problem. Wir meinen, Erfolg haben und die Erwartungen anderer Menschen erfüllen zu müssen. Oder doch wenigstens die, die wir selbst an uns haben, im Sinne unserer Ziele und Standards. Deshalb empfehle ich meinen Schülern immer, sich nicht zu »messen«. Wenn dir das gelingt, kannst du Frieden mit dir schließen und dich so akzeptieren, wie du nun einmal bist.

Willst du eine der ganz großen Wahrheiten in Erfahrung bringen? Dann geh in den Wald und begib dich auf die Suche nach einem perfekten Baum. Ich sage dir: Keinen einzigen wirst du finden. Die einen haben einen Linksdrall, die anderen biegen sich nach rechts – alle sind sie irgendwie schräg und knorrig und anders. Und genau das ist es ja, was die Schönheit des Waldes ausmacht. Wären alle Bäume identisch und stünden perfekt in Reih und Glied, wäre es doch ein gruseliger Anblick. Ohne seine vermeintlichen »Mängel« wäre der Wald lange nicht so ansprechend.

Genauso ist es auch mit deinen »Schwächen« und »Fehlern«. Du solltest unbedingt versuchen, ein Mensch zu werden, der es sich gestattet, Fehler zu machen, unvollkommen zu sein und gelegentlich auch mal was zu vermasseln. Schließ einfach Frieden mit deinen Verunreinigungen und Hindernissen. Beim Meditieren lernst du es. Immer perfekt sein zu wollen erzeugt Angst und Nervosität.

Schau *mich* an. Mir ist es wurscht, ob die Leute meine Witze mögen, ich erzähl sie trotzdem. Denn so bin ich im Einklang mit mir. Andere fragen sich vielleicht: »Und was, wenn kein Mensch darüber lachen kann?« Passiert mir ständig. Sie stöhnen!

Erinnerst du dich an die Geschichte vom Dämon im Kaiserpalast aus dem *Samyutta Nikaya* (s. 3. Frage im Kapitel *Der*

Hahayana-Ansatz des Meditierens / Mit allem, was taugt)? Stiehlt sich ein Mäkel-Dämon in dein Leben, ranz ihn nicht an: »Raus hier! Bei mir hast du nichts zu suchen. Ich muss perfekt sein.« Sag ihm lieber: »Willkommen, Monster. Heut hab ich's richtig vergeigt.« Begrüße die Makel in deinem Leben, mäkel nicht an ihnen rum! Sei lieb zu ihnen. Was dann geschieht, weißt du natürlich längst: Das Ungeheuer wird kleiner und kleiner, verschwindet schließlich ganz und gar. Sobald du weißt, dass du versagen darfst, dass du Mist bauen und Fehler machen darfst, besteht überhaupt kein Problem mehr. Und so wirst du auch deine Ängste los, deine Nervosität: indem du aufhörst, perfekt sein zu wollen.

Ich hab das bei Ajahn Chah gelernt, der mich nie schalt, wenn mir ein Fehler unterlaufen war. Nur kaputtgelacht hat er sich!

Während meines ersten Jahres in Thailand war Wat Pa Pong noch ein sehr armes Kloster. Wenn ich ein Stück Seife brauchte, musste ich zu meinem Lehrer gehen und ihn darum bitten. Alles, was ihm die Leute spendeten, bewahrte er in einem großen Wasserkrug auf. Wolltest du etwas, das sich darin befand, bekamst du es. Anderenfalls tat es Ajahn Chah leid.

Eines Tages wollte ich ihn um ein Stück Seife bitten. Da mein Thai aber noch sehr schlecht war, habe ich statt *saboo*, welches das richtige Wort für »Seife« gewesen wäre, *saparod* gesagt: »Ananas.« Was Ajahn Chah vernahm, war also die Bitte um eine Ananas. Er schaute mich freundlich an und fragte, wofür ich sie denn benötige. Worauf ich antwortete: »Na ja, ihr wisst schon … zum Waschen … zum Baden.«

Er hatte tagelang seine Freude daran. Erzählte allen Besuchern, dass sich die Leute in London den Körper mit Ananas reinigen – was für eine merkwürdige Kultur. »Wisst ihr, wir in

Thailand benutzen zum Waschen ja Seife, im Westen aber nehmen sie Ananas dafür. Wahrscheinlich sind sie uns dort tatsächlich voraus. Vielleicht sollten wir es auch mal probieren.«

Statt dass ich gerügt wurde und mich deshalb schlecht fühlte, hatte ich meinen Lehrer glücklich machen können. Wie toll! Wer einen Bock schießt, bringt Glück über die Leute – also macht ruhig MEHR Fehler! Und wie langweilig würde die Welt sein, wären alle perfekt. Im Übrigen vertreibt eine solche Denkweise jegliche Angst und Nervosität.

Beim Meditieren verschwindet deine Angst, weil du einfach nur dasitzt, alles zulässt und nichts zu erreichen versuchst. Wenn du einschläfst, schläfst du ein. Solltest du anfangen zu schnarchen, ist es auch okay. Stören sich die anderen daran, können sie ja Ohrstöpsel verwenden und du schnurbelst einfach weiter. So scherst du dich im Grunde nicht darum, was andere von dir denken, und kannst eine friedvolle Zeit haben. Du musst nicht vollkommen sein. »Was für eine Erleichterung auf dem spirituellen Lebensweg: die Erkenntnis, dass ich keine Perfektion an den Tag legen muss! Jetzt bin ich frei!«

Die Alternative: dieses und andere Leben auf das Streben nach Perfektion zu verschwenden, auf etwas, was du nie erreichen kannst, und dann festzustellen, wie dumm das doch war. Du musst keine Perfektion anstreben. Lass los – das genügt schon.

Wie löse ich das Problem der negativen Gedanken? Obwohl ich versuche loszulassen und meine *Metta*-Meditationen mache, treten bei mir immer noch negative Gedanken auf. Angenommen, ich akzeptiere meinen Geist, bin gütig zu ihm und diesen Gedanken. Was aber ist, wenn er anfängt, dieser Ablenkung zu folgen? Soll ich dann versuchen, ihn zu steuern? Und wie soll ich reagieren, wenn jemand sauer auf mich ist oder versucht, mich zu manipulieren?

Zunächst zur zweiten Frage: Geschieht dies während eines Retreats, kannst du die anderen einfach vergessen. Sei dir selbst eine Insel, wie der Buddha sagte, werde zu deiner eigenen Zuflucht (DN 16). Mag sein, dass andere sauer auf dich werden, mit dir hat das nichts zu tun. Es ist deren Problem, nicht deins.

Nach dem Retreat wird's dann schon wieder ein bisschen schwieriger, weil es in der Welt so viele gibt, die sauer sind. Begegnet dir Zorn, lass ihn einfach ziehen, an dir abprallen. Sei wie die Lotosblüte, das Symbol des Buddhismus. Pinkelst du eine an, perlt der Urin daran ab; er hinterlässt darauf keine Rückstände, auch keine Geruchsspur. Desgleichen, wenn du die Blüte mit Parfum besprühst: Auch davon verbleibt nichts auf den Blütenblättern. Weil der Lotos eben stets sauber bleibt – restlos.

Stell dir vor, du wärest ein Lotos. Es spielt keine Rolle, wenn Leute sauer auf dich sind, dich verfluchen oder dir Tiernamen geben. Genauso bedeutungslos ist es, wenn sie dich für den besten Mönch seit Buddha, für einen überragenden Lehrer halten. Was immer sie auch tun oder sagen, es perlt alles an dir ab, hinterlässt keine Spuren. So reagierst du, wenn Leute sauer auf dich sind oder versuchen, dich zu manipulieren. Letzten Endes bewirken sie gar nichts.

Kommen wir jetzt zu deiner ersten Frage, zu dem Problem mit den negativen Gedanken. Reagierst du negativ auf negative Gedanken, verdoppelt sich die Negativität. Reagierst du dann negativ auf deine Negativität gegenüber deinen negativen Gedanken, verdreifacht sich die Negativität. Und so geht das weiter und weiter, bis du schließlich ganz wuschig im Kopf wirst.

Kommt dir ein negativer Gedanke, akzeptier ihn einfach: »Herzlich willkommen, negativer Gedanke.«

Wie negativ vermagst du denn zu werden? Schaffst du es mit dem negativsten Gedanken aller Zeiten ins Guinness-Buch der Rekorde? Schießt dir ein negativer Gedanke in den Kopf – lach darüber. Mit einem Schuss Humor ist er schon gar nicht mehr so negativ. Bist du lieb zu deinen negativen Gedanken, ohne sie ernst zu nehmen, lässt du sie einfach zu oder machst dich über sie lustig, verschwinden sie irgendwann ganz von selbst.

Verbrechen und andere Missetaten

Äußere dich bitte über den Nutzen der rechten Rede und den Verzicht auf Klatsch und Tratsch.

Vier Priester besuchten eine Konferenz. In einer Gesprächspause beim gemeinsamen Mittagessen platzte einer von ihnen mit der Ankündigung heraus:

»Freunde, ich möchte euch ein Geheimnis anvertrauen: Ich wette bei Pferderennen. Auch gehe ich ins Casino – mit Perücke und dunkler Sonnenbrille. Ich bin Spieler.«

Die anderen Priester waren völlig von den Socken. »Das ist ja ein Ding!«, sagten sie. »Wir haben dich immer für einen überaus reinen Menschen gehalten. Aber gut, dass du so aufrichtig warst. Dass du uns, denen du vertraust, diesen schlechten Charakterzug gebeichtet hast. Das wird dir guttun.«

Nun stand ein weiterer Priester auf. »Ich möchte auch etwas beichten. Immer, wenn ich frei habe, montags also, gehe ich in den Getränke-Shop und kaufe mir eine Flasche Whiskey, die ich bis zum Abend austrinke. Ich bin Alkoholiker.«

»Boah!« Die anderen konnten es kaum fassen. »Das hast du aber gut verborgen! Für einen Priester ist ein solches Verhalten natürlich eine Schande. Aber großartig, dass du es eingestehst.«

Anschließend fragten sie den dritten Priester: »Und, was für ein Laster hast du?«

»Das kann ich nicht sagen«, entgegnete dieser scharf.

»Ach komm«, redeten seine Kollegen begütigend auf ihn ein. »Es wird dir guttun, wenn du es uns verrätst.«

Er holte tief Luft. »Also gut«, sagte er dann. »Es gibt da eine junge Frau in meiner Gemeinde – sie ist verheiratet und wir haben eine Affäre.«

»Ohhh!«, erregten sich die anderen wie aus einer Kehle. Ein Priester, der Ehebruch beging! Doch da sie ihn auch nicht im Regen stehen lassen wollten, versicherten sie ihm: »Gut, dass du es uns erzählt hast. Jetzt können wir dir helfen.«

»Und was ist mit dir?«, fragten sie den vierten Priester.

Der blieb stumm. Reglos saß er da, den Blick auf den Boden gerichtet.

Die drei anderen schauten einander an. Sie sorgten sich um ihren Freund. Um ihn aufzuheitern, witzelten sie: »Schlimmer als Glücksspiel, Alkoholismus oder Ehebruch kann es ja wohl nicht sein.«

Eine lange Pause entstand.

»*Viel* schlimmer«, sagte der vierte Priester schließlich.

Nach einer Weile wagte sich einer seiner Kollegen vor: »Freund, wovon sprichst du?«

»Mein Problem ist … ich bin eine Tratschtante. Alles, was mir zu Ohren kommt, muss ich sofort überall rumerzählen.«

Jetzt weißt du, warum du Klatsch und Tratsch vermeiden sollst. Weil es schlimmer ist als Glücksspiel, Saufen, Ehebrechen. Also lass es einfach.

Liegt es daran, dass wir immer noch nicht genügend Mitgefühl aufbringen, wenn uns jemand nervt? Angenommen, ich bin ärgerlich auf eine Person und mosere sie an – soll ich dann Frieden mit ihr schließen oder einfach in der Meditation loslassen? Und wenn wir jemandem so viel Mitgefühl entgegenbringen, dass wir ihn hinnehmen, wie er ist, heißt das dann, dass wir ihn nie mehr kritisieren dürfen und er sich aufführen kann, wie er will?

Ärgerlich auf jemanden zu sein ist kein Verbrechen – so spielt das Leben nun mal. Wir nerven und verärgern einander doch ständig. Ich zum Beispiel durch die schlechten Witze, die ich immer erzähle. Auch mit Husten kann man andere verärgern. Deinen Lehrer machst du vielleicht dadurch sauer, dass du kein *Jhana* bekommst – nach all den Jahren, die du nun schon sein Schüler bist. Wie gesagt, irgendwen verärgern wir immer. Alle. Als Erstes musst du deshalb begreifen: So, wie andere dich verärgern, verärgerst du auch andere. Wenn du es so siehst, entpersönlichst du es und verstehst allmählich, dass es im Leben nun einmal so läuft. Das heißt: Das Mitfühlendste, was du tun kannst, ist, erleuchtet und damit nicht wiedergeboren zu werden. Denn dann ist ein Mensch weniger unterwegs, der andere verärgern könnte. Aber was soll's: Verärgerung und Nerverei gehören zum Leben eben dazu. Darauf kannst du dich einstellen, alle anderen Erwartungen wären unrealistisch.

Gern erzählte Ajahn Chah eine großartige Geschichte über einen Bauern, der ein Hähnchen besaß. Von dem er sich wünschte, es wäre eine Ente. Ende der Geschichte.

Findest du das etwa vernünftig? Da hast du einen Freund und willst, dass er sich ändert. Er ist ein Hähnchen, du wünschst ihn dir aber als Ente. Du hast eine Freundin, doch hättest du gern eine Schönheitskönigin. Aber wer eine Ente ist, kann nicht zum Huhn werden. Du musst die Leute schon so akzeptieren, wie sie nun einmal sind. Hunde sind Hunde und bellen, Krähen sind Krähen und krächzen. Moskitos sind Moskitos und machen »bssss«, bevor sie zustechen.

Warum ärgern wir uns über Dinge, die genau so sind, wie sie sein sollen? Statt uns die Welt anders zu wünschen, sollten wir sie nehmen, wie sie ist. Dinge von ihr zu verlangen, die sie nicht leisten kann, führt nur zu Leiden. Kannst du Leute bitten, dich nicht zu verärgern? Klar, bitten kannst du. Aber es wird nichts bringen. Leute nerven nun mal. Und Ehemänner müssen leiden.

Der Einzige, der nicht leidet, ist der Teddy, der in der Meditationshalle unseres Klosters sitzt. Der hockt einfach in vollkommener Stille da und stellt keine Fragen. Auch beschweren tut er sich nie. Bestimmt wurde er schon vor langer Zeit erleuchtet!

Teddybären sind Teddybären. Und sobald du verstehst, was und wie Menschen sind, bittest du sie um nichts mehr, das sie dir nicht geben können. Nicht einmal in deinem Herzen kannst du jemanden bitten, vollkommen still zu sein. Denn das ist niemandem möglich, auch dir nicht. Und deshalb musst du diese Welt eben so akzeptieren, wie sie ist.

Deine Verärgerung zeigt, dass du um Dinge bittest, die du nicht bekommen kannst – sei es von dir selbst, von deiner Partnerin, deinen Freunden, dem Leben. Sobald dir klar wird, was dir das Leben geben kann und was nicht, wirst du nicht mehr sauer. Dann meckerst du nicht mehr, sondern amüsierst dich nur noch.

Wie bringt man den Verzicht auf Kontrolle mit dem Versuch in Einklang, andere davon abzubringen, dass sie sich selbst oder anderen schaden? Zum Beispiel einen Mönch, der dem Vernehmen nach Sex hatte, oder einen Arbeitgeber, der seine Angestellten drangsaliert, die sich aus Angst vor Kündigung nicht dagegen wehren?

Kontrolle bringt selten etwas. Das Beste ist immer, gütig zu sein, seinen Pflichten nachzukommen und dafür zu sorgen, dass andere Menschen glücklich sind. Kontrolle dagegen heißt, ein bestimmtes – den eigenen Wünschen entsprechendes – Ergebnis einzufordern.

Leute von irgendetwas abhalten zu wollen klappt ja praktisch nie. Weil es nämlich nicht in deiner Macht steht. Du kannst es höchstens probieren und schauen, was passiert. Klappt's, ist alles schön. Aber meistens wirst du doch frustriert, weil du nämlich versuchst, Kontrolle auszuüben, dein Ziel aber nicht erreichst. Und wenn du frustriert bist, wirst du deprimiert. Viele depressive Menschen sind zornig auf die Welt und auf sich selbst. Weil es ihnen nicht gelungen ist, die Kontrolle zu übernehmen. Weil sie ihre Energie verausgabt haben, bis ihnen keine Kraft mehr blieb und sie in die Depression hineinrutschen. Beim Austragen von Kämpfen, die man nicht gewinnen kann, sind sie ausgebrannt.

Liebende Güte heißt: immer das Beste geben und Zuflucht im Gleichmut finden, sollten alle Stricke reißen. Ein gutes Beispiel dafür ist die Arbeit von Ärzten. Was ist deren Hauptaufgabe? Nicht heilen – das wäre Kontrolle. Die Hauptaufgabe von Ärzten ist das Pflegen, Kümmern und Umsorgen. Viele Heilungsversuche scheitern. Und es frustriert die Ärzte, wenn sie absehen, dass es dazu kommen könnte. Also greifen sie in dem verzweifelten Versuch, das Leben ihrer Patienten zu retten, zu allen möglichen unnötigen, schmerzhaften Prozeduren. Was daran liegt, dass als wichtigste Priorität bei der Arbeit von Ärzten das Heilen gilt. Wäre es dagegen die Fürsorge, könnten die Doktoren die Kranken irgendwann in Frieden sterben lassen. Dann müssten sie sie nicht zwanghaft so lange wie möglich am Leben halten, sondern könnten sich ihrer in ihren letzten Momenten bewusst annehmen. Wären Pflegen, Kümmern und Umsorgen die höchste Priorität unserer Ärzte, dürften viele Menschen in weit größerem Frieden sterben.

Der Versuch, Menschen zu heilen, macht einen zum Kontrollfreak. Der Versuch, deine bessere Hälfte oder dich selbst von schlechten Angewohnheiten zu befreien oder die Verunreinigungen und Hindernisse in der Meditation zu kontrollieren … ein Fass ohne Boden. Es funktioniert einfach nicht. Kümmere dich stattdessen lieber um dich selbst.

Nimmst du dich deines Geistes an, verschwinden die Verunreinigungen ganz von allein. Versuchst du sie zu kontrollieren, werden sie nur schlimmer. Versuch gar nicht erst, dich von deiner Dummheit zu heilen. Nimm dich ihrer an. Güte wirkt, Kontrolle nicht. Kontrolle verheißt Erfolg, doch das Einzige, was sie dir einbringt, ist Frust. Durch Fürsorge hingegen gelangst du an dein Ziel. Dann verflüchtigen sich die Probleme und du findest Frieden.

Wie kann ich lernen, andere nicht zu beurteilen?

Mach dir keinen Kopf, wenn du andere beurteilst; verurteil dich nicht dafür, dass du andere beurteilst.

Denk mal darüber nach: Wie kannst du andere beurteilen? Was weißt du schon über sie? Würdest du ihre Gedanken lesen können, ihre ganze Lebensgeschichte kennen und genau wissen, warum sie getan haben, was sie getan haben, dann vielleicht … ja, dann könntest du sie womöglich beurteilen. Anderenfalls aber liegen dir nur unvollständige Informationen vor, und die veranlassen dich zu voreiligen Schlussfolgerungen.

Vor vielen Jahren, als herauskam, dass in Thailand zahlreiche Mönche eine Geliebte hatten, beschloss ich, vor einem großen Publikum, das sich in unserem Dhammaloka Centre in Perth versammelt hatte und zu dem auch viele treue Unterstützer von mir gehörten, ein Geständnis abzulegen. In aller Aufrichtigkeit erklärte ich, dass ich viele der glücklichsten Momente meines Lebens in den Armen der Frau eines anderen Mannes verbracht hatte.

Die Leute waren schockiert! Sie verurteilten mich. »Oh nein! Nicht auch noch Ajahn Brahm!«, seufzten einige. Dann fügte ich hinzu, dass es sich bei der Frau um meine Mutter gehandelt habe. Und es war die Wahrheit. Als kleiner Junge hatte ich einige der schönsten Momente meines Lebens in den liebenden Armen meiner Mutter verbracht. Und die war definitiv die Frau eines anderen. Nachdem ich das erklärt hatte, meinten die Leute: »Aber sicher doch, klar, das ist natürlich vollkommen in Ordnung.«

Sie hatten gedacht, ich, der Mönch, hätte Ehebruch begangen. Sie waren mir auf den Leim gegangen. Denn ich hatte ihnen zeigen wollen, wie leicht man jemanden falsch beurteilen kann, auch wenn alle Fakten auf dem Tisch liegen.

Bist du je falsch eingeschätzt worden? Hat man dir je etwas in die Schuhe geschoben, was du nicht getan hast? Mir ist das sehr oft passiert. Aber so ist das Leben. Selbst der Buddha wurde für Dinge verurteilt, die er nicht getan hatte. Wir müssen uns nur klarmachen, dass das vollkommen normal ist.

Deshalb sollten wir einander immer einen Vertrauensbonus einräumen. Also geh davon aus, dass er Überstunden gemacht hat, wenn dein Mann spät von der Arbeit nach Hause kommt, und nimm nicht an, dass er bei einer anderen Frau war.

Vor Jahren haben wir mal Ajahn Nyanadhammo vom Flughafen abgeholt. Und als er aus der Maschine trat, roch er wie eine ganze Schnapsbrennerei. Auf die Frage, wie das denn passiert sei, sagte er, sein Sitznachbar auf dem Weg von Adelaide nach Perth habe solche Flugangst gehabt, dass er sich nicht anders zu helfen wusste, als einen Whiskey nach dem anderen zu trinken, um seine Nerven zu beruhigen. Während des Landeanflugs sei es dann zu Turbulenzen gekommen, in deren Folge sich der Inhalt eines Glases über Ajahn Nyanadhammos Robe ergossen habe. So erklärte er es uns, und wir räumten ihm einen Vertrauensbonus ein.

Menschen zu verurteilen ist nicht nett. Und solltest du mal in Versuchung geraten, es doch zu tun, dann vergiss bitte nicht: im Zweifel für den Angeklagten.

Hin und wieder beschleicht mich ein flüchtiges Gefühl der Unzufriedenheit. Woran kann das liegen? Und welche geschickten Mittel gibt es für den Umgang damit?

Nur ein flüchtiges Gefühl? Das verflüchtigt sich von selbst. Sei zufrieden, dass deine Unzufriedenheit nur von so kurzer Dauer ist. Das ist doch wunderbar: Denn erst ein, zwei schlechte Bausteine machen eine Wand ja so richtig schön.

Wenn du eine Spur unzufrieden bist, kannst du dein Leben den Rest der Zeit über richtig genießen. Wärst du immer zufrieden, würdest du dies für selbstverständlich halten. Der christlichen Theologie zufolge muss jeder, der in den Himmel kommt, einen Tag pro Jahr in der Hölle verbringen, damit er den Himmel mit größerer Wertschätzung betrachten kann. Weil er ihn sonst als gegeben voraussetzen würde. Ein, wie ich finde, ziemlich tiefgründiger Gedanke. Also: Ein kleines bisschen Unzufriedenheit befähigt dich, Ruhe und Frieden mehr zu würdigen.

Als ich heute im geheimen Garten saß, erschlug ich voller Freude den Moskito, der mich gestochen hatte. Und während ich noch über die Richtigkeit dieses Tötungsaktes nachdachte, öffnete sich die Tür deiner Hütte, und ein gütiger, großmütiger Mönch stand da.

Wenn du wissen möchtest, warum wir keine Moskitos töten sollten, musst du die Moskitos fragen. Sie werden dir sagen: »Ich bin noch viel zu jung zum Sterben! Ich hab doch noch das ganze Leben vor mir! Ich möchte noch nicht sterben!«

Möchten Moskitos sterben? Sind sie womöglich lebensmüde? Meinst du vielleicht, sie würden einfach herkommen und sagen: »Töte mich bitte. Bitte zerquetsch mich. Ich wünsche mir so, zermalmt zu werden.« Oder fliegen sie davon, sobald ihnen klar wird, dass sie zerdrückt werden sollen? Wir töten keine Tiere, weil auch sie Angst vor dem Tod haben, genau wie du. Stell dir mal vor: Riesengestalten mit Riesenpranken, die dich zermalmen. Würde dir das Spaß machen? Also pass auf.

Ich bin verheiratet, habe aber Gefühle für einen Kollegen. Doch obwohl ich sehr gern an ihn denke und mir alles Mögliche ausmale, weiß ich doch, dass es reine Zeitverschwendung ist. Welche kammischen Konsequenzen hat Ehebruch?

Die kammischen Konsequenzen von Ehebruch sind schrecklich. Einfach fürchterlich! Dein ganzes Geld verlierst du, das geht alles an die Anwälte. Und Zeitverschwendung ist es außerdem.

An jemanden zu denken und sich alles Mögliche auszumalen, wie du sagst, ist der spaßige Teil, ob es nun um einen Arbeitskollegen geht oder eine zufällige Bekanntschaft. Nimm diese Fantasien aber bitte nicht ernst, denn sie entsprechen nicht der Wirklichkeit. Würdest du zum Beispiel mit diesem Kollegen durchbrennen, wärst du bald schrecklich enttäuscht. Im Land der Fantasien können wir das Objekt unserer Begierde gestalten, wie wir wollen, sodass Erika Mustermann schon gern einmal zu Angelina Jolie wird. Aber wie groß dann die Enttäuschung, stellt sich heraus, dass es »in echt« gar nicht real ist. Und deswegen willst du in Schwierigkeiten geraten?

Fantasien sind Übertreibungen und entsprechen nicht der Realität. Deshalb solltest du sie auch nicht für wahr halten.

Ich war zwar nie verheiratet, habe aber doch genug Erfahrung. Alle Ehemänner – ach was: alle *Männer* – sind gleich. Glaub bloß nicht, dein Kollege unterscheide sich auf irgendeine Weise von deinem Angetrauten. Im Moment denkst du vielleicht: »Mein Mann ist ja so was von langweilig, dieser Typ dagegen … ganz was anderes.« Doch nach einiger Zeit: »Das kenn ich alles schon, genau wie bei meinem Ex! Kein bisschen besser.« Mit den Frauen ist es genauso. Im Fahrgestell mögen sie sich unterscheiden, der Motor aber ist bei allen gleich. Also bleib bei dem, was du hast. Das kommt dich auch viel billiger!

Wie begegnet man unfreundlichen, lieblosen Menschen beziehungsweise solchen, die nur so tun, als wären sie gut? Bei der Arbeit habe ich es ständig mit solchen Leuten zu tun.

Dann kündige deinen Job. Werde Mönch oder Nonne und zieh ins Kloster.

Menschen, die zu anderen unfreundlich sind, gehen auch lieblos mit sich selbst um. Über solche Leute als Arbeitskollegen sagte vor langer Zeit einmal ein weiser Mensch: »Du musst sie nur acht, neun Stunden täglich ertragen, fünfmal die Woche. Sie aber müssen es rund um die Uhr mit sich aushalten, sieben Tage die Woche, für den Rest ihres Lebens.« Wer andere mies behandelt, muss sich sehr schwertun mit sich selbst. Wenn du so denkst, bildest du allmählich Mitgefühl heraus mit ihnen. Unfreundliche Menschen führen bestimmt ein ganz schreckliches Leben.

Ich habe einmal einen Vortrag über die rechte Rede gehalten. Wann immer du dich einer unfreundlichen Sprache bedienst, zieht es dich runter. Die kammische Reaktion tritt also unmittelbar ein. Schreist du jemanden an, verfluchst oder beschimpfst du ihn, tut es dir selbst am meisten weh und setzt dich herab. Einer der Gründe, warum so viele Leute depressiv sind, ist, dass sie anderen gegenüber ständig Böses und Kritisches äußern. Änderst du deine Redeweise – lobst die Leute, bist nett zu ihnen und lächelst sie an –, wirkt es sich vielleicht nicht unbedingt auf sie aus, in jedem Fall aber auf dich selbst. Ich fühle mich gut, wenn ich jemanden lobe. Übe ich dagegen Kritik an ihm, kostet es mich Energie. So ist die rechte Rede ein echter Energieschub.

Begegnest du unfreundlichen Menschen, dann denk daran, wie gering ihre Energie und wie düster es um sie bestellt sein muss. Dann kannst du mit ihnen mitfühlen und brauchst nicht mehr barsch auf sie zu reagieren. Gehst du dagegen ebenso unfreundlich mit ihnen um wie sie mit dir, begibst du dich auf ihre niedere Ebene hinab. Fühl also mit deinen Arbeitskollegen mit und sag ihnen immer was Nettes.

Sollen Laien etwas gegen Mönche unternehmen, die sich unethisch verhalten, und wenn ja: was? In Thailand hatte zum Beispiel der Abt eines Tempels regelmäßig Sex mit einer Frau. Die anderen Mönche dieses Tempels legten ebenfalls unangemessenes Verhalten an den Tag. Die Dorfbewohner wussten Bescheid, entzogen ihnen jedoch nicht die Unterstützung, sondern versorgten sie auch weiter mit Essen, mit der Begründung, sie würden ja den *Sangha* unterstützen und nicht diese speziellen Mönche. Einer der Mönche sagte sogar: »Den Dorfbewohnern ist bewusst, dass Mönche gut sein sollten. Gute Mönche sind aber selten. Und auch wenn sie zu wünschen übrig lassen, halten sie doch den *Sangha* am Leben.«

Bedauerlicherweise gibt es in allen Ländern schlechte Mönche, die den Buddhismus in Misskredit bringen. Doch diese Laien haben nicht den *Sangha* unterstützt. Ein Mönch, der

Sex hat, muss umgehend seine Robe ablegen. Er ist kein Mönch mehr. Indem man so einen Mönch beispielsweise mit Essen versorgt, unterstützt man nicht etwa den *Sangha*, sondern zerstört ihn eher.

Möchte ein Mönch Sex haben – also eines seiner fundamentalsten Gebote brechen –, sollte er seine Robe ablegen und heiraten wie alle anderen auch. Einst sagte der Buddha über Mönche, die Sex hatten: »Für sie wäre es besser, eine glühend heiße Eisenkugel zu verschlucken oder ihr Organ in ein Schlangenmaul zu schieben.« Was das betrifft, verstand er gar keinen Spaß.

Und als ich diese Zeilen seinerzeit las, dachte ich bei mir: »Meine Güte, auf diesem Gebiet mach ich aber mal lieber *gar keinen* Fehler.«

Den Dorfbewohnern hätte man sagen müssen, dass sie – vorausgesetzt, sie wollten tatsächlich den *Sangha* unterstützen – das Falsche taten. Oder es wären die Behörden zu informieren gewesen. Denn Eheschließung und Familiengründung sind völlig in Ordnung – allerdings nur, solange man kein Mönch ist.

Positive Verstärkung

Wie du einmal gesagt hast, kann die positive Energie eines Menschen auf einen anderen übergehen, insbesondere nach der Meditation. Geht das auch mit negativer Energie? Ein Beispiel: Ich habe Weihnachten mit meiner Familie verbracht, die alle sehr negativ sind, insbesondere wenn sie aufeinandertreffen. Nach vier Tagen wurde auch ich ziemlich negativ und konnte es kaum mehr erwarten, da wegzukommen. Nun beschäftigt mich die Frage: Können wir solchen Eigenschaften nie entgehen, wenn wir derartig negative Charakterzüge geerbt haben?

Die Negativität liegt dir mit Sicherheit in den Genen, ganz klar! Nein, nein … Damit hat es gar nichts zu tun. Es stimmt, dass sich deine Energie verbessert, bist du von positiv eingestellten Menschen umgeben. Und umgekehrt fängt man sich im Umgang mit negativ eingestellten Zeitgenossen auch leicht negative Energien ein. Deshalb sind Retreats ja auch so wohltuend. Da bist du mit guten Leuten zusammen, sogar mit Mönchen und Nonnen. Und auch schon die Einsamkeit hilft, positive Energien aufzubauen.

So oder so: Versuch einfach, selbst positiv zu sein, dann kannst du auch deinen Eltern eine Menge positiver Energie geben. Und sollte sie dir ausgehen, drückst du ihnen eben eine CD mit *Dhamma*-Vorträgen in die Hand, die sie sich anhören können.

Ich hatte sehr gute Eltern. Ich rede oft über meinen Vater, denn er war ein sehr gütiger, weiser Mann. Interessanterweise sprach er selbst nur selten über seinen eigenen Vater, meinen Opa, der im Zweiten Weltkrieg starb. Eines Tages – ich muss damals dreizehn, vierzehn gewesen sein – bedrängte ich meinen Papa richtiggehend: »Warum sprichst du eigentlich nie über meinen Großvater? Ich wüsste so gern, wer er war und was er gemacht hat.«

»Dein Großvater war ein Bastard«, antwortete mein Vater.

Und ich dachte: »Meine Güte, was sagt er denn da?«

Dann packte er aus. Während der großen Wirtschaftskrise war mein Opa Klempner in Liverpool und immer knapp bei

Kasse. Das bisschen Geld, das er verdiente, ließ er im Pub. Er kam jeden Abend betrunken nach Hause. Dann zog er seinen Gürtel aus der Hose, prügelte wahllos auf die Kinder ein und machte sich auch über seine Frau her, die Mutter meines Vaters. Es war ein schwerer Fall von familiärer Gewalt, keine Seltenheit zu jener Zeit.

Mein Dad sagte dazu: »Wann immer ich den Gürtel zu spüren bekam« – er hatte ja nichts Böses getan, wurde nur geschlagen, weil der Vater schwer alkoholisiert war –, »verstärkte es meinen Entschluss: ›Sollte ich das überstehen und selbst einmal Kinder haben, werde ich ihnen so etwas nie antun.‹«

Und daran hielt er sich. Er maßregelte uns nie. Wäre gar nicht dazu in der Lage gewesen. Weil es ihn an seine Kindheit erinnert hätte.

Die Leute denken ja oft, Opfer von Missbrauch und Misshandlungen würden die Erfahrungen, die sie gemacht haben, eins zu eins an ihre Kinder weitergeben. Doch das muss nicht so sein, wie das Beispiel meines Vaters zeigt. Im Gegenteil. Seine Schmerzen haben ihn gelehrt, ein überaus gütiger, liebevoller Mann zu werden. So geht es also auch.

Auf ebendiese Lektion läuft die Geschichte über das Untergraben von Hundekacke in meinem Buch *Die Kuh, die weinte* hinaus. Dünge deinen Mangobaum damit, und die Früchte, die du erntest, werden viel süßer und saftiger sein als üblich. Genau das hat mein Vater getan: den Mist untergegraben. Statt die erlittenen Misshandlungen an seine Kinder weiterzugeben, hat er aus ihnen gelernt. Toll, Dad, gut gemacht!

Ich bin so dumm. Kann nicht einmal in einer dermaßen positiven und liebevollen Umgebung, wie ein Retreat sie bereit-

stellt, angemessen reagieren. Schaffe es auch nicht, schnell genug zu sein und Nein zu sagen, wenn ich etwas nicht will. Das führt oft zu großen Missverständnissen. Wie kann ich mir verzeihen, dass ich zu dumm und zu langsam bin? Mein Kopf ist manchmal so leer …

Dein Kopf ist leer? Super! Dann bist du also still und ganz mit dir im Reinen. Dumme Menschen gelangen viel schneller ins *Jhana* als intelligente.

Dazu eine Geschichte, die ich gern erzähle: In einer bäuerlichen Gegend Thailands war einmal ein Junge, der die erste Klasse der Dorfschule besuchte und am Ende des Jahres leider nicht versetzt werden konnte. Während alle seine Freunde in die zweite Klasse kamen, musste er die erste wiederholen.

Und erreichte das Klassenziel wieder nicht. Er bekam eine weitere Chance. Doch als er nach drei Jahren immer noch nicht so weit war, dass er in die zweite Klasse versetzt werden konnte, musste er von der Schule abgehen. Stell dir nur mal vor: als ABC-Schütze der Grundschule verwiesen zu werden – wenn das mal keine Qualifikation für einen Eintrag im Guinness-Buch der Rekorde darstellt, Rubrik größte Dummheit!

Doch was geschieht nun mit jemand so Dummem? Er wurde in den Tempel des Ortes gegeben und als Novize ordiniert. (Wobei man hinzufügen muss, dass nicht alle Novizen so anfangen!)

Der Abt des Dorfklosters war sehr gütig und brachte weit größere Geduld mit dem Jungen auf als zuvor die Lehrer an seiner Schule. Er versuchte ihm einen einfachen Sprechgesang beizubringen, *Namo tassa*: »Namo. … Wie war noch mal das zweite Wort? Ah, ja, *tassa*. Und das erste?«

Im Kopf des Jungen war es so leer, dass er sich nicht einmal *Namo tassa* merken konnte, geschweige denn all die anderen Sprechgesänge, die Mönche lernen müssen. Nach drei Jahren gab deshalb auch der Abt ihn auf. Und was, glaubst du, geschah mit ihm? Schlussendlich wurde der dumme Junge in ein Waldkloster geschickt. Und weil er weder chanten konnte noch sich etwas merken, lehrte man ihn das Meditieren: »Beobachte einfach nur deinen Atem – ein … und aus …« Der Geist des Jungen war so leer und klar und schlicht, dass er dies Stunden um Stunden machen konnte. Er geriet in die *Jhanas* und erlangte vollkommene Erleuchtung, wurde später ein berühmter Mönch.

Der war nun also mal echt dumm. Merke: Wer dumm ist, verfügt über enormes Potenzial!

Könntest du etwas über die Energien sagen, die sich in einem altbewährten Kloster ansammeln, und wie man sie wahrnimmt?

Ich finde es immer wieder erstaunlich, dass die Energie gewisser Orte selbst Leute tief berührt, die sonst gar nicht so sensitiv sind.

Bei uns im City Center gab es eine Frau, ursprünglich Christin, die uns viele Jahre bei der Buchhaltung behilflich war. Ihr Mann war Buddhist, und auch sie wurde nach einer Weile zur engagierten Buddhistin. Die beiden schlossen sich einer Pilgerreise zu den heiligen Stätten des Buddhismus in Indien an, die ich leitete.

Bevor es losging, gab ich allen Teilnehmern eine Einführung in die Reiseziele, die wir ansteuern wollten. Dabei erwähnte ich auch, dass an einigen Orten, die wir besuchen würden, eine sehr starke Energie herrscht. Woraufhin mich die Frau für verrückt hielt, wie ich später erfuhr. Da sie in England aufgewachsen war, hatte sie in ihrer Jugend zahlreiche der alten Burgen und Schlösser besucht, in denen Jahrhunderte zuvor Könige und Königinnen gewohnt hatten. »Was meint er denn damit?«, hat sie wohl gedacht. »Das sind doch nur olle Steine, mehr nicht. Geschichte. Bloß Geschichte.«

Als Allererstes besuchte sie den Mahabodhi-Tempel in Bodh Gaya. Und kam anschließend zu mir, um mich um Verzeihung zu bitten. Sobald sie den Tempel betreten habe, erzählte sie mir, habe sie völlig unerwartet heulen müssen. Nicht weinen, sondern elendiglich heulen. Gar nicht aufhören habe sie können, so berührt sei sie gewesen.

Die Energie, die an solchen Orten herrscht, ist verblüffend. Man könnte ja denken: Der Buddha ist da eben erleuchtet worden, mehr aber auch nicht. Doch die Energie dort ist echt stark.

Du spürst sie einfach und kannst nichts dagegen tun. Vielen habe ich schon erzählt, dass es mir auf dem Geierberg immer so geht – jedes Mal, wenn ich dort bin, muss ich weinen. Man kriegt da diese unglaubliche Energie – diese Inspiration, die Glücksgefühle. Der Buddha hat dort oft meditiert. Kein Wunder, dass da so viel Energie und Kraft herrschen.

Bei einer unserer Pilgerreisen landeten wir, weil der Flughafen von Bodh Gaya damals noch nicht gebaut war, in Kathmandu und schauten uns als Erstes die Stadt an. Ich langweilte mich, denn da gab es nur Paläste und andere historische oder architektonische Sehenswürdigkeiten, die mich nicht die Bohne interessierten. Statt unserem Reiseleiter zuzuhören, schaute ich mich auf eigene Faust um. Als wir an einem Palast vorbeigingen, trat ich durch ein Tor in einen Innenhof. Meine Güte! War da die Energie schlecht! So negativ! Dermaßen finster! Es war so schlimm, dass ich den Hof ganz schnell wieder verließ. Unser Reiseleiter, bei dem ich mich nach diesem Ort erkundigte, erklärte mir, dass der König dort alljährlich die Tiere für einen hohen Hindu-Feiertag töten ließ. Und ich war da einfach reingestolpert – ohne die geringste Ahnung. Doch nun begriff ich. All die vielen Tiere, die dort rituell zu Tode kamen. Jedes Jahr. Was für ein schrecklicher Ort. Fürchterlich. Da wollte man nur wieder raus, so schnell es ging.

Das meine ich, wenn ich von der Energie bestimmter Orte spreche. Und deshalb baut sich in unseren Meditationszentren auch so eine wunderbar unterstützende Energie auf. In Jhana Grove sind wir noch dabei, aber an unseren anderen Örtlichkeiten ist die Energie bereits ganz großartig.

Geh gelassen in die gute Nacht

Nach und nach beruhigt sich mein Geist und lässt von seiner Niedergeschlagenheit ab, nachts aber habe ich schreckliche Albträume, die sich um meine Depressionsprobleme drehen.

Wenn du abends im Bett liegst, vor dem Einschlafen, solltest du deinen Geist programmieren: »Mögen alle Wesen glücklich und gesund sein. Mögen alle Wesen frei sein von Leiden. Möge die ganze Welt in Frieden sein.« Hegst du schöne Gedanken, während du in den Schlaf sinkst, träumst du auch etwas Schönes, wenn überhaupt. Und erholst dich bestens. Gönn dir deshalb vor dem Einschlafen eine gute Portion positive Verstärkung.

Es gibt noch eine andere Möglichkeit, obwohl es mir fast ein wenig peinlich ist, sie zu erwähnen. Aber sie funktioniert: Du kannst dir nämlich einen Vortrag von mir anhören. Dabei schläfst du garantiert ein. Ich meine, für mich gibt es Schöneres, als wenn die Leute sagen: »Ich nehme dein Gerede immer zum Einschlafen her.« Doch wenn es ihnen eine friedliche Nachtruhe beschert, sollte ich mich eigentlich darüber freuen. Du kannst es ja einmal ausprobieren. Besorg dir Vorträge von mir und spiel sie im Bett ab. Vielleicht schläfst du dann ja auch gut. Ich kann nur hoffen, dass dir meine Witze keine Albträume bereiten. Aber im Ernst: Versuch es wirklich mal mit meinen Vorträgen. So bekommst du kurz vor dem Einschlafen noch positiven Input, der dich womöglich sogar vor schlechten beziehungsweise Albträumen bewahren kann. Denn eine gute Nacht hast du dir doch wirklich verdient!

Können wir nachts auch meditieren, statt zu schlafen?

Klar. Viele meiner Schüler schlafen beim Meditieren ein!

Wenn du richtig und sehr intensiv meditierst, wirst du so ruhig und still, dass du nachts gar nicht mehr schlafen musst. Denn Schlaf hat ja nur den Sinn, dass sich das Hirn erholen kann. Und findet es tagsüber genügend Ruhe, brauchst du eben nachts nicht mehr zu schlafen. Kommt das Auto nicht aus der Garage raus, benötigt es auch kein Benzin.

Gehst du nach einer wahrhaft friedlichen Meditation ins Bett, schläfst du eigentlich nicht, sondern gönnst nur deinem Körper etwas Ruhe. Drei oder vier Stunden lang bist du dann vollkommen achtsam und voll bei Bewusstsein, stehst anschließend auf und meditierst weiter. Unerwünschte Nebenwirkungen gibt es dabei keine, nie. Du bist einfach nur vollkommen ruhig und zufrieden und hast eine Unmenge Energie.

Aber versuch nichts zu erzwingen. Nimm dir nicht vor, die ganze Nacht aufzubleiben. Sondern meditiere bloß noch ein Weilchen, wenn alles energiegeladen und ruhig ist, und bevor du dichs versiehst, wird die Sonne aufgehen. Das ist der natürliche Gang der Dinge. Verzichte nicht willentlich auf Schlaf, damit quälst du dich nur. Brauchst du wirklich Schlaf, teilt dein Körper dir das mit, und dann solltest du auch auf ihn hören.

> Zu geben, ohne im Gegenzug etwas dafür zu verlangen, ein reines Herz zu haben, darum geht es beim Loslassen in der Meditation. Dabei lernst du, deine Energie in den Moment zu geben, ohne irgendetwas zu erwarten – keine *Nimittas*, kein *Jhana*, nichts dergleichen – und während du das tust, reinigst du dein Herz.

Jenseits des Räucherwerks

Rituale machen noch lange keine Buddhisten

Am besten bedankt ihr euch bei euren Lehrern, indem ihr sie glücklich macht. Ich bin immer glücklich, wenn meine Schüler in Zustände tiefer Meditation geraten, wenn ihr Leben friedvoll ist und glatt verläuft, wenn sie wahrhaftige Glückseligkeit erfahren. Ich liebe es, wenn die Leute den Lehrer Ajahn Brahm mit den Worten »Oh, das war eine so schöne Meditation!« bedenken. Und sie glücklich und zufrieden zu erleben ist für mich das schönste Geschenk – der Grund, warum ich tue, was ich tue.

Der Buddha sagte einst, weder Blumen-, Kerzen- und Weihrauchspenden noch alle feierlichen Gesänge reichten aus, ihm Dankbarkeit zu bezeugen. Wahrer Respekt werde ihm erwiesen, indem man seine Lehren befolgt, indem man Frieden und Glück erlangt.

Und wie bedankt ihr euch bei euren Eltern für alles, was sie für euch getan haben? Indem ihr ein glücklicher, guter Sohn beziehungsweise eine glückliche, gute Tochter seid. Das ist es, was sich alle Eltern für ihre Kinder wünschen – und das größte Geschenk, das ihr ihnen machen könnt.

Erklärst du bitte, warum wir uns am Ende deiner Vorträge immer dreimal verbeugen?

Wegen des damit verbundenen Bauchtrainings. Weil wir sonst nämlich zunehmen würden.

Na ja, vielleicht auch nicht. In Wahrheit verbeuge ich mich vor allem, was der Buddha repräsentiert.

Zuerst verneige ich mich vor der Tugend, weil mir Tugend – Güte, Vertrauenswürdigkeit – wirklich wichtig ist. Ich lebe gern mit tugendhaften Menschen zusammen, und tugendhaftere als Mönche, Nonnen und *Anagarikas* gibt es nicht. Ich verehre die Tugend, deshalb verneige ich mich vor ihr als Erstes.

Zweitens verneige ich mich vor dem Frieden – Frieden in meinem Herzen, bei der Meditation, in der Gemeinschaft, Weltfrieden. Die Verehrung des Friedens fällt mir sehr leicht.

Als Drittes verbeuge ich mich vor Mitgefühl und Güte. Jeder Akt der Güte oder des Mitgefühls, den ich beobachte, macht die Welt ein Stückchen heller. Weil er so viel Glück, Freude und Hoffnung erzeugt.

So erinnere ich mich mit jeder Verbeugung an diese drei Dinge; es ist beinahe schon wie Gedächtnisjogging: »Ajahn Brahm, Tugend ist echt wichtig. Ich verneige mich davor. Frieden ist echt wichtig. Ich verneige mich davor. Mitgefühl ist entzückend. Davor verbeuge ich mich.« Jedes Mal, wenn ich mich verneige, führe ich mir die Bedeutung von Tugend, Frieden und Mitgefühl vor Augen und verstärke sie.

Wenn dir die Idee gefällt, würde ich sagen: Mach es doch auch so. Solltest du andere Eigenschaften verehren, zollst du eben ihnen Tribut mit deiner Verbeugung. Es ist eine großartige Möglichkeit, diese Eigenschaften zu verstärken und in dir wachsen zu lassen.

Warum chanten wir eigentlich?

Hingebungsvoll zu singen lehrt uns viel Nützliches. Nehmen wir zum Beispiel das *Metta Sutta*: »Mögen sie fähig und aufrecht sein.« »Aufrecht« heißt, nicht so viel schlafen. Denn im Schlaf bist du nicht in einer aufrechten, sondern in der horizontalen Position.

Tiere werden in den *Suttas Tiracchanagata* genannt, wörtlich übersetzt »horizontal gehende Wesen«. Wir Menschen gehen vertikal, Tiere horizontal. Verbringst du also allzu viel Lebenszeit in der Horizontalen, wirst du womöglich als horizontales Wesen wiedergeboren, weil du diese Körperhaltung bereits gewöhnt bist. Im *Metta Sutta* gibt es viele schöne Formulierungen, zum Beispiel: »Mögen sie erfüllt sein und leicht zufriedenzustellen, nicht stolz und anspruchsvoll.« Diese Lehre bezieht sich auch aufs Meditieren: Sei zufrieden mit deinen Sitzungen. Sei nicht stolz, versuch nicht, der Beste beim Meditieren zu sein. Sei nicht anspruchsvoll. Verlang nicht mehr. Selbst wenn du nur ein bisschen Frieden erlangst, sag dir: »Vielen, vielen Dank, was für ein tolles Geschenk. Für mich reicht das vollkommen aus.« Verlang deiner Meditation nichts ab. Freu dich über die Gelegenheit, die Augen schließen und in Frieden sein zu können. Alles andere geht extra.

Bist du anspruchsvoll oder zielorientiert, denkst du etwa: »Sollte ich am Ende des Retreats keine *Nimittas* bekommen, lasse ich mir mein Geld zurückgeben. Zufrieden würde ich nicht sein. Schließlich bringe ich große Opfer: nehme Urlaub, gebe ein Heidengeld aus, auch für die Flüge und das ganze Drum und Dran. Da kann ich schon was verlangen: allermindestens das *Jhana*!« Erfüllt sein und leicht zufriedenzustellen sieht anders aus. Stolz und anspruchsvoll ist das. Und keine

Güte, keine Liebe, kein Frieden, null *Metta*. So gelangst du nie in eine tiefe Meditation.

Verlang beim Meditieren weder dir noch deinem Geist etwas ab. Erwarte nicht, dass dein Körper frei wird von Schmerzen, sondern sei stattdessen zufrieden: »Danke, Körper, dass du in der Lage bist, ein paar Minütchen zu sitzen.« Bei einer solchen Einstellung hebt deine Meditation ab. Du wirst ruhig und sehr still.

Im Chanten liegt viel Sinn und Bedeutung. Ich habe eben nur einen Bruchteil davon erklärt. Im Grunde ist es auch eine Form der Gehirnwäsche.

Rituale sind nicht das Wahre

Können wir beim morgendlichen Chanten die dreifache Zuflucht nehmen und die acht Gebote, die acht Tugendregeln?

Sobald du die dreifache Zuflucht einmal genommen hast, war's das. Behalte sie einfach in deinem Herzen. Dasselbe gilt für die Gebote. Natürlich kannst du sie chanten und chanten und chanten, wichtig aber ist, dass du sie einhältst.

In den traditionell buddhistischen Ländern bekennen sich viel zu viele jedes Mal, wenn sie im Tempel sind, zu den Geboten und haben derweil eine Flasche Whiskey im Kofferraum, die nur auf sie wartet. Für viele ist es einfach eine leere Zeremonie. Also halte die Gebote lieber ein, als dich ständig zu ihnen zu bekennen. Darauf kommt es an.

Da, wo ich herkomme, wird der Buddhismus oft mit dem Taoismus verwechselt, in dem es eine Menge Rituale gibt. Entsprechend meinen viele, der Buddhismus sei reiner Aberglaube, und ziehen deshalb das Christentum vor.

Im Westen gilt Buddhist sein als cool. In Armadale, einer ziemlich heruntergekommenen Gegend, bin ich mal am Baumarkt vorbeigekommen, als ein paar Halbstarke auf mich zukamen und fragten: »Bist du ein buddhistischer Mönch? Ein *echter?*«

»Ja«, hab ich geantwortet.

Und sie so: »Cool!«

Im Buddhismus gibt es tatsächlich viele Rituale, im Christentum aber auch. Und Aberglaube herrscht in allen Religionen. Wobei manche Praktiken noch recht harmlos sind; meist haben sie ihren Ursprung in den örtlichen Traditionen.

In buddhistischen Tempeln kommt es mit den Ritualen allerdings manchmal so dicke, dass man die Buddha-Statuen schon gar nicht mehr sieht vor lauter Räucherwerk. Dann erkennst du den *Dhamma*, die Lehre, gar nicht mehr hinter all den Ritualen, die du absolvieren musst, bevor du einen Vortrag hören oder einen Mönch finden kannst. Deshalb versuchen wir bei mir im Kloster so viele Rituale wie möglich abzuschaffen.

Das Ritual des nächtelangen *Paritta*-Chantens (das Rezitieren bestimmter Schutz-Verse und -Schriften) zum Beispiel verstößt gegen die vom Buddha selbst eingeführten Regeln. Im *Vinayapitaka* (den buddhistischen Ordensregeln) wird es auch verboten. Und was tun die Leute? Lassen Mönche die ganze Nacht über chanten, weil sie denken, es bringe ihnen Riesenverdienste ein. Normalerweise singen sie nur drei *Suttas*, wie etwa das *Metta Sutta*. Damit es die ganze Nacht über reicht, legen sie die Hände in der *Anjali*-Mudra zusammen und rezitieren »Naaaaaaa-aaa-aaaaaa-aaaaa-aaaaaaaaaa-aaaaaa-aa moooooooooooooo-oooooooooooooooo…«

Das ist doch blöd! Wenn es aber die Eltern und Großeltern schon so getan haben, fürchtet man sich, damit aufzuhören. Manchmal auch nur aus Angst, dann könnte sich jemand dran stören.

Und was ist mit dem Abbrennen dieser ganzen Papierhäuser und dem anderen Kram? Wo geht der Rauch hin? Etwa in den Himmel? Er steigt vielleicht sieben, acht Meter in die Luft und verteilt sich dann über die gesamte Stadt. In den Himmel gelangt er nie. Weil der Himmel nämlich gar nicht da oben ist.

Manche dieser Riten und Rituale sollten wirklich dringend abgeschafft werden. Wie ich höre, wird in manchen Tempeln Singapurs Frauen, die ihre Periode haben, der Eintritt verwehrt. Das ist doch lächerlich! Nonnen leben sieben Tage die Woche im Tempel. Manche dieser Rituale sind tatsächlich so grotesk, dass sie den Buddhismus in Verruf bringen.

Das war jetzt mein erstes Retreat und es hat mich echt umgehauen, so toll war es. Ich bin in eine buddhistische Familie hineingeboren und als Buddhist erzogen worden. Aber erst dieses Retreat hat mir die wahre Bedeutung des Buddhismus vor Augen geführt. Wenn aber der Buddha die Wahrheit doch schon vor so vielen Jahren erkannt hat, was um alles in der Welt haben die Menschen in der Zwischenzeit getan?

Statt die Lehren des Buddha zu vernehmen, verbeugen sich die Leute lieber vor Statuen. Das ist eines der Probleme in traditionell buddhistischen Ländern. So aber kommt man der wahren Lehre nicht nahe, das sind alles nur Rituale.

David Blair, Physikprofessor an der University of Western Australia, ging als junger Mann nach Thailand, weil er sich sehr für den Buddhismus interessierte. Doch kam er vor lauter Chanten, Ritualen, Verbeugungen und Lebensmittelspenden an die Mönche gar nicht dazu, Fragen zu stellen. Die echte Lehre wollte ihm irgendwie keiner vermitteln.

Ich habe all das, was in vielen asiatischen Ländern für Buddhismus gehalten wird, in einer kleinen Metapher zusammengefasst, die da lautet: Vor lauter Räucherwerk sieht man den echten Buddha nicht mehr. Dem Buddhismus ist viel zu viel Religiöses angedichtet worden. Das ist es, was die Menschen in der Zwischenzeit getan haben – um deine Frage zu beantworten. Sodass heute nur noch die wenigsten verstehen, was der Buddha in Wirklichkeit gelehrt hat.

Dieselbe Ursache hat auch die Korruption, die in vorgeblich buddhistischen Ländern herrscht: Der Buddhismus ist auf Rituale reduziert worden und seine wahre Bedeutung verloren gegangen.

Nehmen wir die fünf Gebote, die Grundregeln des Buddhismus: Sobald du dich ihnen verpflichtest, solltest du eigentlich keinen Alkohol mehr trinken. Doch in Ländern wie Sri Lanka, Thailand und Burma wimmelt es geradezu von Schnapsläden und Betrunkenen. Das war nicht immer so. Oft aber sind das Einzige, was bleibt, die Zeremonien, und vor der wahren Religion haben die Leute den Respekt verloren. Vielen geht es nur noch darum, den Tempel zu besuchen und dort Essens- oder Geldspenden abzuliefern, was irgendwie an Bestechung erinnert, an den Versuch, das in der vergangenen Nacht angesammelte schlechte *Kamma* wieder loszuwerden. Das aber sind lediglich Rituale, mit Buddhismus hat das nichts mehr zu tun.

Ein Großteil der Verantwortung dafür liegt bei den Laien, die schlechte Mönche unterstützen und mit viel Gold bombastische Tempel bauen. Warum? Weil sie meinen, sich damit Verdienste zu erwerben. In unserem Kloster stehen Tonnen von Wasserflaschen herum. Willst du wissen, weshalb?

Vor etwa zehn Jahren erhielt ein thailändischer General im Traum Besuch von seinem Vater. Dort, wo er sich jetzt aufhielt, sagte dieser, bekäme er zwar Essen und Kleidung, weil der Sohn Nahrungsmittel und Garderobe in den Tempel gebracht habe, jedoch nichts zu trinken! Deshalb solle der Sohn doch bitte, bat der Vater, auch Wasser spenden. Diese Traumbotschaft gab der General an die Bevölkerung weiter, sodass die Thailänder anfingen, im Tempel nicht nur Essen zu opfern, sondern auch abgefülltes Wasser. Und wir haben jetzt haufenweise Wasserflaschen im Kloster. Ich sag den Leuten ständig, dass aus unseren Wasserhähnen reinstes Regenwasser kommt, doch das ändert gar nichts.

Auch aus der folgenden kleinen Geschichte geht hervor, wie man garantiert keine Verdienste erwirbt. Vor einiger Zeit gab mir jemand einen großen Eimer voller Gebrauchsgegenstände als Spende für seinen verstorbenen Vater. Und was war mittendrin versteckt? Ein Fläschchen Whiskey! Das ich entgegengenommen hatte. Ich wusste zwar nichts davon, doch wenig später fanden die *Anagarikas* den Flachmann. Als ich den Laien fragte, was er sich dabei denn gedacht habe, antwortete er mir, sein Vater sei zu Lebzeiten Whiskeyliebhaber gewesen und würde im Himmel keinen bekommen haben, hätte er, der Sohn, den Mönchen nicht ein Fläschchen zukommen lassen.

Tja, Menschen können so dumm sein. Und nein: Das, was ihr den Mönchen zukommen lasst, geht nicht an eure Eltern im Himmel. Tut stattdessen Gutes und teilt die Verdienste, das reicht schon.

Weniger Dumme wenden sich mitunter vom Buddhismus ab. Werden Atheisten, weil sie nicht einsehen, was es bringen sollte, Buddhist zu sein. Ein wichtiger Grund dafür ist die Korruption, die in vielen buddhistischen Tempeln herrscht. Dort leben die Mönche in Saus und Braus, statt sich mit einfachen Unterkünften zu bescheiden. Die Besucher des Bodhinyana-Klosters sind herzlich eingeladen, meine »Residenz« zu besichtigen, ein kleines Hüttchen. Und obwohl ich ein berühmter Mönchsältester bin, schlafe ich auf dem Fußboden. Gehe anderen also mit gutem Beispiel voran. Fernsehgeräte wirst du im Bodhinyana-Kloster keine finden; wir führen ein sehr schlichtes Leben. Und das inspiriert. Es wäre herrlich, wenn in den buddhistischen Ländern mehr Mönche und Nonnen so einfach leben würden – uns in der modernen westlichen Welt würde das sehr inspirieren.

Medikation vs. *Metta*-tation

Wie ich höre, hast du einmal einem jungen Mädchen aus einer Depression herausgeholfen. Hältst du Antidepressiva beziehungsweise überhaupt Medikamente für sinnvoll, oder kann Meditation allein bei Depressionen helfen, selbst in schweren Fällen?

Bei einer sehr schweren Depression können Medikamente genauso nötig werden wie eine psychologische beziehungsweise psychiatrische Intervention. Normalerweise aber – also in der

Mehrzahl der Fälle – genügt Meditation. Sie stellt eine großartige Möglichkeit dar, diese Störung zu beheben.

Denn letztlich sind Depressionen ja nichts anderes als zu geringe Mentalenergie. Versuchst du nun, dagegen anzukämpfen, verbrauchst du noch mehr Energie und verstärkst deine Niedergeschlagenheit noch. Dann deprimieren dich deine Depressionen buchstäblich. Wann immer du ihnen den Kampf ansagst, rutschst du tiefer in Trägheit und Negativität ab.

Beim Meditieren geschieht genau das Gegenteil: Du begegnest deinen Depressionen mit einem »Herzlich willkommen«. »Ich bin gern depressiv, weil es so viele Vorteile bereithält: Morgens muss ich nicht aufstehen und habe eine tolle Ausrede, nicht zur Arbeit zu gehen.« Wenn du depressiv bist, kümmern sich die Leute um dich. Sie umsorgen dich und versuchen dich aufzuheitern. Leistungen musst du keine erbringen. Also genieß es!

Was ich damit sagen will: Wenn du nicht gegen die Depression ankämpfst, sondern ihr stattdessen die Tür zu deinem Herzen öffnest, baust du positive Energien auf, und deine Niedergeschlagenheit legt sich allmählich. Ziehst du in den Krieg gegen sie, wird sie nur schlimmer. Liebe sie und bring sie damit zum Verwelken. Leicht ist das nicht gerade, aber es funktioniert.

Mein Freund ist sehr jähzornig und dickköpfig. Zwar versucht er, sich zu ändern, doch weigert er sich zu meditieren und darüber kommt es immer wieder zum Streit zwischen uns. Wie kann er sein Selbstgewahrsein verbessern? Oder sollte ich mir lieber einen neuen Freund suchen?

Ja, der Markt ist voller Freunde; du hast einen guten verdient. Wäre deine Mikrowelle kaputt, würdest du sie austauschen?

Klar würdest du. Bei deinem Freund könnte es sich um ein fehlerhaftes Modell handeln. Wenn du davon überzeugt bist, dann bring es zum Händler zurück und lass dir dein Geld wiedergeben.

Soll ich ihn zum Meditieren zwingen, oder gebe ich lieber jegliche Hoffnung auf, dass er sich noch mal bessert, und tue gar nichts?

Wenn du eine kluge junge Frau bist, ist dir klar, dass du, wie ich immer sage, über Hebel verfügst, was deinen Freund angeht. Denn du hast die Macht, ihn zu überzeugen: Sobald er anfängt, in den Tempel zu gehen und zu meditieren, bist du einfach besonders nett zu ihm, superlieb. Das nennt sich positive Verstärkung. Und die wirkt! Also besinn dich auf den Hebel, den du hast.

Ich habe große Angst vor Eidechsen und allein heute drei davon gesehen. Mir ist klar, dass ich ihnen liebevolle Güte entgegenbringen sollte, aber sobald ich die Augen zumache und gerade »Mögen die Eidechsen glücklich sein« zu sagen versuche, wird meine Angst so groß, dass ich nicht weitermachen kann mit der Meditation. Stimmt es, dass man etwas, vor dem man Angst hat, nicht in seine *Metta*-Meditation einschließen sollte?

Diese knuddeligen Echsen sind so harmlos, dass du sie ohne Weiteres hochnehmen kannst. Selbst die Schulkinder tun das.

Eidechsen sind süße, ganz und gar ungefährliche Tierchen, die dir nichts tun. Meistens machen sie eh nur das Nötigste – huschen rum und lassen es sich gut gehen. Und wenn sie zu uns in die Halle kommen, dann wollen sie halt auch ein wenig meditieren.

Wenn du vor irgendetwas Angst hast, solltest du ein wenig recherchieren, um herauszufinden, ob deine Angst überhaupt gerechtfertigt ist. Denn bei der Überwindung von Angst sind Informationen der erste Schritt. Wissen verändert nämlich den Gemütszustand. Hier ist noch nie jemand von einer Eidechse gebissen worden. Sieh also zu, dass du deiner Angst mit liebevoller Güte begegnest, egal, ob du dich vor Echsen, Ameisen oder sonst etwas fürchtest.

> Liebe und *Metta* entstammen dem Nicht-Selbst. Sobald ein Selbst ins Spiel kommt, ein »Ich« oder »Mein«, entsteht Kontrolle, und man kann nicht mehr loslassen. Ist kein Selbst vorhanden, gibt es auch keine Kontrolle, und man kann die Leute so akzeptieren, wie sie sind. Verschwindest »du«, bleibt *Metta*. Also halt dich raus und lass die liebevolle Güte das Ruder übernehmen!

Als berufstätige Mutter frage ich mich, wie ich bei allem, was ich so um die Ohren habe, noch Zeit zum Meditieren finden soll. Und wäre es okay, weiter ein Fitnessstudio mit lauter Musik zu besuchen, wenn man anfängt zu meditieren? Oder welche Nachteile hätte das?

Gerade als berufstätige Mutter *musst* du eigentlich meditieren, weil du sonst nämlich zu einer echten Belastung für deine Kinder wirst. Frag die Kids. In unseren Meditationskursen sind viele berufstätige Mütter.

In der Armadale-Gruppe berichtete mal eine Frau, sie hätte an dem Abend eigentlich gar nicht kommen wollen, weil sie den ganzen Tag über schon nicht mehr gewusst hatte, wo ihr der Kopf stand vor lauter Arbeit. Dann fragte ihr Töchterchen: »Mummy, gehst du heute zum Meditieren?«

»Nein, Süße«, antwortete sie, »dafür bin ich jetzt schon viel zu müde.«

»Aber du musst meditieren gehen, Mummy.«

»Mir ist doch so gar nicht danach.«

»Bitte geh zur Meditation, Mummy, bitte, bitte!«

»Warum denn, Schätzchen?«

»Weil du danach immer eine viel liebere Mummy bist.«

Und deshalb ging sie schließlich doch. Solche Geschichten von Frauen mit Kindern habe ich schon viele gehört. Die Kids wissen, wie gestresst ihre Mütter sind – und dass dann mit ihnen nicht gut Kirschen essen ist. Also sollten die Frauen allein schon ihrer Kinder wegen meditieren.

Ins Fitnessstudio kannst du auch gehen – das schließt sich nicht gegenseitig aus. Wie Ajahn Chah immer so richtig sagte: »Wer einen gesunden Körper will, muss ihn trainieren. Und der Geist wird in der Stille gesund.«

Bist du erst einmal in meinem Alter, denkst du vielleicht »Meine Güte, wenn ich kein Alzheimer kriegen will, muss ich dringend mit Sudokus anfangen.« Weil du womöglich meinst, du müsstest dein Gedächtnis trainieren, um nicht an Hirnkapazität zu verlieren. Doch die Stille macht dein Gehirn viel gesünder und stärker als Rätsellösen. Ajahn Chah hatte eben vollkommen recht mit seiner Aussage: »Der Geist wird in der Stille gesund.«

Wie kann man kleinen Kindern das Meditieren am besten beibringen? Meine Tochter ist vier und sitzt keinen Moment lang still.

Zwangsjacke!

Nein, im Ernst: Möchtest du, dass dein Kind meditiert, tust du es am besten selbst. Wenn du meditierst, kann sich das Mädchen neben dich setzen, und die Kinder nehmen oft die Energie ihrer Eltern auf. Gerätst du in Hektik, wird auch deine Tochter ganz wuschig. Bist du dagegen die Ruhe selbst, passt sich das Mädchen dir an. Denn Kinder lernen durch Osmose.

Könntest du bitte wissenschaftlich erklären, auf welche Weise dir das Meditieren zu der übernatürlichen Fähigkeit verhilft, die Zukunft vorherzusagen und in die früheren Leben anderer Menschen hineinzuschauen?

Die Zukunft kann ich vorhersagen, weil ich sehr gut meditiere – und deshalb liege ich mit der Aussage, dass die Zukunft ungewiss ist, auch immer richtig.

Niemand kann die Zukunft vorhersagen. Das Einzige, was wir darüber mit Sicherheit wissen, ist, dass wir alle sterben werden. Das sage ich voraus. Und mehr geht nicht. Jeder, der behauptet, über die Zukunft Bescheid zu wissen, ist ein Betrüger.

Und was frühere Leben betrifft, so kann man nur in das eigene hineinschauen. Über ein früheres Leben von jemand anderem kann man sich nur äußern, wenn man es zufällig mit demjenigen zusammen verbracht hat. Das ist aber auch schon alles.

Es war einmal ein König, unter dessen Ministern sich ein echter Naseweis befand. Immer wusste er alles über die anderen Höflinge – sehr zu deren Ärger.

So beschlossen die anderen Minister eines Tages, ihm eine Lektion zu erteilen. Und dies war ihr Plan: Vor dem König wollten sie ihn über den grünen Klee loben, nachdrücklich darauf hinweisen, wie wunderbar, klug und weise er doch wäre. Um ihn schließlich dazu zu bringen, dass er behauptete, Gedanken lesen zu können. Tat er es dann, wäre er als Aufschneider enttarnt.

Bei Hofe am nächsten Tag schmeichelten sie dem König: »Ihr könnt ja so von Glück sagen, Majestät, dass Ihr diesen wunderbaren weisen Minister habt. Dermaßen klug, wie er ist!«

Und an den Kollegen gewandt fragten sie: »Du bist doch klug, oder?«

»Ja, klug bin ich in der Tat«, antwortete dieser.

»So weise, dass du alles weißt. Wahrscheinlich sogar, was wir denken.«

»Ja, ich weiß, was ihr denkt«, erklärte der Naseweis. Er war in die Falle gegangen!

»Gut, Minister, dann sag uns doch im Angesicht Seiner Majestät, was wir über unseren König denken.«

Um den Aufschneider ordentlich zurechtzustutzen, waren sie übereingekommen, alles abzustreiten, was er behaupten würde.

Dann jedoch sagte der Minister: »Ja, ich weiß tatsächlich, was ihr denkt … nur die freundlichsten, nettesten Gedanken hegt ihr über Seine Majestät.«

»Ja, sicher, stimmt genau«, entgegneten die anderen Höflinge wie aus einem Mund. Eine andere Wahl hatten sie ja nicht.

Denn auch wenn sie keineswegs nur freundlich über den Monarchen dachten, wären sie in große Schwierigkeiten geraten, hätten sie es zugegeben. Was für ein kluger Schachzug ihres Widersachers!

Fragt dich dein Mann nach deiner Rückkehr von einem Retreat also, ob du dabei etwas gelernt hast, solltest du ihm antworten: »Ja, Gedankenlesen.« Und wenn er dich dann um eine Probe deines neu erworbenen Könnens bittet, kannst du sagen: »Nur die freundlichsten, nettesten Gedanken hegst du über deine Frau, nicht wahr?«

Einige von uns sind geborene Sprinter, die meisten aber doch nur Durchschnittsläufer. Und obwohl sich unsere Leistungen durch intensives Training deutlich verbessern lassen, können wir doch nur davon träumen, hundert Meter in zehn Sekunden zu schaffen. Und manche sind überhaupt nicht in der Lage, schnell zu laufen. Verhält es sich mit der Meditation ähnlich?

Nein, weil das Meditieren auf Weisheitskraft beruht. Als ich in London auf der Schule war, machten wir im Winter immer Dauerläufe. Auf der Hammersmith Bridge überquerten wir die Themse, dann führte die Route über den Treidelpfad zur Barnes Bridge, die wir auch wieder überquerten, und anschließend ging es auf dem Treidelpfad zur Schule zurück.

Die cleveren Kids hatten ein bisschen Kleingeld einstecken und nahmen auf der Hammersmith Bridge den Bus zur Barnes Bridge. Der Lehrer wartete immer an der Barnes Bridge, um sich davon zu überzeugen, dass alle auch tatsächlich dort ankamen. Die Bus fahrenden Kids wiederum sorgten dafür, dass sie ein bisschen verschwitzt aussahen, überquerten die Brücke und nahmen dann auf der anderen Seite den Bus zurück zur Schule. Das waren die Cleveren.

Also ja, manche waren geborene Läufer, die Cleveren nahmen stattdessen den Bus. Wer weise vorgeht, braucht kein Sprinter zu sein, um an sein Ziel zu gelangen.

Dämonen und *Devas*

Kann ein Fluch einen Geist beziehungsweise Dämon dazu veranlassen, Besitz von einem Menschen zu ergreifen, obwohl sich dieser an die fünf Gebote hält, die fünf Tugendregeln?

Hier meine persönlichen Erfahrungen mit Verwünschungen. Während eines Englandbesuches habe ich bei meiner Mutter in ihrem Apartment gewohnt. Sie bereitete gerade das Mittagessen vor – für Mönche ist Mittagessen sehr wichtig, denn wenn wir keines bekommen, war's das für den Rest des Tages –, als es an der Tür klingelte. Da meine Mutter, wie gesagt, mit den Essensvorbereitungen beschäftigt war, bot ich ihr an, zur Tür zu gehen. Als ich öffnete, stand da eine Zigeunerin, die von Haus zu Haus ging und Modeschmuck verkaufte.

Sehr höflich sagte ich zu ihr: »Nein, vielen Dank – aber wir brauchen nichts.«

Und sie antwortet: »Wenn du nichts kaufst, verfluche ich dich!«

Da hatte sie sich aber mit dem Falschen angelegt. Im vollen Ornat meiner Roben stand ich da und sagte: »Ich bin ein buddhistischer Mönch. Und meine Verwünschungen sind viel machtvoller als deine!«

Woraufhin die Frau auf dem Absatz kehrtmachte und davonlief.

Das fand ich ziemlich witzig, bin aber doch vielleicht etwas übers Ziel hinausgeschossen, denn ich hatte ihr eine Riesenangst eingejagt. Und wir Mönche können zwar tatsächlich recht machtvoll sein, würden aber nie jemanden verfluchen. Das wusste die Frau jedoch nicht. Da buddhistische Mönche im Westen immer noch eher selten sind, haben die Leute keine Ahnung, ob wir sie verfluchen oder nicht. Was nichts daran änderte, dass ich meinen Spaß hatte …

Und wenn du dich an die fünf Tugendregeln hältst, kann dich eh niemand verfluchen. Auch dazu eine kleine Geschichte: In unserem thailändischen Kloster Wat Pah Nanachat gab es eine junge Frau, die bei Vollmond immer zu uns in den Tempel kam. Einmal in der Woche hielt sie die acht Tugendregeln ein, den Rest der Zeit über die fünf. Sie unterstützte uns nach Kräften, hielt sich an die Regeln und meditierte auch viel.

Als sie wieder einmal bei uns war, erzählte sie, dass sie am Morgen in ihrem Badezimmerspiegel nicht ihr Gesicht gesehen habe, sondern das eines Ungeheuers! Was sie total zum Ausflippen gebracht hatte. Sie war keine Irre, und so etwas Seltsames hatte sie nie zuvor gesehen.

Und was machen die Thais in einer solchen Situation? Sie ziehen Mönche hinzu. Diese statteten der jungen Frau am nächsten Morgen einen Besuch ab, um ihr Haus zu segnen und ein Mittagessen abzustauben. Während sie die Zeremonie vornahmen, fiel eine alte Dame in Ohnmacht. Und sprach in einer fremden Zunge, als sie wieder zu sich kam. Ajahn Jun, ein alter thailändischer Mönch, der sich unter den Anwesenden aufhielt, wusste sofort, was da los war: Es war diese Frau, von der ein Geist, ein Dämon, Besitz ergriffen hatte – und keineswegs die junge Dame. Die schaute nur zu.

»Wer bist du?«, fragte Ajahn Jun den Dämon, »und was willst du?« Er sei von einem Geistheiler aus der nahegelegenen Stadt Ubon Ratchathani engagiert worden, um die junge Frau zu töten, lautete die Antwort. Ein Mann habe mit ihr gehen und sie heiraten wollen, aber sie sei dazu nicht bereit gewesen. Das hatte den Mann so aufgebracht, dass er den Geistheiler bezahlt hatte, sie zu töten.

Schon seit zwei Jahren, sagte der Geist, versuche er die junge Frau zu töten, doch sei es ihm in der ganzen Zeit nicht gelungen, sich ihr auch nur zu nähern. Der Mönch sagte ihm: »Schau, du wirst ihr nie etwas antun können, denn sie hält sich strikt an die Gebote und führt ein sehr reines Leben.«

Worauf der Dämon antwortete: »Wenn ich sie aber nicht töte, muss ich selbst sterben. So ist es abgemacht.«

»Besser, du kommst ums Leben, als dass du jemanden umbringst«, versetzte der Mönch.

Dem Geist schien das einzuleuchten, und der Mönch erteilte ihm die fünf Gebote. Da fiel die alte Frau erneut in Ohnmacht und kam aus ihrer Trance heraus. Anschließend erinnerte sie sich an gar nichts mehr.

Viele solcher Geschichten hast du bestimmt noch nicht gehört. Nun, mitunter wissen Mönche um Aspekte des Lebens, die üblicherweise verborgen bleiben. Die wichtigste Botschaft dieser Geschichte lautet jedoch: So etwas wie Besessenheit gibt es tatsächlich, allerdings sehr selten. Und außerdem: Wenn du die Gebote einhältst und ein moralisch einwandfreies Leben führst, kommt kein Dämon auch nur in deine Nähe, denn dann bist du beschützt.

Noch eine Geschichte: Eine junge Frau holte ihre Mutter nach Perth, weil sich zu Hause in Thailand niemand um sie kümmerte. Als sie erkrankte, brachte die Tochter sie ins King Edward Hospital in Perth und suchte ein Medium auf, um zu erfahren, ob die Mutter ihre gesundheitliche Krise überwinden würde. Gegen eine Zahlung von zwanzig Australischen Dollar war die Befragte bereit, ihren Körper zu verlassen, nach der Mutter zu schauen und dann Bericht zu erstatten. Nur den Aufenthaltsort der Kranken musste sie dafür kennen.

Nach etwa zehn Minuten kam das Medium wieder aus seiner Trance heraus. Und das Erste, was es tat, war, der jungen Frau ihr Geld zurückzugeben.

»Warum?«, fragte diese, »was ist los?«

»Nun«, antwortete das Medium, »das Krankenhaus habe ich gefunden und auch das Zimmer. Aber ich bin nicht hineingekommen. Ihre Mutter war von einem Kraftfeld umgeben, in das ich einfach nicht eindringen konnte. Deshalb weiß ich auch nicht, ob sie überleben wird. Aber wer ist Ihre Mutter eigentlich? So etwas habe ich nämlich noch nie erlebt …«

»Meine Mutter ist eine buddhistische Nonne und hält sich seit ungefähr dreißig Jahren an die acht Gebote.«

Da nahm das Medium die zwanzig Dollar wieder an sich. »Das hätten Sie mir vorab sagen müssen. So haben Sie mir nur meine Zeit gestohlen. An solcher Art Leute kommt jemand wie ich einfach nicht heran.«

So stark ist die Macht befolgter Gebote. Aus Sicht der Geis-

ter umgeben sie uns mit einem undurchdringlichen Kraftfeld.
Sodass sie sich uns nicht nähern und uns nicht schaden kön-
nen. Hältst du dich an deine Gebote, bist du außer Gefahr.
Verstößt du jedoch dagegen … huuuuuuuuuuuuuuuu ….

Also folge den Regeln. Auch wenn solche Zwischenfälle
ausgesprochen selten sind und praktisch nie ein böses Ende
nehmen. Des ungeachtet wäre eine Mobilisierung von Geistern zum Nachteil anderer dumm und dämlich, denn dergleichen fällt immer auf einen selbst zurück.

**Man lässt los und wird gesund. Ich kenne aber Leute, die los-
lassen – sich also keinen Kopf machen über mögliche Krankheiten, weiterhin rauchen und trinken – und trotzdem nicht
gesund werden. Könntest du bitte erklären, wie das kommt?**

Rauchen führt früher oder später immer zu Problemen, sich
aber den Kopf darüber zu zerbrechen ist auch keine Lösung.
Ich sorge mich nicht um mögliche Krankheiten, bin aber auch
nicht dumm. Ich ruhe mich aus. Kümmere mich um meinen
Körper.

Bei Fettleibigkeit zum Beispiel musst du viel lachen. Denk
nur an den Weihnachtsmann – ho, ho, ho –, der ist kugelrund,
kerngesund und unsterblich! Mir scheint das überhaupt ein
probates Mittel zur Kompensation von Übergewicht zu sein.
Letztes Jahr habe ich einen Artikel gelesen, in dem es um den
Zusammenhang von Lachen, Glücklichsein und erweiterten
Blutgefäßen ging. Weil ich so viel lache, sind meine Gefäße
wie echte Superautobahnen, so breit, dass es nicht zu Staus
kommt. Weil sie nämlich so geräumig sind, dass sich das ganze
Fett und all das andere Zeug bei mir nicht darin absetzen kann.

Also: Je mehr du lachst, desto fetter kannst du werden – und bleibst trotzdem gesund. Das erklärt auch, warum Dicke so fröhlich sind – weil die miesepetrigen Fettwänste alle schon längst das Zeitliche gesegnet haben. Hast du also ein paar Kilo mehr auf den Rippen, fang schnell an zu lachen – es könnte dir das Leben retten. Im Ernst. Lass los und hör auf, dir Sorgen zu machen. Denn Sorgen sind der größte Killer. Töten die meisten Menschen, mehr noch als Krankheiten. Darum dreht sich auch Edgar Allan Poes Erzählung *Die Maske des Roten Todes*, in der mehrere Teufel in die wichtigsten Städte Europas ausschwärmen und dort eine Seuche verursachen. Nachher treffen sie sich in irgendeinem Wäldchen und tauschen ihre Beobachtungen aus. Das Gespräch verläuft etwa so:

»Wie viele hast du in London getötet?«

»Oh, in London hundert.«

»Und wie viele hast du in Paris dahingerafft?«

»Hundertfünfzig.«

»Und in Berlin?«

»Nur fünfzig, die Angst aber viertausend.« (Oder so ähnlich.)

»Welch großartige Einsicht: dass die Angst mehr Menschen das Leben kostet als jede Erkrankung«, dachte ich bei mir. Vor der Angst also solltest du dich wirklich fürchten. Oder anders ausgedrückt: Hab überhaupt keine Angst, gar keine. Denn Sorgen bringen dich mit größerer Wahrscheinlichkeit um als irgendetwas anderes. Bitte mach dir keine Sorgen. Aber kümmere dich auch um deine Gesundheit und tu nichts Dummes.

Verblüffend, um wie viel Nutzloses die himmlischen Wesen so alles gebeten werden – Lottogewinne, Rückführung verlorener Autoschlüssel ... Kein Wunder, dass sie das verärgert und kaum etwas bewirkt. Dabei könnten sie bei Fragen über den Sinn des Lebens oder wie man am besten meditiert vielleicht wirklich hilfreich sein. Bittet sie also nur um Hilfe, wenn es wichtig ist.

König Rama war also ein *Deva*, ein himmlisches Wesen. In seinem menschlichen Leben muss er demnach viel gutes *Kamma* erzeugt haben, sonst wäre er nicht als *Deva* wiedergeboren worden. Sind denn aber *Devas* nicht eigentlich unsterblich? Und wenn ja: Wie entkommen sie dann dem Kreislauf des *Samsara*?

Unsterblich sind *Devas* nicht. Sie halten sich lediglich eine Zeit lang im *Deva*-Bereich auf; ist dieses *Kamma* dann aufgebraucht, werden sie woanders wiedergeboren. Es ist wie im Urlaub: Sobald dir das Geld ausgeht, musst du wieder nach Hause, arbeiten gehen. Genauso kannst du es dir eine Weile im *Deva*-Bereich gut gehen lassen, weil du dir zuvor viel gutes *Kamma* erworben hast. Ist das dann aber aufgebraucht, musst du wieder zurück und neues erschaffen.

Buddha beschrieb das Leben in anderen Welten. Glaubst du an *Devas*? Und wenn ja: Wo leben sie? Können wir beim Meditieren welche sehen?

Ja, andere Welten soll es geben – dass wir sie nicht sehen, heißt ja noch lange nicht, dass sie nicht existieren. Hier ist die beste *Deva*-Geschichte, die ich kenne. Für ihre Echtheit kann ich mich verbürgen, weil ich den Kerl kenne, um den es dabei geht.

Ein junger Amerikaner war für das Friedenskorps in Thailand tätig. Nach zwei Jahren beschloss er, Mönch zu werden. Er hatte die Thai-Kultur zu schätzen und den Buddhismus zu respektieren gelernt. »Eine richtig gute Idee«, dachte er, »bevor ich in die USA zurückgehe und beruflich durchstarte, werde ich noch kurz Mönch.«

Er war in einem Hotel am Stadtrand Bangkoks untergekommen und fragte den Portier, wie er am besten vorgehen könne. Nun kannte der Portier zwar viele Lokale, aber nur sehr wenige Klöster. Mit der Ausnahme von Wat Bowon, einem buddhistischen Tempel, in dem sich gelegentlich auch Mönche aus dem Westen aufhielten. Er empfahl dem Amerikaner, sich morgens in aller Frühe nach Wat Bowon zu begeben und etwas Essen mitzunehmen, das er den Mönchen auf ihrer Almosenrunde übergeben sollte. Anschließend würde er ihnen dann mitteilen können, dass er gern ordiniert würde.

Vor lauter Eifer brach der junge Mann am nächsten Morgen so früh auf, dass er in Wat Bowon eintraf, als das Kloster noch nicht geöffnet war. Da er nicht wusste, was er solange tun sollte, ging er einfach auf und ab. Ein Thai fragte ihn, was er da denn treibe, und er antwortete, dass er etwas zu essen spenden und Mönch werden wolle, das Tor aber noch geschlossen sei.

Wie ihm der Thai mitteilte, war es noch viel zu früh. Die Mönche würden erst in zwei Stunden auftauchen, bei Sonnenaufgang. Das mache aber nichts, denn er habe den Schlüssel. Er würde ihm Einlass gewähren und ihn überall herumführen. Der Mann zog einen Schlüsselbund heraus, öffnete das alte

Eisentor und nahm den Amerikaner in die Hauptordinations-
halle mit, in der die großen Zeremonien durchgeführt wurden.

Zu ebendieser Haupthalle schloss der Thailänder die Tür auf
und machte das Licht darin an. Die Tempel in Bangkok werden von Wandbildern geziert, die eine Geschichte erzählen.
Nachdem man das Anfangsmotiv gefunden hat, kann man die
Gemälde lesen wie einen Comic. Und sobald man die Geschichte kennt, erschließen sich einem auch die Charaktere
und der Gang der Erzählung.

Der Thailänder wusste alles über die Gemälde, auch, wer ihre
Entstehung gesponsert hatte und warum. Manche versprachen
sich von ihrer Spende zum Beispiel Verdienste, die einem verstorbenen Kind zugutekommen sollten. Den Amerikaner fas-
zinierte das große Wissen sehr, das der Mann mit ihm teilte.
Und gerade als dieser am letzten Bild angelangt war, erklärte
er: »In etwa fünf Minuten kommen die Mönche. Gehen Sie
raus, stellen Sie sich vor dem Gebäude hin und warten Sie auf
einen alten Mönch. Auch wenn zunächst jüngere Männer aus
dem Haus kommen: Warten Sie auf den alten. Sobald er auf-
taucht, legen Sie ihm etwas Essen in seine Schale und bitten
ihn, ordiniert zu werden.« Mit diesen Worten schloss der Thai
die Tür der Haupthalle und löschte das Licht.

Der Amerikaner tat wie ihm geheißen. Sobald der alte
Mönch das Gebäude verließ, legte er ihm einige Nahrungsmittel in die Schüssel und sagte: »Ich möchte Mönch werden.«

»Warte hier, bis ich zurück bin, dann nehme ich dich mit
rein«, gab der alte Mönch zurück. Und so begann die Mönchsausbildung des Amerikaners.

Einige Tage später wurde ein Mönch dafür abgestellt, ihm
die heiligen Gesänge und Mönchsregeln beizubringen, doch
war sein Englisch nur bescheiden. Den Amerikaner frustrierte

das so, dass er am Abend fragte: »Gibt es hier niemanden, der besser Englisch kann?«

Worauf die Mönche antworten: »Nein, einen Besseren haben wir nicht.«

»Und was ist mit dem Tempelwächter, der mir an meinem ersten Tag Einlass gewährte? Dessen Englisch war perfekt.«

»Welcher Tempelwächter denn?«, fragten die Mönche nach.

»Na, der, der mir das Tor aufmachte und mich hereinbat.«

Da wurde der Amerikaner vom Fleck weg zum Abt gebracht. Im Kloster gab es nämlich keinen Tempelwächter, der perfekt Englisch sprach, musst du wissen. Der Amerikaner berichtete dem Abt von seinen Erlebnissen an jenem ersten Morgen. Und der Abt diktierte alles dem Klostersekretär, von Anfang an.

Dass die Geschichte so ernst genommen wurde, lag nicht nur daran, dass es keinen Tempelwächter gab, der perfekt Englisch konnte; vielmehr hatte der Amerikaner zudem den Tempel durch das königliche Tor betreten. Wat Bowon ist nämlich eigentlich ein königlicher Tempel. Dort findet die zeitweilige Ordination der thailändischen Könige statt. Und nur Mitglieder des Königshauses durften durch dieses Tor treten, nicht einmal dem ranghöchsten Mönch war dies gestattet. Davon abgesehen besaßen nur der Abt und sein Diener einen Schlüssel dazu.

Ebenso wenig gab es an der Stelle, die der Amerikaner beschrieben hatte, einen Lichtschalter, den der »Wächter« hätte bedienen können. Und kein Laie hatte einen Schlüssel zur Haupthalle. Hinzu kam: Niemand, nicht einmal der Abt, wusste so viel über die Gemälde. Was war das für eine merkwürdige Geschichte! Als der Amerikaner seinen Bericht beendet hatte, erkundigte sich der Abt, der später zum Obersten

Mönchspatriarchen Thailands ernannt wurde: »Wie sah der Mann aus? Kannst du sein Äußeres beschreiben?«

Genau in dem Moment hob der Amerikaner den Blick und nahm ein Porträt wahr, das an der Wand hing.

»Das ist er!«, rief er ganz aufgeregt aus. »Das war der Mann!«

Es handelte sich um König Rama IV., einen früheren König Siams, des heutigen Thailands. Deshalb hatte er das Königstor durchschreiten können. Und dass er so viel über die ganzen Gemälde gewusst hatte, lag daran, dass er zugegen war, als sie entstanden – vor 150 Jahren.

Ich kenne diesen Mönch. Und es handelt sich um die wahre Geschichte eines *Devas*, eines früheren Thai-Königs, der als *Deva* wiedergeboren wurde und zurückkam, um einen Westler dabei zu unterstützen, dass er Mönch werden konnte. *Devas* existieren tatsächlich.

In den *Suttas* werden die verschiedenen Daseinsebenen beschrieben, mehrere himmlische sowie der Bereich der Hölle. In der *Tavatimsa*-Welt gibt es Kämpfe innerhalb, aber auch zwischen den verschiedenen *Deva*-Ebenen. Doch warum Kämpfe, wenn es in den *Deva*-Bereichen doch so freudvoll zugeht? Dann ist da auch der *Deva* Sakka mit seinen großen Verdiensten und Hunderten von Ehefrauen. Aber was ist mit den *Devis*? Kann es für sie wirklich ein Ort des Vergnügens sein, wenn so viele von ihnen mit demselben *Deva* verheiratet sind? In der Hölle gibt es Wächter, Folter, Leute, die den Leuten ihre Verfehlungen vorhalten, bevor sie ihrer Strafe zugeführt werden, und so weiter. Ich hab das immer für einen Mythos gehalten, aber in den *Suttas* wirkt das alles so echt und buchstäblich wahr. Kann es sein, dass mein voreingenommener Geist nichts jenseits von mir begreifen kann und es mir deshalb so mythisch vorkommt? Ich hoffe, diese Frage ist nicht allzu oberflächlich.

Nein, oberflächlich ist diese Frage bestimmt nicht. Ich danke dir sogar dafür, dass du sie stellst, denn mich als rationalen Buddhisten, der an die Naturwissenschaften glaubt, haben diese Dinge auch lange beschäftigt. Dabei konnte ich mir die himmlischen Bereiche immer am besten vorstellen – für mich haben die noch den größten Sinn ergeben –, einige der niederen aber? Eher weniger.

Vielleicht versteht man diese Bereiche erst, wenn man wirklich tief meditiert und die Macht des Geistes zu begreifen imstande ist. Sobald du in das Reich der *Nimittas* gerätst, in dem der Körper zu verschwinden beginnt und du mentale Bilder empfängst, wird dir klar, wie breit deren Spektrum ist. Aber den größten Teil dessen, was du erlebst, fügen deine Wahrnehmungen hinzu – die Farbe der *Nimittas*, ihre Gestalt und dergleichen. Und dir wird dabei nur klar, in welch starkem Maße du die Welt mit deinem Geist erschaffst.

Daher bin ich zu der Erkenntnis gelangt, dass die Höllenbereiche selbst gemacht sind. Wenn du schlechtes Karma erschaffen hast und meinst, du kämest in die Hölle, dann nur, weil du glaubst, nichts anderes verdient zu haben. Das ist alles. Dort schickt dich niemand hin – das machst du ganz allein. Niemand hält dir frühere Verfehlungen vor – vielmehr erinnerst du dich ihrer und fällst selbst das Urteil über dich. In diesen niederen Gefilden bleibst du genau so lange, wie du meinst, es verdient zu haben. Das nennt man Schuldgefühle. Sie zu verstehen und auch zu begreifen, dass man sich durch Vergebung von ihnen befreien kann, indem man die Vergangenheit loslässt, kann sehr hilfreich sein. Selbst in diesem Leben haben viele von euch Schlechtes getan. Deshalb empfindet ihr Schuldgefühle und bestraft euch dafür – in diesem Leben. Erinnerst du dich am Ende dieses Lebens immer noch daran, bestrafst du dich ein weiteres Mal. Dabei musst du nichts anderes tun, als diese Vergangenheit loszulassen. Du brauchst kein schlechtes Gewissen zu haben. Du kannst dir verzeihen.

Genau das tut man beim Meditieren. Wie du das Vergeben lernen kannst? Indem du lernst, die »Ich«-Identifikation aufzugeben – den Selbst-Sinn – und die Identifikation mit Dingen, die du einmal getan hast. Sobald du das Nicht-Selbst in ganzer Tiefe erkennst, lässt du von der Idee des »Ich« ab und wirst zum Stromeingetretenen. In den niederen Gebieten, auch dem der Tiere, kannst du dann nicht mehr wiedergeboren werden, egal, was du getan hast. Warum? Weil Vergeben ganz leicht wird, bist du einmal zum Stromeingetretenen geworden und hast das Wesen dessen erkannt, was du einmal für »dich« gehalten hast. Denn weil du weißt, dass es gar kein Selbst gibt, wird das Loslassen und Vergeben ganz leicht. Und kannst du erst einmal loslassen und verzeihen – dir und anderen –, fühlst du dich unglaublich frei. Weil du erkennst, dass du dich der Vergangenheit wegen nicht schlecht fühlen musst.

Auch die himmlischen Bereiche schneidert ihr euch quasi selbst auf den Leib. Bei uns im Kloster leben zwei Norweger, die mir von Walhall erzählt haben. In die »Halle der Gefallenen« (so die Übersetzung des Wortes) kamen die »guten« Wikinger – in der nordischen Mythologie stellt Walhall also das Pendant zu »unseren« himmlischen Bereichen dar. Dorthin kann nur gelangen, wer als »guter« Wikinger in einer Schlacht getötet wurde. Walhall ist eine große Festhalle, in der ordentlich gefeiert und getrunken wird. Man isst und trinkt dort und dann wird gekämpft. Alle bringen einander gegenseitig um, dann wacht man auf, isst wieder, trinkt wieder und kämpft wieder. Dass ihr himmlischer Bereich ausgerechnet so gestaltet war, lag daran, dass die Wikinger eben das über alles liebten: essen, trinken, insbesondere aber kämpfen – das war ihre Vorstellung vom Himmel. Keine Frauen! Nur wahrhaftiger, echter Männerkram. Genau das ist der Himmel: alles, was du am liebsten magst, und alles, was du dir unter dem Himmel vorstellst. Das kriegst du dann.

Einen Himmel ganz für sie allein haben auch die Singapurer: Dort gibt es rund um die Uhr die besten Coffeeshops und Restaurants, und man kann essen, essen, essen, ohne jemals satt zu werden. Und mit der Börse geht es für die Singapurer in diesem himmlischen Bereich immer nur aufwärts, aufwärts, aufwärts – aber nie, nie, nie bergab.

Wenn einige der himmlischen Wesen miteinander kämpfen, liegt es also daran, dass sie es so gern tun. Es ist eine Kopfgeburt, eine Fantasie, virtuelle Realität. Der Geist schneidert euch das passende himmlische Reich auf den Leib. Was auch der Grund dafür ist, dass man in einigen davon hundert Ehefrauen haben darf. Wenn ihr es denn mögt … Echte Gattinnen sind das freilich nicht, nur von euch selbst erschaffene.

Die Bereiche, die der Buddha beschrieben hat, waren die seinerzeit verbreitetsten. In den *Suttas* werden auch andere erwähnt, zum Beispiel das der *Khiddapadosika-Devas* (DN 1). Das sind *Devas*, die gern spielen. Den ganzen Tag über albern sie herum, erzählen Witze und spielen einander Streiche. Weil sie das nun einmal mögen.

Du kommst genau in den himmlischen Bereich, in dem es dir am besten gefällt. Es liegt ganz an dir. Du glaubst, du hast ihn verdient, und solange das der Fall ist, bleibst du auch dort.

Hast du dann irgendwann genug davon, schickst du dich an, ein weiteres Mal wiedergeboren zu werden.

Empfindest du Schuldgefühle, glaubst, den Preis für frühere Verfehlungen zahlen zu müssen, rechnest mit Bestrafung, dann erschaffst du dir deinen eigenen Höllenbereich. Beispiele dafür sind die Wandbilder in alten Tempeln. Unsere heutigen Vorstellungen von der Hölle sehen ganz anders aus. In Penang habe ich einmal über Weihnachten ein Retreat geleitet. Am Heiligen Abend wollte ich mich gegen halb elf, nach der Fragerunde, zur Ruhe begeben. Aber auf der gegenüberliegenden Straßenseite wurde gefeiert. Zwar hab ich nichts gegen Feste, aber das war eine Karaoke-Party! Und wenn für mich etwas der Inbegriff von Leiden ist, dann *das*!

Meine Hölle wäre eine Karaokebar, die niemals zumacht. Ihr seht also: Wir erschaffen uns alles selbst, unseren Himmel genauso wie unsere Hölle.

Besser als Sex?

Kann Meditation den Sex bedeutsamer, sinnlicher und freudvoller machen, wenn man ihn einfach zulässt und sich nicht darauf fokussiert?

Den Geboten zufolge ist Sex während eines Retreats nicht vorgesehen. Du sollst den Körper loslassen, statt ihn zu verwöhnen. Und es geht auch nicht um *zu*-, sondern wirklich um *los*lassen. Du fokussierst dich auf den Atem, du fokussierst dich auf die *Nimittas*. Das ist viel besser als Sex. Und um die Wahrheit zu sagen: Sex beeinträchtigt dein Meditieren eher.

Das gehörte mit zu den Dingen, die mich dazu gebracht haben, Mönch zu werden. Hast du die Freuden des Meditierens erst einmal erlebt, stellt sich die Frage nach dem Sex gar nicht mehr. Wer möchte schon masturbieren oder Sex haben, wenn er auch still auf einem Kissen sitzen und viel schönere Glücksgefühle empfinden kann?!

Vor einem Jahr wurde ich von jemandem dafür getadelt, dass ich einen Vortrag über »ein Glück, das besser ist als Sex« gehalten hatte. Das Glück des *Jhanas*, hielt man mir entgegen, sei in einer ganz anderen Liga angesiedelt als Sex und ließe sich damit keinesfalls vergleichen. Also entschuldigte ich mich: Denn in der Tat ist das Glück des *Jhanas* weit überlegen und lässt sich deshalb keinesfalls mit Sex vergleichen. Versenke dich tief in deine Meditation und überzeuge dich selbst davon.

> Jeder kann *Jhana* erreichen. Ich sage nicht, dass es bei dir so sein wird, aber möglich ist es. Nichts hält dich davon ab. Es kommt dazu durch Weisheit und nicht durch Willenskraft. Wenn du klug bist, kannst du es erreichen.

Sollen wir uns eher auf das Meditationsobjekt fokussieren oder auf die Lichter? Unsere endgültigen Ziele sind ja die Eingerichtetheit des Geistes und das Verschwinden des Körpers. Aber kommt es wirklich darauf an oder doch eher auf die Lichter?

Zu den Lichtern kommt es einfach, wenn du Frieden schließt, achtsam und gütig bist. Versuchst du dich hingegen auf sie zu konzentrieren, verschwinden sie. Denk also weder »Jetzt fokussiere ich mich auf die Lichter« noch »Jetzt gelange ich zur Einsgerichtetheit«. Das Einzige, worauf du dich – wenn überhaupt – fokussieren solltest, sind Achtsamkeit und Güte, liebevolle Achtsamkeit. Tust du das, ergibt sich alles andere ganz wie von selbst.

Von den *Jhana*-Faktoren – *Vitakka, Vicara, Piti, Sukha* und *Ekaggata* – haben die meisten nicht die geringste Ahnung. Gerate also zuerst einmal in ein *Jhana*, danach weißt du Bescheid. Die *Jhana*-Faktoren sind nicht voneinander getrennt, sondern fünf Aspekte ein und derselben Erfahrung. Sie *sind* das erste *Jhana*.

Einsgerichtetheit ist kein besonders gelungener Ausdruck. Die Silben *agga* in *Ekaggata* bedeuten »Gipfel« oder »Hauptstadt«, genau wie *Agra* im Sanskrit, die Kapitale des Mogulreichs in Indien. *Aggata* bezieht sich also eher auf den Gipfel, den Höhepunkt, des Geistes, und weniger auf »Gerichtetheit«. *Aggata* bedeutet »ein wirklich gesammelter Geist«, und der einzige Fokus dabei ist die Glückseligkeit. Bei dieser Glückseligkeit solltest du bleiben, Minute für Minute, Stunde um Stunde. *Ekaggata* bedeutet sowohl »Sammlung des Geistes« als auch »Sammlung in der Zeit«.

Warum lehrte der Buddha, dass extreme Formen von Freude und Schmerz zu vermeiden seien, wenn es doch zugleich heißt, *Jhana* sei freudvoller noch als Sex?

Der Buddha sagte nicht, dass alle Freuden, wie etwa *Jhana*, zu vermeiden seien, sondern sprach lediglich von den Vergnügungen der fünf Sinne. Die fünf Arten der Sinnesvergnügungen stellen Ablenkungen dar, die dich davon abhalten, die Freuden des Geistes zu entwickeln. Diese Lehre findet sich im *Aranavibhanga Sutta* (MN 139), das uns auffordert, zwischen den Vergnügungen der fünf Sinne und den Freuden des Geistes zu unterscheiden.

Letztere, sagte der Buddha, sollten kultiviert werden, einschließlich der Inspiration. Wenn du einen Lehrvortrag hörst, der dir richtig ans Herz geht, solltest du die Freude der Inspiration weiter herausbilden. Wenn du jemanden siehst, der sehr mitfühlend und gütig ist, gönn dir das Glücksgefühl, das daraus resultiert, Zeuge eines Akts der Empathie geworden zu sein. Bade im Glück deines Geistes! Dieser Art sind die Freuden, denen wir uns hingeben sollen.

Sinnesvergnügen stellt ein Extrem dar, doch das andere, den Schmerz, sollten wir auch vermeiden – hört euch also bloß nicht zu viele schlechte Witze von mir an!

In den *Suttas* heißt es, der Buddha habe, nachdem er das vierte *Jhana* erlangt hatte, seinen Geist auf die Zerstörung der Befleckungen gelenkt. Wie macht man das nach *Jhana*?

Es gibt drei Befleckungen beziehungsweise Triebflüsse: *Kamasava*, *Avijjasava* und *Bhavasava*. *Asava* wird oft mit dem Wort »Befleckung« übersetzt, ich aber bevorzuge den Ausdruck »Triebflüsse«.

Der erste, *Kamasava*, bezeichnet die Suche nach Glück in der Welt der fünf Sinneswahrnehmungen. Dieser wird in dem Moment zerstört, in dem du erkennst, was wahres Glück eigentlich ist. Wenn du aus *Jhana* heraustrittst, hast du gerade die größte Glückseligkeit deines Lebens erfahren, die jedes sinnliche Vergnügen weit in den Schatten stellt. Dann erkennst du, dass wahres Glück aus dem Loslassen der fünf Sinne resultiert, daraus, dass du sie verschwinden lässt. Als Folge davon verlierst du das Interesse an der Suche nach dem Glück in der Welt der fünf Sinneswahrnehmungen, und dein sinnliches Verlangen kommt zum Ende. Das ist die Zerstörung von *Kamasava*.

Interessanter ist das *Avijjasava*. *Avijja* steht für Unwissen, Illusion. Darum handelt es sich, wie der Buddha sagte, wenn man Leiden für Glück und Glück für Leiden hält, beides also miteinander verwechselt (AN 4:49). Wenn ein Kind zur Welt kommt, freut sich die ganze Familie, nur das Baby selbst weint. Ist dir das schon mal aufgefallen? Darauf, wie sich das Neugeborene fühlt, achten die anderen gar nicht. Genauso nach dem Tod: Der Leichnam trägt ein Lächeln auf dem Gesicht und sonst heulen alle. Weil sie nämlich einer Riesenverwechslung aufsitzen!

Tatsächlich sollten wir uns an der Person orientieren, die die jeweiligen Erfahrungen macht. Und weinen, wenn ein Baby geboren wird: »Och, das ist ja so traurig! Och, jetzt muss ich mich noch um ein weiteres Kind kümmern, das mich nachts nicht schlafen lässt. Och, noch ein Enkel, der was von mir will.« Sagt mal, ihr Großeltern: Weint ihr auch, wenn ihr erfahrt, dass eure Tochter Mutter geworden ist? Sagt ihr auch: »Och, ist das traurig!«? Wenn mir jemand sagt, dass seine Tochter gerade ein Kind zur Welt gebracht hat, kondoliere ich ihm. Und werde prompt für verrückt erklärt.

Stirbt dagegen jemand, jubele ich: »Yippie! Wie toll! Und wann wird gefeiert?« Speziell, wenn die betreffende Person das Zeitliche sehr jung gesegnet hat. Denn überleg doch nur mal: Wer jung stirbt, muss später nicht ins Altersheim!

Du solltest es genauso halten wie der Ehrenwerte Dr. K. Sri Dhammananda. Als sein Onkologe ihm mitteilte, dass er unheilbar an Krebs erkrankt war und sich bereits im Endstadium befand, brach er in schallendes Lachen aus. Was dem behandelnden Arzt nie zuvor untergekommen war. Doch bei dem Patienten handelte es sich eben um einen Mönch, um jemanden, der den Buddhismus tatsächlich begriffen hatte. Erfährst du also, dass du bald sterben wirst, solltest auch du von ganzem Herzen lachen: »Hahahaha! *Sadhu*!«

Das dritte *Asava*, *Bhavasava*, ist der Triebfluss des Werdeseins, der Existenz. Das *Asava* der Existenz wird in dem Moment zerstört, in dem wir realisieren, dass da niemand ist. Was du in der tiefen Meditation, besonders in den *Jhanas*, tatsächlich siehst. Da schaut man in den Körper und schaut in den Geist und weit und breit ist da kein Ajahn Brahm; niemand, nirgends. Das Wissen darum, dass da niemand ist, hat große Wirkung. Denn dann wirst du von keinem Selbst-Sinn mehr zu irgendetwas angetrieben. Kannst total faul sein und dich von den Leuten »Schwein« nennen lassen. Doch *wer* sollte denn hier ein Schwein sein?

Die drei Daseinsmerkmale kennst du doch, ja? *Anicca*, *Dukkha* und *Anatta*? *Anicca* ist »Vergänglichkeit«, *Dukkha* »Leiden« und *Anatta* »Nicht-Selbst«. Anicca, Dukkha und Anatta entern eine Bar.

»Scheißbar«, sagt Dukkha.

»Keine Sorge, das ändert sich auch wieder«, entgegnet Anicca.

»Sagt wer?«, fragt Anatta zurück.

Sobald du erkennst, dass da keiner ist, verschwindet auch der Triebfluss der Existenz – nach *Jhana*. So werden die *Asavas* zerstört.

Genau wie Mönche und Nonnen können auch Laien ins *Jhana* gelangen, zu Stromeingetretenen werden und Erleuchtung erlangen. Mir als jemandem, der den Weg sehr ernst nimmt, stellt sich da aber doch die Frage, welche Vorteile es denn eigentlich noch hat, wenn man ins Kloster geht.

Der Unterschied zwischen Mönchen beziehungsweise Nonnen und dir besteht darin, dass wir auf viel mehr verzichten, viel mehr losgelassen haben. Wir haben den Sex genauso losgelassen wie die Familie, darunter auch Menschen, die uns normalerweise am allernächsten stehen, den Lebenspartner zum Beispiel.

Es gibt da den Fall einer Dame aus Perth, die ihren Mann echt unter dem Pantoffel hatte. Als sie das Kloster besuchten, um *Dana* (eine mildtätige Gabe) zu spenden, fuhr sie ihn in aller Öffentlichkeit an: »George, komm her und tu dies, geh da rüber und mach jenes.« Ich bedauerte George sehr. Dann starb seine Frau. Und ich dachte, jetzt würde er bestimmt sehr glücklich sein. Doch stattdessen sagte er: »Ich vermisse sie so.« Ich hielt das für verrückt – schließlich hatte sie ihm übel mitgespielt. Aber er hatte sich an diese Art der Behandlung gewöhnt und genoss sie richtig. Ich dachte, er würde sich jetzt wie befreit fühlen, doch er verzehrte sich schier vor Gram. Was wieder einmal zeigt, wie weit Anhaftungen gehen können.

Versuch doch mal, Mönch beziehungsweise Nonne zu sein. Dann merkst du, worauf sie alles verzichten. Die Praxis ist eine ganz andere. Ein Laie wie du kann verzichten – sich auf die acht Gebote verpflichten – und neun Tage im Kloster leben. Doch danach geht er wieder nach Hause zurück, schaut sich Filme und Sportsendungen an, futtert, wonach ihm der Sinn steht. Ganz anders ist es, wenn man für den Rest seines Lebens

Verzicht leistet. Deshalb lassen Mönche und Nonnen viel mehr los. Dafür gibt es sie überhaupt, deshalb hat der Buddha den *Sangha* begründet. Weil das Mönchsleben einen schnelleren, gründlicheren Weg des Loslassens darstellt. Wir haben kein Geld. Wir folgen keinen Modetrends. Wir tragen bloß unsere braunen Roben, und das war's. Wir führen ein viel einfacheres Leben.

Falsche Buddhas?

Stimmt es, dass es bereits vor Sakyamuni Buddhas gab? Und dass nach ihm auch noch welche kommen? Wenn ja: Lehren sie alle dasselbe? Und welchen Unterschied gibt es zwischen einem Buddha und einem *Arahat*?

Es geht dabei nicht um Menschen, sondern immer nur um Ursache und Wirkung. Der *Dhamma* und der Achtfache Pfad sind immer da und warten darauf, erkannt zu werden. Sobald die aktuelle Lehre verschwindet, wird über kurz oder lang wieder jemand erleuchtet. Lehrt diese Person, so bezeichnet man sie als Buddha. Demnach ist ein Buddha nur die Person, die das Rad der Lehre wieder in Bewegung setzt, und alle, die dieser Lehre folgen und erleuchtet werden, nennt man *Arahats*. Der Buddha ist die Nummer eins, der Erste in dieser Traditionslinie. Irgendwann erlöschen seine Lehren, und dann kommt ein neuer Buddha.

Was ist mit unserem Buddha? Wo kam er her? Hat er alles allein entdeckt? Traditionsbewusste Buddhisten behaupten es, Beweise aber existieren dafür keine. Im *Majjhima Nikaya*

(MN 81) gibt es ein interessantes *Sutta*, das *Ghatikara Sutta*, in dem sich unser Buddha, Buddha Gotama, an ein früheres Leben unter dem vorherigen Buddha erinnert, Buddha Kassapa.

Der wichtigste Schüler Kassapas war der arme Töpfer Ghatikara, ein *Anagami*, Nichtwiederkehrer. Der einzige Grund, weshalb er kein Mönch wurde, bestand darin, dass er sich um seine blinden Eltern kümmern musste.

Obwohl von Beruf Töpfer, war er so tugendhaft, dass er sich weigerte, in der Erde zu graben, damit er bloß kein Tier verletzte. Zur Herstellung seiner Töpferwaren verwendete er nur Ton, den die Bauern bei der Reparatur der Dämme ihrer Reisfelder übrig gelassen hatten oder der von Hasen beziehungsweise Ratten aufgewühlt worden war. Nicht einmal das Leben eines Wurmes war Ghatikara bereit aufs Spiel zu setzen. Ebenso wenig war er willens, seine Waren zu verkaufen. Stattdessen stellte er sie vor seiner Werkstatt auf eine Bank, die er mit einem Schild versah, auf dem stand: »Wer einen Topf möchte, nehme ihn sich bitte. Falls jemand etwas Reis mit Bohnen hinterlassen mag: bitte gern. Ich muss mich um meine Eltern kümmern.« Demnach verkaufte er seine Erzeugnisse nicht. Und verhielt sich wie wir im Kloster: kein Kaufen und Verkaufen, nur Spenden.

Ghatikara hatte einen Freund namens Jotipala, der sich nicht für Religion interessierte. Als Ghatikara zu ihm sagte: »Komm, wir besuchen den Buddha Kassapa, der sehr weise ist und überaus mitfühlend«, gab Jotipala zurück: »Wer würde diesen glatzköpfigen Idioten schon sehen wollen? Ihr und eure Religion immer!«

Mit all dem wollte er nichts zu tun haben. Irgendwann jedoch gelang es Ghatikara, seinen Freund auszutricksen und zu einem Besuch bei Buddha Kassapa zu bewegen. Dieser beeindruckte Jotipala so, dass er Zuflucht nahm und zum *Bhikkhu* (Mönch) ordiniert wurde.

Als Buddha Gotama diese Geschichte erzählte, offenbarte er auch, dass er selbst unter dem vorhergehenden Buddha dieser Jotipala gewesen war. Man hätte sich denken können, dass jemand mit dermaßen viel gutem *Kamma* – schließlich hatte er unter einem Buddha gelernt – mindestens zum Stromeingetretenen oder vielleicht sogar zum *Sakadagami* (einmal noch Zurückkehrenden) wurde. Wie es heißt, machte der Buddha nach seiner Geburt sieben Schritte und sagte: »Das ist meine letzte Geburt« (MN 123). Und woher hätte er das wissen können, wenn er kein *Sakadagami* gewesen wäre? Auch heißt es, *Sakadagamis* würden im *Tusita*-Bereich wiedergeboren, dem der Buddha entstammte. Das ist zwar nur ein Indiz, aber doch ein nicht unwesentlicher Hinweis darauf, dass Buddha Gotama ein *Sakadagami* war, der in diesem Leben erleuchtet wurde – als Erster dieser Buddha-Periode. Deshalb wurde er Buddha genannt. Dem *Ghatikara Sutta* (SN 1:50) zufolge gehörte der im Nicht-Rückkehrer-Reich geborene Ghatikara zu den ersten *Devas*, die herabkamen, um dem Buddha nach seiner Erleuchtung zu gratulieren. Er sagte: »Wir lebten im selben Dorf und waren Freunde. Zusammen haben wir den Buddha Kassapa besucht. Und nun bin ich immer noch *Anagami* und du ein Buddha. Glückwunsch!« Oder so ähnlich.

Brahma Sahampati, der *Deva*, der den Buddha zu lehren aufforderte (MN 26), war ebenfalls Mönch unter Buddha Kassapa. Sie alle waren Freunde und Schüler Buddha Kassapas. Zwei von ihnen, Ghatikara und Sahampati, wurden *Anagamis* und in den Reinen Gefilden wiedergeboren. Auch Sahampati kam herab, um seinem Freund Jotipala, nunmehr Gotama, unserem Buddha, zu gratulieren.

Wie du siehst, gibt es also viele Buddhas. Kurz vor seiner Erleuchtung bediente Buddha Gotama sich seiner meditativen Kraft, um sich seiner früheren Leben zu erinnern (MN 36). Bestimmt hätte er sich dabei an sein Leben unter Buddha Kassapa erinnert und wahrscheinlich auch daran, dass ihn die Vier Edlen Wahrheiten gelehrt wurden. Hat er diese also entdeckt? Oder sich an sie erinnert? Denk mal drüber nach.

Es gibt ein Buch mit dem Titel *Anagatavamsa*, in dem die Namen zehn künftiger Buddhas genannt werden. Woher kommen diese Namen?

Sie wurden erfunden. Stammten nicht von Buddha, sondern kamen erst später. Der einzige künftige Buddha, der in den *Suttas* genannt wird, ist Metteyya (Sanskrit: Maitreya), aber auch der nur ein einziges Mal, und es ist nicht allzu wahrscheinlich, dass dieses Wort vom Buddha stammt.

Wo kam dieses Buch also her? Und zu welchem Zweck wurde es geschrieben?

Der größte buddhistische Tempel Südostasiens steht in der indonesischen Stadt Medan und ist Metteyya gewidmet. Erbaut wurde er im Wesentlichen von einer Gruppe Taiwanesen, die der Meinung waren, dass es eigentlich keinen Buddhismus mehr gab und man deshalb am besten Metteyya verehrte, um sich gutes *Kamma* zu verdienen und zu dessen Lebzeiten wiedergeboren zu werden.

Aber das ist total lächerlich! Die Lehren des Buddha sind quicklebendig. Und insofern, als wir ja den *Dhamma* haben, ist auch Buddha selbst noch unter uns. Das Problem ist nur: Die Leute interessieren sich mehr für die Zukunft, als dass sie sich der Gegenwart annehmen wollen. Schrecklich, das. Und wirklich bedrohlich für den Buddhismus. Denn wenn alle auf den kommenden Metteyya warten, warten alle auf die Zukunft. Statt in der Gegenwart zu sein und jetzt Erleuchtung zu erlangen.

Das also hat es mit derartigen Büchern auf sich. Du kriegst bedeutend mehr Geld für deinen Tempel zusammen, wenn du die Leute aufforderst, zu jemandem zu beten, der nicht hier ist, als wenn du sie zum Meditieren anhältst. Meditieren macht nämlich viel mehr Arbeit!

Nicht du suchst dir deinen religiösen Pfad, dieser erwählt vielmehr dich. Du lauschst den Lehren des Buddhismus oder irgendeiner Religion und denkst plötzlich: »Ja, genau das ist es!« Bei mir jedenfalls war es so. Ich habe mich mit Büchern über die verschiedenen Religionen befasst, und als ich dann eines über den Buddhismus las, wurde mir klar, dass ich im Grunde längst Buddhist war! Nur gewusst hatte ich es nicht. Wenn du suchst, findet er dich.

Dhamma und Greg

Zum Schluss noch etwas übers Ende und verwandte Fragen

Unter den acht weltlichen Bedingungen (»Winden«) gelten Verehrung und Verachtung als Gegensatz zu Machtlosigkeit. Bedeutet Kraftlosigkeit, sich im Leben nicht auszukennen, und geht sie mit Verletzlichkeit einher?

Die acht weltlichen Bedingungen (*Loka-Dhamma*) sind Lob und Tadel, Verehrung und Verachtung, Glück und Unglück sowie Gewinn und Verlust. Die »Winde« von Verehrung und Verachtung stehen zwar im Gegensatz zu Machtlosigkeit. Aber du wirst nicht notwendigerweise nur deshalb mächtig, weil du verehrt wirst. Eher umgekehrt: Je berühmter du wirst, desto weniger kannst du eigentlich tun, was du willst.

Vor langer Zeit sagte Angie, seinerzeit Haupt der Buddhist Fellowship in Singapur, zu mir: »Du musst sehr vorsichtig sein, Ajahn Brahm. Dich kennen hier in Singapur so viele, dass ich es sofort erfahre, wenn du irgendetwas Falsches oder Schädliches tust!«

In dem Moment habe ich gedacht: »Meine Güte, da darf ich mich ja nie auch nur ein bisschen danebenbenehmen.«

Im Bodhinyana-Kloster haben wir darüber abgestimmt, ob wir warme Jacken tragen oder ob das jeder halten darf, wie er will. Meine Auffassung war: »Entweder alle oder keiner.« Aber ich wurde überstimmt. Jetzt ziehen die Mönche Jacken an, wann immer ihnen danach ist. Ich habe keine Macht.

In Wirklichkeit hat man eh nie Macht. Keine Kontrolle. Das illustriere ich immer gern anhand des Gleichnisses vom fahrerlosen Bus.

Das Leben ist wie eine Busfahrt. Manchmal geht die Reise durch eine herrlich schöne Landschaft: mit prächtigen Gebirgsketten, hübschen Wasserfällen, sanften Weiden, auf denen friedliche Kühe grasen. So herrlich ist das alles, dass du am liebsten sagen würdest: »Stopp! Ich möchte ein Foto machen. Und das malerische Ambiente noch ein bisschen genießen.« Du versuchst, den Busfahrer – den für dein Leben Zuständigen – dazu zu bringen, dass er langsamer fährt, damit du so lange wie möglich etwas von der Aussicht hast. Doch der Busfahrer drückt nur aufs Gas und düst weiter.

Bei einer anderen Gelegenheit geht die Fahrt womöglich durch eine der Sondermülldeponien des Lebens, ein runtergekommenes Industriegelände mit Graffiti an den Wänden und gebrauchten Spritzen auf den Bürgersteigen. Du versuchst dem Busfahrer zuzurufen: »Hey! Hier ist es gefährlich und beängstigend und hässlich. Sieh zu, dass wir hier so schnell wie möglich wieder rauskommen.« Der Fahrer jedoch tritt auf die Bremse und hält an. So ist das Leben.

Wenn etwas schiefgeht, fragen wir uns oft: »Warum ist das so? Weshalb komme ich hier nicht schneller raus? Wieso bremst dieser Dummkopf von Busfahrer, wo das doch alles dermaßen unangenehm, schmerzhaft und enttäuschend ist? Warum dauert das Leiden so lange an?«

Und im Glück fragen wir uns: »Warum währt das nicht länger? Warum kann nicht ich abstoppen und die schönen Momente des Lebens weiter ausdehnen?« Weil der Busfahrer tatsächlich ein Dummkopf ist. Deshalb!

Sein Name lautet Wille.

Weil du meinst, der einzige Weg zu einem glücklichen Leben bestehe darin, die schmerzhaften Zeiten möglichst schnell hinter dir zu lassen, um die schönen genießen zu können, beschließt du, Wille das Busfahren beizubringen. Um ihm aber zeigen zu können, wie er den Bus bedient und weise wird, musst du ihn erst einmal finden. Und das ist der Job der Meditation, der Stille und der Einsicht.

Beim Meditieren gehst du schließlich ganz tief in dich und findest den Fahrersitz, Willes Platz, den, an dem all die Entscheidungen getroffen werden. Doch dann kriegst du den Schock deines Lebens – der Platz ist ja leer! Hinter dem Steuer sitzt überhaupt niemand! Der Fahrer, der den Bus deines Lebens fährt, existiert gar nicht. Es geht immer nur um Ursachen und Bedingungen, es ist ein Prozess. Keiner steuert, niemand ist zuständig. Du bist außer Kontrolle.

Die Folge dieser Erkenntnis: Du gehst zu deinem Sitzplatz zurück und hörst auf, dich zu beschweren. Warum das so ist? Weil es niemanden gibt, bei dem du dich beschweren könntest! Leid oder Glück – gehört beides zum Leben mit dazu.

Kein Sehnen mehr, keine Böswilligkeit, keine Beschwerden. Das Ende der Illusion vom autonomen Wille(n) ist zugleich auch das Ende des Verlangens. Nunmehr weißt du, dass es einen Busfahrer nicht gibt und du keinerlei Macht hast.

Wohin hat das Streben nach Kontrolle dich denn gebracht? Nirgendwohin. Was nicht weiter verwunderlich ist. Also genieß einfach. Lass los. Null Kontrolle. Ja, du bist wehrlos, jedoch gegenüber Friedfertigkeit und Weisheit. Was einfach fantastisch ist!

Friedfertig sind wir nicht gern, weil wir Angst haben. Weise sind wir nicht gern, weil wir nicht wissen, welche Folgen dies für uns haben kann. Viel lieber würden wir in unserer Komfortzone bleiben, in der uns alles vertraut ist. Gefängnisinsassen geht es ganz ähnlich. Kündigt man ihnen ihre baldige Entlassung an, wollen sie den Knast nicht verlassen. Dort fühlen sie sich zu Hause, wohlig aufgehoben. Und würden deshalb lieber bleiben als frei zu sein – genau wie wir auch.

In meinem Buch *Die Kuh, die weinte* gibt es die folgende hübsche Geschichte über einen Wurm und seinen heiß geliebten Misthaufen.

Es waren einmal zwei Mönche, ihr Leben lang engstens miteinander befreundet. Als sie starben, wurde einer von ihnen, der immer ein sehr guter Mönch gewesen war, in einem himmlischen Bereich wiedergeboren. Der andere jedoch kam aufgrund seiner Faulheit und weil er stets sehr viel geschlafen hatte, als Wurm auf einem Misthaufen zurück.

Das himmlische Wesen fragte sich, wohin es seinen Freund nach dem Tod wohl verschlagen haben mochte. In allen himmlischen Bereichen suchte es nach ihm, konnte ihn aber partout nicht finden. »Nun«, dachte es, »dann muss er wohl als Mensch wiedergeboren sein, was ja auch gut ist.«

Mithilfe seiner himmlisch-übernatürlichen Kräfte durchsuchte der frühere Mönch, der jetzt in den himmlischen Gefilden zu Hause war, das gesamte Menschenreich, konnte den Freund aber nirgends auftreiben. »Meine Güte«, dachte er. »Vielleicht wurde er ja als Tier wiedergeboren.« Er guckte bei allen großen Tieren nach – zum Beispiel den Elefanten und den Tigern –, fand ihn aber auch unter diesen nicht.

Als er sich schließlich das Krabbelgetier vornahm, bemerkte er seinen Freund plötzlich – mit großem Ekel und Abscheu. Obwohl zu Lebzeiten Mönch, war er als Wurm in einem Haufen Kuhmist wiedergeboren worden. Das himmlische Wesen dachte bei sich: »Ich kann meinen Freund doch nicht in derartig schrecklichen Umständen belassen.«

Also begab es sich zu dem Misthaufen hinab und rief nach dem Kumpan. Das Würmchen steckte den Kopf aus dem Dung, um zu fragen: »Was möchtest du?«

»In unserem früheren Leben waren wir beste Freunde. Und Mönche. Aufgrund meines guten *Kammas* bin ich nun im Himmel wiedergeboren worden. Wunderschön ist es da oben. Du bist leider in diesem Misthaufen wiedergeboren worden, aber ich kann dir helfen. Komm mit. Kommt mit mir in den Himmel. Ich nehme dich mit.«

»Moment mal. Gibt's denn auch Mist im Himmel?«

»Natürlich nicht. Mist ist doch eklig.«

»Dann komm ich nicht mit. Ich mag meinen Mist nämlich. Ich futtere ihn, und er schmeckt ganz köstlich! Wohnen tue ich auch hier: so schön im Warmen. Und wie es duftet! Da es im Himmel ja offenbar keinen Mist gibt, kann ich mir vielleicht wenigstens ein bisschen davon mitnehmen?«

»Nein!«

»Dann will ich nicht weg hier.«

Das himmlische Wesen dachte: »Könnte ich ihm den Himmel doch bloß zeigen, dann würde er es selbst erleben. Und ich bin mir sicher, dass es ihm dort gefallen würde. Dann käme er auch zur Einsicht, dass der Himmel viel besser ist als ein Misthaufen.«

Der frühere Mönch, der jetzt im Himmel zu Hause war, schnappte sich den Wurm und versuchte ihn aus dem Misthaufen hervorzuzerren. Da das Tierchen jedoch über und über mit schmierigem Dung bedeckt war, konnte es sich aus dem Griff befreien und verschwand noch tiefer in seinem Dung-Bau. Aus alter Freundschaft hielt sich das himmlische Wesen die Nase zu und schob seine Hand weiter in den Misthaufen. Als es den Freund irgendwann zu packen bekam, versuchte es wieder, ihn rauszuziehen. Der Wurm beschwerte sich, schrie, zuckte und entzog sich dem Griff ein weiteres Mal.

Wann immer es dem himmlischen Wesen beinahe gelungen war, seinen Wurm-Freund zu erwischen, machte ihm dieser einen Strich durch die Rechnung. Nach vielen, vielen Versuchen musste das himmlische Wesen ins Bodhinyana-Kloster zurück, und all die kleinen Würmer mussten wieder zu sich nach Hause und an ihre Arbeitsplätze.

Warum das so ist? Nun, weil …: »Ich mag meinen Mist – ich bin darin daheim und er duftet so gut.«

Warum du deinen Misthaufen nicht loslassen möchtest? Eine faszinierende Frage, stimmt's? Der Grund heißt Anhaftung. Bist du erst ein paarmal ins *Jhana* gelangt – und denkst »Wow! Das ist ja viel besser als Sex!« –, weißt du, wie sich wahres Glück anfühlt. Und auch, was Mist ist und was Himmel. Das verändert dich.

Anhaftungen
und andere Widrigkeiten

Was ist eigentlich der Treibstoff für Unzufriedenheit? Und für Zufriedenheit?

Treibstoff für Unzufriedenheit ist der Gedanke, das Glück sei irgendwo anders, die Erleuchtung fände nicht genau dort statt, wo du bereits bist. Wir sagen, Unzufriedenheit beziehungsweise Leiden sei die Diskrepanz zwischen dem, wo du bist oder was du erreichen willst, und deinem Jetzt-Zustand. Also: Wo möchtest du sein? Genau da, wo du gerade bist? Wenn nicht, sprechen wir von Unzufriedenheit.

Wie du dieses Problem lösen kannst? Indem du deine Vorstellung von dem, wo du hingelangen willst, veränderst: »Ich möchte nirgendwo anders sein als hier, auf dieser Unterlage, mit meinem dummen, ruhelosen, dumpfen Geist, der überall und nirgends ist. Einfach nur hier sein möchte ich.« Dann herrscht keinerlei Unzufriedenheit mehr. Bist du zufrieden, hundertprozentig zufrieden, werden zu deiner Überraschung Ruhelosigkeit sowie Träg- und Dumpfheit einfach verschwinden.

Zufriedenheit mit dem, was und wo du bist – das heißt es, Frieden zu schließen. Hier sein, ohne sich woandershin zu wünschen, weil das deiner Wirklichkeit gegenüber unredlich wäre. Sei einfach hier. Dann verschwindet dein ganzes Sehnen einfach, dein Wünschen, Streben – all der Kram eben, der deinen Geist auf Trab hält. »Ich bin's zufrieden, dumpf zu sein, zufrieden mit meiner Rastlosigkeit« – schließt du mit all dem Frieden und lässt von deinem Sehnen ab, dann folgst du dem Pfad des Buddha und wirst bald erleuchtet werden. Gib diese Diskrepanz zwischen dem, wo du bist und dem, wo du hin willst, einfach auf, lass von jeglicher Separierung ab.

Könntest du bitte den Unterschied zwischen dem Loslassen von Anhaftungen und dem von Vorlieben und Abneigungen erklären?

Anhaftung bezeichnet das Verhältnis, das zwischen dir und dem besteht, von dem du meinst, dass du es besitzt. Das Loslassen von Anhaftungen bedeutet, dass deine Vorlieben und Abneigungen nicht immer dieselben sind. Anhaftungen sind optional, Vorlieben und Abneigungen aber haben wir alle, sogar der Buddha hatte welche.

Der Buddha sah sich einmal einem Ungeheuer namens Suciloma (wörtlich: »Nadelhaar«) gegenüber. Es handelte sich um den Prototyp eines Punks mit Nadeln als Haar. Der Typ wollte herausfinden, ob der Buddha wirklich erleuchtet war. Also setzte er sich neben ihn und versuchte ihn mit seinem Igelputz zu stechen, aber der Buddha wandte den Kopf ab.

»Aha!«, sagte Nadelhaar. »Schmerzen magst du also nicht. Dann bist du aber auch nicht erleuchtet. Ein Erleuchteter behielte unter allen Umständen seinen Gleichmut bei und hätte weder Vorlieben noch Abneigungen.«

Der Buddha antwortete: »Das ist aber dumm, was du da sagst. Manches verursacht meinem Körper Probleme, verletzt ihn und gefährdet seine Unversehrtheit« (SN 10:53).

Das entspricht nur dem gesunden Menschenverstand: Man latscht nicht auf Schlangen, rennt nicht ins Feuer und lässt sich auch nicht von Nadeln piksen. Vielmehr weicht man ihnen aus. Das ist keine Anhaftung, sondern, wie gesagt, gesunder Menschenverstand. Liebevolle Güte dem eigenen Körper gegenüber: Man hält ihn gesund und wendet potenziellen Schaden von ihm ab.

Vorlieben und Abneigungen sind oft nichts anderes als liebevolle Güte. Ich zum Beispiel mag die Buddhist Society of Western Australia. Ich diene und lehre gern. Sind das Anhaftungen? Nein. Aber es gibt nun einmal Dinge, die du magst, und Dinge, die du nicht leiden kannst. Ich etwa mag auch Fish and Chips: Ich bin auf sie konditioniert, habe Fish and Chips sozusagen in den Hormonen, in allen Fasern meines Körpers. Dagegen kann ich nichts machen; ich bin nun einmal mit Fisch und Fritten aufgewachsen. Um eine Anhaftung aber handelt es sich nicht.

Vorlieben und Abneigungen sind nicht dasselbe wie Anhaftungen. Anhaftung ist festhaltendes Selbst.

Warum ist es so schwierig, Anhaftungen loszulassen, obwohl sie doch Leiden verursachen?

Weil wir lieber Schmerzen haben, als dass wir nicht existieren und glücklich sind. Von den drei Typen des Verlangens (nach sinnlichem Vergnügen, nach Existenz, nach Nicht-Existenz) ist die Sehnsucht zu existieren grundlegender als die nach dem Glücklichsein. Deshalb wollen Sterbende oft ihren Körper nicht loslassen, obwohl sie sich in ihm alles andere als wohlfühlen. Aber sie lassen eben nicht los, weil sie die Ver-nichtung mehr fürchten als den Schmerz. Das Verlangen, zu sein, ist fundamentaler Natur, die bedeutendste Anhaftung. Denn wir würden lieber Qualen leiden als gar nicht sein.

Bitte erläutere doch die Begriffe Belohnung, Gefahr und Ausweg. Warum brauchen wir eigentlich Belohnungen? Warum genügen Gefahr und Ausweg nicht?

Diese Begriffe beziehen sich lediglich auf Dinge, die sich bei uns im Kopf abspielen. Nehmen wir das Denken. Warum denken die Leute? Wegen der Belohnung. Weil es Freude macht zu denken. Warum wirst du sauer? Weil es auch Freude macht, sauer zu werden. Denk nur mal an jemanden, der dir wehgetan hat: »Dieser Doofmann, das hätte er mal lieber nicht getan!« Da bekommst du das Gefühl, lebendig zu sein. Deshalb also macht Sauerwerden auch Freude.

Über die Belohnung der Lust muss ich nichts sagen – von der weiß jeder. Und Dinge wie Schlafen und Essen stellen natürlich ebenfalls Belohnungen dar.

Doch selbst in negativen Gemütszuständen lassen sich Belohnungen finden. Denn würden uns Eifersucht und andere negative Emotionen nicht auch etwas bringen, hätten wir sie nicht. Und wir haben sie nur, weil auch eine gewisse Freude darin liegt.

Gefahr jedoch beinhalten sie ebenfalls. Klar macht es Spaß, sauer auf jemanden zu werden und ihn anzuschnauzen – schließlich hat er es verdient, dass ihm endlich mal jemand die Meinung geigt, und man fühlt sich gut hinterher. Dann aber kommt die Gefahr: Wenn er dir seinerseits den Marsch bläst und du in Schwierigkeiten gerätst. Lust? Macht natürlich echt Spaß. Jedenfalls bis ein Baby kommt oder du Stress mit dem Partner kriegst, weil du Lust auf jemand anderen hast.

Und weißt du was? Fantasieren und Träumen ist voll super. Da tut dir nix weh wie beim Meditieren, du brauchst dich nicht um deinen Atem zu scheren und kannst dir alles Mögliche ausmalen und zusammenfantasieren. Auch hier stellt sich die Gefahr im Nachhinein ein: die, dass du müde wirst und realisierst: »Mann, das ist doch reine Zeitverschwendung!«

Sobald du dir die Gefahren bewusst machst, wird dir klar: »Ja, Freude bringt das schon, aber Gefahren sind auch dabei, und die überwiegen die Freude.« Es ist wie mit dem Trinken. Die Leute mögen Alkohol. Die Gefahr dahinter: der Kater am nächsten Morgen. Glücksspiel hat auch was – der Hauptgewinn scheint bereits zum Greifen nahe und du denkst: »Das macht ja echt Spaß!« Doch am Ende verlierst du womöglich einen hohen Geldbetrag. Wie befriedigend Shoppen sein kann, weißt du bereits. Und die Gefahr lernst du am Monatsende kennen, wenn die Kreditkartenabrechnung eintrudelt.

Ehrlich zu dir bist du, wenn du dir nichts vormachst und dir sowohl der Belohnung als auch der Gefahr bewusst bist. Denn dann kannst du dich fragen: »Überwiegt die Gefahr vielleicht?« Und sobald dir klar wird, dass das der Fall ist, kannst du dir selbst Einhalt gebieten. Weil es das alles einfach nicht wert ist.

Welcher Ausweg sich bietet? Ich habe ihn schon genannt: Er liegt im gewissenhaften, weisen Abwägen von Belohnung und Gefahr – in einer realistischen Weltsicht. So übernimmst du ein wenig mehr Kontrolle über dein Leben, und zwar in einem guten Sinn: Du willst keinen Pfad einschlagen, der in der Gefahr mündet, und diese Freiheit erhältst du einfach dadurch, dass es dir bewusst wird. Dieses Wissen ist der Ausweg. »Warum mache ich das eigentlich?« Es ergibt keinerlei Sinn mehr. Darauf läuft auch die folgende Geschichte hinaus.

Schon als Student habe ich aufgehört, Alkohol zu trinken. Davor habe ich öfter mal über die Stränge geschlagen, weil ich es nicht besser wusste. Zusammen mit Freunden hat das Trinken Spaß gemacht, wir hatten dabei eigentlich immer eine gute Zeit. Doch am nächsten Morgen wurde die Gefahr offenbar. Wenigstens war ich klug genug, mir zu denken: »Warum mach ich das überhaupt? Alkohol ist teuer! Und eigentlich tut er gar nichts für mich. Die ganze Achtsamkeit kommt einem dabei abhanden. Was sich gestern Abend genau abgespielt hat, könnte ich gar nicht richtig sagen.« Also hörte ich auf. Schließlich ist der Verzicht auf Alkohol ja auch noch gut für die Gesundheit.

Trotzdem dachte ich, ich würde ein Riesenopfer bringen. Würde nie mehr zu Partys eingeladen werden. Hier in Australien gibt es einen bestimmten Ausdruck für solche Leute: Wowser. Wowser sind abstinente Spaßbremsen. An denen alles vorbeirauscht, was andere in Schwierigkeiten bringt. Waschechte Partymuffel. Doch siehe da: Nicht nur, dass weiterhin Einladungen zu Festen bei mir eintrafen – sie wurden sogar mehr! Warum? Weil Leute, die nicht trinken, als Heimfahrer nach der Party äußerst beliebt sind.

So also erging es mir. Als Abstinenzler wurde ich zu noch mehr Events eingeladen als vorher. Ein weiterer Vorteil: Die Leute setzten jetzt größeres Vertrauen in mich.

Ich sah sowohl das Plus am Alkohol als auch die damit verbundenen Risiken. Und als mir klar wurde, dass diese dominieren, habe ich mit Trinken aufgehört. So simpel war das. Den Ausweg bot die Weisheit.

Wende dieselbe Methode beim Meditieren an. Werde dir der Gefahr des Denkens bewusst. Was bringt es dir? Doch nur Kopfschmerzen. Weise wirst du durch Denken bestimmt nicht. Und sobald du die Gefahren erkennst, die es birgt, interessiert es dich nicht mehr. Dann lässt du los. Das ist der Ausweg.

> Willst du mehr, kannst du dich dessen, was du bereits hast, nicht erfreuen – so die Essenz des Buddhismus. Das gilt nicht nur für Milliardäre mit ihren Jachten, Privatjets, den Prachtvillen und Butlern: Wer mehr will, kann sich dessen, was er bereits hat, nicht erfreuen. Nein, es gilt genauso für arme Schlucker, sogar für Mönche und Nonnen: Wer nichts will, nicht einmal von seiner Meditation, kann sich an allem erfreuen.

Die unmöglichsten Dinge sagte der Buddha

Erklär doch bitte die Vier Unermesslichen.

Dieser Begriff – man spricht auch oft von den vier himmlischen Verweilzuständen oder unermesslichen Herzensbefreiungen – bezieht sich auf die vier *Brahmaviharas*: *Metta, Karuna, Mudita* und *Upekkha*. *Metta* (liebende Güte) steht für »Mögen alle Lebewesen glücklich und gesund sein«, *Karuna* (Mitgefühl) für »Mögen alle Lebewesen frei von Leiden sein«. *Mudita* (Mitfreude) heißt, das Glück anderer zu bejubeln, bezeichnet also die schöne, selbstlose Freude am Glück der anderen. Gelangt zum Beispiel die neben dir Meditierende zur Erleuchtung, denkst du: »Oh, ich bin ja so froh für dich, dass du jetzt erleuchtet bist.« Das Gegenteil von: »Mann, ist das ungerecht! Das ist das allererste Retreat, das sie besucht, und schon hat sie's geschafft. Ich dagegen besuche jetzt schon das elfte und bin immer noch nicht erleuchtet! Das ist doch scheiße!« Und *Upekkha* (Gleichmut) schließlich bezeichnet eine Grundhaltung der Ruhe und Stille, die friedvolle Betrachtung.

»Himmlische Verweilzustände« werden diese vier genannt, wenn sie die Ursache einer tiefen Meditation sind. *Metta* ist bekanntlich eine sehr schöne Art des Meditierens. »Mögen alle Lebewesen glücklich und gesund sein« denkst du und spürst der entsprechenden Empfindung nach, bis deine Güte sehr stark wird. Wenn du magst, kannst du *Metta* auch auf deinen Atem richten: »Möge mein Ein-Atem glücklich und gesund sein. Ich mag dich wirklich, Ein-Atem; ström mit meinem Segen. Aus-Atem, lass du es dir gut gehen beim Ausströmen. Möge jedes Ausatmen von mir glücklich und gesund sein. Möge all mein Einatmen frei sein von Schmerz.«

Hältst du *Metta* auf deinen Atem gerichtet, wird er weich, sanft, schön und friedvoll, sodass du ganz leicht meditieren kannst.

Alle vier Unermesslichen kannst du anwenden; nur *Karuna* ist vielleicht etwas problematisch, weil man sich dabei auf Leiden und Schmerz fokussiert. Deshalb empfehle ich dies normalerweise nicht, denn es zieht einen leicht hinab, wenn man das Leiden in den Mittelpunkt rückt. *Mudita* aber ist gut geeignet, genau wie *Upekkha* auch. Fokussiere dich aufs Positive. So kommst du am besten in den Genuss des himmlischen Verweilzustandes Frieden.

Kannst du noch etwas mehr sagen über die dritte Edle Wahrheit des Loslassens im Verhältnis zur zweiten Edlen Wahrheit des Festhaltens? Danke.

Der Unterricht, den ich erteile, beruht auf dem Unterschied zwischen der Meditation der zweiten Edlen Wahrheit und der der dritten Edlen Wahrheit. Ihn zu verstehen ist wichtig. Allen von euch, die sich im Buddhismus noch nicht so gut auskennen, sei gesagt: Die zweite Edle Wahrheit heißt: Verlangen verursacht Leiden. Und der dritten Edlen Wahrheit zufolge führt das Loslassen des Verlangens zum Ende des Leidens – zu Glück, Frieden, *Nibbana*.

Aber was ist denn nun eigentlich »Meditation der zweiten Edlen Wahrheit«? Ebendies: »Ich will. Ich will. Ich will.«

Dies führt zu Leiden, sagt der Buddha. Bist du also frustriert, enttäuscht oder erlangst keinen inneren Frieden beim Meditieren, dann liegt es daran, dass du sozusagen »Meditation der zweiten Edlen Wahrheit« betreibst – dass du etwas willst. Bitte lass das sein. Erlebst du dagegen großen inneren Frieden: super gemacht. Du übst dich in der Meditation der dritten Edlen Wahrheit – das Loslassen des Wollens – und bist auf dem besten Weg in den Frieden, ins *Nibbana*.

Dass viel zu viele »Meditation der zweiten Edlen Wahrheit« machen, liegt auf der Hand: »Ich will ein *Jhana*.« »Will ein *Nimitta*.« Dabei kann man gar nicht anders als leiden, da man die Ursache des Leidens ja selbst erschafft.

Übe dich stattdessen lieber in der Meditation der dritten Edlen Wahrheit: »Lass los, lass los, lass los; schließ Frieden, sei gütig, sei sanft.« Denn dies führt in die Freiheit, zu innerem Frieden, ins *Nibbana*. Vertrau auf die Lehren des Buddha. Der wusste genau, wovon er sprach.

Wodurch unterscheidet sich die Praxis von *Puthujjanas* von der der *Ariyas*? Und warum ist das so?

Die *Puthujjanas* sind die gewöhnlichen Menschen und die *Ariyas* die Erleuchteten: die Stromeingetretenen, die Einmalwiederkehrer, die Niewiederkehrer und die *Arahats*.

Eine wichtige Aussage der *Suttas* lautet: »Was die *Ariyas* Glück nennen, bezeichnen die *Puthujjanas* als Leiden. Und das, was *Ariyas* als Leiden bezeichnen, nennen *Puthujjanas* Glück« (Snp 762).

Angenommen, du verliebst dich: »Oh, was für ein Glück!« Die ganze Welt liebt die Liebe, der *Ariya* aber denkt: »Was soll denn das? Dadurch wird das Leid doch nur vergrößert!« Leute, die zum zweiten oder dritten Mal heiraten, sind oft der Meinung: »Diesmal wird alles anders. Das ist jetzt die ganz große Sache.« Die lernen einfach nichts dazu.

Der Besuch eines Meditationsretreats – sitzen, sitzen, sitzen – hört sich für manche schwer nach Leiden an. Andere jedoch, die sich mit dem Buddhismus auskennen, sagen eher: »Wie herrlich! Was für ein Glück!« Es gibt so viele Verwechslungen. Weshalb auch die *Ariyas* oft total missverstanden werden.

Als ich noch *Anagarika* war, hörte ich häufig: »Was denkst du dir dabei eigentlich? Dein ganzes Leben als Mönch zu verbringen ... Du könntest es so weit bringen. Heiraten, Kinder zeugen. Hast du vielleicht Angst vor Beziehungen?«

Ich habe keine Angst vor Beziehungen. Und die beste ist eine möglichst enge mit dem Frieden. Die *Ariyas* haben erkannt, dass Einfachheit, wenig haben, bedeutend besser ist als zu viel Besitz.

In Hongkong sind mir die vielen Australier aufgefallen, die dort shoppen waren. Und Leute aus Hongkong kommen nach Perth zum Einkaufen. Da stimmt doch irgendwas nicht, oder? Ich meine: In Hongkong gibt es Geschäfte. Und in Perth allemal auch. Warum also die Städte tauschen, um Besorgungen zu machen? Das ist doch verrückt!

Die *Ariyas* würden denken: »Warum geht ihr überhaupt shoppen? Wie viel mehr braucht ihr denn noch? Wie viele Schuhe? Du hast doch nur zwei Füße. Da müsste ein Paar doch genügen. Und wie viele Kleider benötigst du?« Na gut, wenn du in den Zwanzigern und auf der Suche nach einem Partner bist – dann ist es schon okay, ein, zwei Kleider mehr als unbedingt erforderlich zu kaufen. Oder schöne Herrenhemden, wenn du ein Typ bist. Dann sollte aber auch irgendwann Schluss sein.

Vergiss das Shoppen und zieh deine alten Klamotten an – die sind eh viel bequemer. Was Garderobe angeht, haben es die

Frauen übrigens viel schwerer als Männer, weil sie das ganze enge Zeug anziehen müssen, das überall quetscht und sich überhaupt ständig mausig macht. Und hohe Absätze! Wie sie das nur hinkriegen. Die reinste Qual muss das sein. Eine Zeit lang war bauchfrei Mode. Rock oder Hose saßen auf der Hüfte und das Oberteil hörte weit oberhalb des Nabels auf. In Singapur mag das ja noch angehen. Aber im australischen Winter? Mädchen hab ich gesehen, die hatten einen ganz blauen Bauch. Die haben mir so leidgetan, großes Mitgefühl empfand ich ihnen gegenüber. Was die jungen Frauen alles anstellen müssen, um einen Partner zu finden! Dabei ist das die ganze Mühe überhaupt nicht wert. Nonne zu werden wäre doch viel vernünftiger.

Davon, dass das Denken keinerlei Wert hätte, bin ich noch nicht recht überzeugt. Denn bislang kenne ich keine Rede des Buddha, in der es heißt: »Denkt nicht, seid still, bleibt präsent; mehr braucht es nicht für die volle Verwirklichung.« Das erste Glied des Achtfachen Pfads ist die rechte Einsicht. Und wird die falsche Einsicht, der Generationen von Buddhisten blind folgen, denn nicht immer nur fortgeführt, wenn wir das Denken nun dermaßen abtun? Ist das nicht einer der Hauptgründe dafür, dass es so schwierig ist, den *Sangha* der *Bhikkhunis* wiederzubeleben? Frauen bekommen seit Jahren zu hören, dass die Dinge nun mal so seien, wie sie sind – denkt gar nicht darüber nach, sondern seid einfach zufrieden. Gibt es da keinen Mittelweg? Natürlich ist Stille von wesentlicher Bedeutung, doch muss man das Denken deshalb gleich für dumm und nutzlos erklären?

In einigen *Suttas* steht durchaus, dass wir das Denken loslassen sollen, zum Beispiel im *Dvedhavitakka Sutta: Zweierlei Erwägungen* (MN 19). Darin gibt der Buddha Anweisungen zur Beruhigung des Denkens. Rechte Einsicht ist nicht dasselbe wie Denken. Rechte Einsicht heißt vielmehr klare Erkenntnis.

Stell dir vor, ich halte einen Stock in der Hand und frage dich, worum es sich dabei handelt. Im ersten Moment hältst du mich vielleicht für verrückt, weil ich dir so eine Frage stelle, irgendwann aber antwortest du mir: »Das ist ein Stock.« Wenn ich dich dann bitte, ihn eingehender zu beschreiben, sagst du womöglich, braun sei er und aus Holz.

Das ist ein Gedanke, nicht wahr? Du denkst, aber hast du das Objekt überhaupt gesehen? Es ist kein Stock. Ist nicht aus Holz und auch nicht braun. Es ist viel mehr als das. Unsere Art, Dinge zu beschreiben, hat ihre Grenzen. Das Denken nimmt einen Teil der Wirklichkeit her und unterstellt, mehr sei da nicht. Du sagst, es ist ein Stock, und das wär's, würde ich dich nicht um nähere Ausführungen bitten. Das ist das Problem mit dem Denken. Es stellt lediglich eine Annäherung dar, geht aber nie in die Tiefe.

Möchtest du eine Sache ergründen, dann musst du sie so lange betrachten, bis all deine Gedanken – all die Bezeichnungen, die dir eingetrichtert wurden – erschöpft sind. Und sobald dir die Begriffe ausgehen, siehst du auch das, was dir niemand beigebracht hat, und kommst der Realität viel, viel näher.

Ein anderes Problem beim Denken ist, dass es die Leute dazu bringt, sich zu streiten. Zank entsteht nämlich keineswegs durch zu wenig Denken. Hinzu kommt: Denken ist nicht objektiv, sondern hängt von der jeweiligen Konditionierung ab. Jeder von uns denkt auf eine bestimmte Art und Weise, und in der Regel sind wir nicht in der Lage, über den Tellerrand zu schauen. Querdenken ist gar nicht so einfach. Mönchen und Nonnen fällt unkonventionelles Denken leichter, weil wir unkonventionell leben, abseits der Gesellschaft. Alle anderen aber werden konditioniert: vom Fernsehen, durch die Erziehung, durch Bücher, Mönche, jede Menge anderer Einflüsse.

Wie aber rauskommen aus diesem verzerrten Denken? Sehr schön ist die Lehre des Buddha von den *Vipallasas* (Verkehrungen, AN 4:49). Dein Denken beruht auf deinen Wahrnehmungen, und diese werden von deinen Anschauungen geprägt. Glaubst du zum Beispiel an Jesus Christus, an Guanyin (die Göttin des Mitgefühls) oder das Reine Land, nimmst du die Welt entsprechend wahr. Viele gute Leute kenne ich, die schwören, dass sie Guanyin gesehen hätten. Ich erinnere mich an eine junge Frau, die zu den Bootsflüchtlingen aus dem kommunistischen Vietnam gehört hatte. Viele Tage waren sie bereits auf dem offenen Meer, als ein tödlicher Sturm aufkam. Dann, schwor sie mir, habe sie Guanyin – ganz deutlich – übers Wasser auf das Boot zukommen sehen. Und wenige Minuten später tauchte eine britische Fregatte auf und brachte alle sicher nach Hongkong.

Deine Weltsicht prägt die Wahrnehmungen, die du hast, und diese wiederum konditionieren dein Denken. Das ist auch einer der Gründe dafür, dass es so viele verschiedene Religionen beziehungsweise Glaubensvorstellungen gibt und dass Menschen so von ihnen überzeugt sein können, dass sie bereit wären, dafür zu töten. Ihrer Sache sind sie sich deshalb so sicher, weil sie keine Ahnung haben, wie tönern die Füße sind, auf denen das Denken steht. Deshalb sind auch viele Mönche – wirklich gute Mönche in Thailand und England – fest davon überzeugt, dass die Ordination von *Bhikkhunis* nichts bringe. Sie haben eine Auffassung, und diese bedingt ihre

Wahrnehmungen. Wahrnehmungen, die nicht in diese ihre Sichtweise passen, nehmen sie nicht einmal zur Kenntnis. Ein klassisches Beispiel dafür ist der Unterschied zwischen Heirat und Scheidung. Verliebst du dich, ist der/die andere schön und großartig. Aufgrund deiner Sichtweise nimmst du all diese wunderbaren Eigenschaften von ihm oder ihr wahr und schätzt dich glücklich, so eine wunderbare Person ehelichen zu können. Bei der Scheidung aber bist du dann der Auffassung, sie sei ein Ekel. Und kannst nur noch schlechte Eigenschaften an ihr wahrnehmen. »Es ist doch so offensichtlich. Warum habe ich das alles nicht schon früher gesehen?«

Dabei handelt es sich um exakt dieselbe Person. Und was hat sich verändert? Dein gesamtes Wahrnehmungsvermögen ist so gekippt, dass du ihre guten Eigenschaften nicht mehr erkennen kannst.

Wenn du dich verliebst, erklärst du deinen Eltern: »Ich habe ein wunderbares Mädchen getroffen.« Antworten sie daraufhin: »Heirate sie erst mal nicht, du kennst sie ja noch nicht mal richtig«, hältst du dagegen: »Aber sie ist so toll, ganz wunderbar.« Irgendetwas Schlechtes an ihr zu sehen weigerst du dich einfach. Sogar, wie sie sich in der Nase bohrt, findest du noch niedlich. Wer Schönes sehen will, sieht auch Schönes.

Dies ist die Natur des Denkens – es ist verzerrt.

Als ich das zum ersten Mal gelesen hatte, war ich erschüttert. All mein Denken, meine ganze Sichtweise: Wie kann ich mich noch auf sie verlassen, wenn ich doch weiß, dass sie verdreht und verzerrt ist? Selbst die Anschauungen über *Jhana* oder Buddhismus – taugen sie überhaupt? Bist du der Ansicht, der Buddhismus sei eine gute Religion, nimmst du viel Gutes darin wahr. Dann denkst du, er sei eine gute Religion, und das bestätigt deine Ansicht noch. Ansichten bedingen Wahrnehmungen; Wahrnehmungen bedingen Gedanken; Gedanken bedingen Ansichten. Ein Teufelskreis. Deshalb gerät man so leicht in die Falle.

Der Buddhismus lehrt dich, das Denken loszulassen, den Geist zu beruhigen, damit all dieses Konditionieren aufhört. Du den Teufelskreis durchbrichst. Sobald du ohne Wenn und Aber wahrnimmst, wird alles sichtbar, was zuvor ausgeblendet war. Die Hindernisse, die dir zuvor die Sicht versperrt haben, sind weg, insbesondere die beiden ersten: Verlangen und Übelwollen. Zum ersten Mal verleugnest du nicht, was du nicht magst. Alles ist klar und entspricht der Realität. Erst wenn du deine Vorlieben und Abneigungen aufgibst, wenn du loslässt und friedvoll wirst, kannst du dem, was du siehst und wahrnimmst, vertrauen. Doch solange noch ein Rest von Vorlieben oder Abneigungen existiert, ist die Wahrheit verbogen. Und dein Denken trügt dich, Leben für Leben. Deshalb verglich der Buddha Gedanken mit dem Kadaver eines Hundes, der dir am Hals hängt (MN 20). So lehrt es der Buddha, ich hab das nicht erfunden.

Also sei ruhig, halte inne und achte darauf, wie es sich anfühlt. Dann bemerkst du, dass ein ruhiger Geist nach Befreiung (*Vimuttirasa*) schmeckt. Und erfährst, wie bedeutsam, schön und machtvoll das ist. Schier unglaubliche Weisheit erwächst aus dieser Stille.

Ich habe mal gehört, die beste Möglichkeit, seinen Eltern etwas zurückzugeben, bestehe darin, sie den *Dhamma* zu lehren. Könntest du das bitte näher erklären?

Der eigenen Mutter etwas beizubringen kann ziemlich schwierig sein. Ich habe mich sehr bemüht, aber nach einigen Jahren aufgegeben. Ihr konnte jeder andere Mönch, jede andere Nonne etwas beibringen, ich jedoch nicht.

Den Pali-Kommentaren zufolge wurde selbst Sariputta, der nach Buddha weiseste Mönch, noch von seiner Mutter gescholten. Wenige Monate vor dem Tod des Buddha stattete Sariputta ihr mit anderen Mönchen zusammen einen Besuch ab. Kaum sah sie ihn kommen, da rief sie schon aus: »Ach, du mal wieder! Kannst du dir nicht endlich eine ordentliche Arbeit suchen?« Ich weiß nicht, wie alt die Mutter zu diesem Zeitpunkt war, Sariputta jedenfalls war achtzig!

»Ich soll dich also wieder mal durchfüttern?«, sagte sie. »Na gut, dann komm eben rein.«

Sariputta jedoch bekam einen so schlimmen Durchfall, dass er daran starb. Kurz zuvor wurde er von einer Anzahl *Devas* aufgesucht. Als Erster stellte sich einer der niederen ein, und der Raum wurde von einem strahlenden Licht erfüllt. »Wer war das?«, erkundigte sich die Mutter.

»Mhm, nur ein *Deva*, der mir seine Aufwartung macht.«

»Ach, tatsächlich?«

Ein *Deva* nach dem anderen traf ein, jeder mächtiger als sein Vorgänger, und im Raum wurde es immer heller. Irgendwann kam auch Mahabrahma, der große Gott.

Mutter fragte: »Und wen hatten wir da jetzt? Das Licht in deinem Zimmer war ja unglaublich!«

»Ach, der Gott, zu dem du immer betest. Er wollte sich nur kurz von mir verabschieden.«

»Sohn, was hast du die ganze Zeit gemacht?«, flüsterte Mama.

Jetzt erst begann sie Vertrauen in Sariputta zu setzen, und endlich konnte er sie in den *Dhamma* einführen. Dann verschied er.

Um deine Mutter zu überzeugen, wirst du die Hilfe von ein paar *Devas* brauchen können. Lad die himmlischen Wesen ein, und dann hört sie vielleicht auf dich. Vergiss nicht: Schon als du noch ganz klein warst, hat Mama dir alles beigebracht, und dieses besondere Mutter-Kind-Verhältnis lässt sich nicht einfach umkehren. Mutti denkt bestimmt, dass sie bis zu ihrem Tod deine Lehrerin sein wird. So ist das nun mal.

Den *Dhamma* biegst du deinen Eltern am besten bei, indem du sie dazu bringst, ein Retreat zu besuchen. Kannst du sie davon überzeugen, machst du ihnen tatsächlich das Geschenk des *Dhammas* – besonders natürlich, wenn du für die Kosten aufkommst.

Mit dem Sterben rechnen

Was kann man tun, um einem Sterbenden die bestmögliche Wiedergeburt zu sichern, oder kommt es darauf gar nicht so sehr an? Welchen Rat gibst du Menschen, die ihrem baldigen Tod entgegensehen?

Mit dem Tod ist es ähnlich wie beim Abschlussexamen an der Uni. Was kann man unmittelbar vor der Prüfung noch tun? An dem Punkt ist es, egal wofür, ein bisschen zu spät.

Worauf es wirklich ankommt, ist alles, was du zuvor getan hast. Wünschst du dir eine gute Wiedergeburt, dann führe ein gutes Leben. Denn wenn du bis kurz vor dem Ende wartest, dürfte es in aller Regel zu spät sein.

In Singapur lebte ein sogenannter Vesakh-Buddhist; das heißt, er ging nur an diesen, den höchsten, Feiertagen in den

Tempel, und das auch nur, weil seine Frau ihn jedes Mal dazu verdonnerte. Ihm als Geschäftsmann war Geldverdienen nämlich weit wichtiger als dieser dämliche Tempel. Doch der Gattin zuliebe machte er an den Vesakh-Festtagen eine Ausnahme.

Wie immer fing ihn auch in diesem Jahr die Darreichung von Lebensmitteln und der ganze feierliche Kram bereits an zu langweilen, als er einen Mönch sagen hörte, das Wichtigste vor dem Tod sei der letzte Gedanke, den man habe. Und dass man, wenn man in den Himmel wolle, am besten an Buddha, *Dhamma* und *Sangha* denke – die drei Juwele. Er fragte den Mönch: »Demnach braucht man also gar nicht zu spenden oder Gebote einzuhalten? Ich dürfte mir allabendlich meinen Whiskey gönnen, könnte angeln gehen, mich an Glücksspielen beteiligen und überhaupt alle Freuden des Lebens genießen? Das Einzige, was ich vor dem Sterben tun muss, ist ›Buddha, *Dhamma*, *Sangha*‹ denken?«

»Im Grunde schon«, entgegnete der Mönch.

Der Mann überlegte, wie er gewährleisten könnte, dass seine letzten Gedanken »Buddha, *Dhamma*, *Sangha*« sein würden. Und da er drei Söhne hatte, beschloss er, sie in Buddha, Dhamma und Sangha umzubenennen. Denn wenn er starb, würden die Kinder an seinem Bett sitzen und er bräuchte sie nur mit ihren Namen anzusprechen. Da er sich nun auf der sicheren Seite wähnte, ging er gar nicht mehr in den Tempel, brachte keine Opfer mehr, hielt sich an kein Gebot, sondern ließ es sich nur noch gut gehen.

Als seine Zeit gekommen war und die drei Söhne an seinem Totenbett standen, ging sein Plan perfekt auf: »Buddha, Dhamma, Sangha, ich komme in den Himmel. Buddha, Dhamma, Sangha, ich komme in den Himmel.«

»Buddha, Dhamma, Sangha«, dachte er noch bei seinem letzten Atemzug, »aber hey, wer kümmert sich eigentlich um den Laden, wenn meine Söhne hier sind?« Und damit starb er.

Eine hübsche Geschichte, dieser alte Witz. Ja, der letzte Gedanke ist nicht unwichtig, aber nur eine von zahlreichen anderen Ursachen deiner Wiedergeburt. Überdies stellt der letzte Gedanke quasi das Resultat all dessen dar, was du in deinem Leben getan hast. Hast du dich immer nur um dein Geschäft gekümmert, wirst du auch im Moment des Todes daran denken. Drehte sich dein ganzes Leben um Fußball, gilt noch dein letzter Gedanke diesem Sport. Die einzige Möglichkeit, dir eine gute Wiedergeburt zu sichern, besteht darin, ein gutes Leben zu führen. Die Lebensweise bestimmt deinen letzten Gedanken.

Bitte sag etwas über das Sterben aus buddhistischer Sicht. Und muss man nach dem Verscheiden eines Menschen einige Tage verstreichen lassen, bevor man ihn bestattet?

Wie Dr. Pim van Lommel, Kardiologe und Autor des faszinierenden Buches *Endloses Bewusstsein*, entdeckte, verlässt mit dem Eintritt des Hirntodes der Bewusstseinsstrom den Körper. Das heißt: Sobald das Hirn seine Funktion einstellt, trittst du aus deinem Körper aus.

Mit dem Leichnam kann man also verfahren, wie man möchte. Man kann zum Beispiel die Organe entnehmen. Ich etwa bin Organspender. Nach meinem Tod könnt ihr also alles verwerten, was noch gebraucht wird, und den Rest auf den Müll werfen.

Eigentlich müssten alle Buddhisten Organspender sein, finde ich. Manche sagen ja, die Augen solle man nicht spenden, weil man im Himmel dann blind sei. Aber nein, du kriegst dort sogar *vier*. Egal, wie viele Augen du spendest: Zurück bekommst du die doppelte Anzahl. Spendest du dein Herz, erhältst du zwei dafür. Wer großzügig ist und Gutes tut, kann nie verlieren.

Wer tot ist, ist tot. Da muss man nicht tagelang mit der Bestattung warten. Diese Vorstellung ist Teil der tibetischen Tradition – ich glaube, sie stammt aus dem *Tibetischen Totenbuch*, das mehr als tausend Jahre nach Buddha geschrieben wurde. In den ursprünglichen Lehren wird nichts dergleichen erwähnt. Sorg deshalb für die bestmögliche Bestattung der Toten.

Eine Wartezeit muss nicht einmal vor den tibetischen Himmelsbestattungen – wo der Leichnam den Geiern überantwortet wird – eingehalten werden. Die gab es früher übrigens auch in Thailand, besonders in Wat Saket, dem Kloster, in dem ich ordiniert wurde, vor den alten Stadtmauern Bangkoks. Ich habe ein Foto von einem jungen Mann gesehen, der einen Leichnam dort ablegte, während die Geier schon warteten. An diese alte thailändische Tradition, finde ich, sollten wir anknüpfen, statt tagelange Leichenfeiern abzuhalten, die eine Stange Geld kosten. Jedenfalls wurde die Leiche praktisch unmittelbar nach dem Tod entsorgt, drei, vier oder gar fünf Tage warteten die Leute nie. Also tut das Erforderliche. Eine Wartezeit ist nicht nötig.

In Malaysia und Singapur war einst ein Mythos weit verbreitet, bei dem es darum ging, wo die Verstorbenen hinkommen. Wenn jemand im Sterben liegt, bittet man Mönche oder Nonnen, Rezitationen für ihn anzustimmen. Ist der Tod dann eingetreten, fühlt man, was wärmer ist: der Kopf des Betreffenden oder seine Füße. Sind als Letztes die Füße noch warm, heißt das, dass der Mensch seinen Körper durch die

Beine verlassen hat und deshalb in einen der niederen Bereiche kommt, was schlecht sei. Erkaltet jedoch der Kopf als Letztes, hätte die Person ihren Körper durch den Scheitel verlassen und käme demnach in den Himmel. Auch Leute, die genau wussten, dass ihr verstorbener Vater ein Nichtsnutz gewesen war mit einer Geliebten hier und einer Mätresse da, bedienten sich dieser Methode, um sein künftiges Los zu ermitteln. War als Letztes der Kopf noch warm, jubelte der Nachfahr: »Ein Wunder! Dass euer Singsang das bewirken kann! Verdient hat es der Vater nicht, in den Himmel zu kommen, aber als sich der Rest seines Körpers bereits abgekühlt hatte, war sein Kopf immer noch warm!« Eigentlich hätten die Eltern in die niederen Bereiche gehört, doch wegen des Rezitierens seitens der Mönche kamen sie stattdessen in die höheren! Und die Mönche wurden reich mit Spenden bedacht.

Aber jeder Arzt und alle, die sich mit Biologie auskennen, wissen, dass unmittelbar vor dem Tod das gesamte Blut in den Kopf strömt. Auf die Füße kommt es nicht an, wehe aber, wenn sich das Hirn verabschiedet. Es liegt in der Natur, dass der Körper beim Sterben das Hirn beschützt, deshalb wird es mit dem ganzen Blut versorgt. Dabei handelt es sich um eine Notfall-Reaktion. Deshalb bleibt auch bei den Ultra-Bösen der Kopf bis ganz zuletzt warm. Und die Mönche verdanken ihr Geld einem Mythos. Es herrscht eh viel zu viel Aberglauben in der Welt, und manche Leute verdienen sich an der Leichtgläubigkeit anderer dumm und dämlich.

Stirbt ein Buddhist, seht einfach zu, dass ihr seine Leiche möglichst unkompliziert entsorgt. Entzündet keine Papierhäuser, das produziert bloß Rauch. Und in den Himmel gelangt der nicht! Das Hubble-Weltraumteleskop hat in die entlegensten Bereiche unserer Galaxie gelugt, der Milchstraße, und weit und breit keine *Devas* aufgespürt. Wo also geht der Rauch dann hin, bitteschön? Nicht einmal ins All gelangt er. Und da wäre auch niemand, der ihn entgegennehmen könnte. Denk also nicht, das Abbrennen von Papierhäusern könnte deinem Vater oder deiner Mutter eine Villa im Himmel sichern. Stell mit dem Geld lieber etwas an, das gutes *Kamma* produziert, und lass es wohltätigen Zwecken zukommen. Das nämlich funktioniert tatsächlich! Und verschwende bitte keinen Cent auf das unnötige Verbrennen von Irgendetwas.

Was geschieht mit einem Menschen, der im *Jhana* stirbt? Wird er mit übernatürlichen Fähigkeiten und einem Hang zur Meditation wiedergeboren?

Zunächst einmal: Im *Jhana* zu sterben, ist schwerlich machbar. Weil man in diesem Zustand nämlich geradezu unverwundbar werden kann. Das geht aus einem *Sutta* sowie einer persönlichen Anekdote hervor. In dem *Sutta* ist von zwei Dorfbewohnern die Rede, die einen Mönch im *Jhana* für tot gehalten haben (MN 50). Was man ja nicht vergessen darf: Im *Jhana* ist der Körper vollkommen verschwunden: Man kann weder sehen noch hören. Würde dir ein Arzt die Lider öffnen und den Lichtstrahl einer Taschenlampe auf deine Augen richten, würdest du keine Reaktion zeigen. Würde er dir in die Ohren brüllen, würdest du nichts hören. Und fühlen kannst du auch nichts. So ist das im *Jhana*, und äußerlich betrachtet sieht es aus, als wärest du tot. Der Unterschied: Im *Jhana* bleibt der Körper warm.

Sollte mich also mal ein Arzt in der Intensivstation oder einem Krankenhausbett auffinden und euch sagen, ich sei tot, müsst ihr aufpassen: Bin ich noch warm, befinde ich mich nur im *Jhana*. Und dann bringt ihr mich bitte ins Kloster zurück. Ist mein Körper dagegen erkaltet, könnt ihr mich ruhig in der Leichenhalle abgeben. Verwechselt da aber bitte nichts: Denn sollte ich dort aus dem *Jhana* wiederauftauchen, seid ihr womöglich dafür verantwortlich, dass einer der Mitarbeiter des Bestattungsinstituts einen tödlichen Herzanfall erleidet.

Zurück zu dem *Sutta*. Im Wald sitzt ein Mönch und meditiert, er ist im *Jhana*. Die zwei Dorfbewohner, die vorbeikommen und sehen, dass er nicht atmet, halten ihn für tot. Da sie Buddhisten sind und den Mönch nicht den wilden Tieren im Dschungel überlassen wollen, beschließen sie, seinen Leichnam ordnungsgemäß zu verbrennen. Also häufen sie Ast- und Laubwerk an, legen den Mönch auf den Haufen, entzünden ein Feuer und ziehen ab. Sie bleiben nicht, um zuzuschauen, wie der Körper verbrennt. Da kannst du dir vorstellen, wie überrascht sie waren, als der Mönch auf seiner Almosenrunde am nächsten Morgen wieder ganz normal im Dorf erscheint und nicht mal seine Robe verkohlt ist. Diesem *Sutta* zufolge kann Feuer weder dir noch deiner Kleidung etwas anhaben, wenn du in einem tiefen *Jhana* bist (MN 50).

Die folgende Geschichte habe ich selbst erlebt. Vor vielen Jahren habe ich einmal einen indonesischen Mönch kennengelernt. Manchmal trifft man ja Leute mit übernatürlichen Kräften, also *echten* übernatürlichen Kräften. Solche Menschen sind selten und geben in aller Regel nicht damit an, als Mönch aber hat man sozusagen eine Nase dafür. Dieser Mann nun verdankte seine übernatürlichen Kräfte dem *Jhana*. Zu der Zeit war er noch Laie und lebte auf der Insel Java. Eines Tages beschloss er, als Eremit in den Dschungel zu gehen. Wie er mir erzählte, sah er in der Meditation einen Stern (ein *Nimitta*) und verschmolz mit ihm. Wie lange dieser Zustand anhielt, konnte er später nicht sagen. Doch als er daraus hervorging, hatte sich der Wald um ihn verändert. Er stand teilweise unter Wasser und vieles war zerstört. Als er bei den Bewohnern eines benachbarten Dorfes nachfragte, erfuhr er, dass es sechs Tage zuvor zu einer Überflutung gekommen war. Ihm selbst hatte das Wasser nicht nur bis zum Hals gestanden, sondern doppelt so hoch. Er hatte nicht das Geringste davon mitbekommen und war vollkommen ungefährdet gewesen.

Genau das geschieht im *Jhana*: Du bist in Sicherheit. Sollten Leute dich einäschern wollen, geht der Sarg in Flammen auf, doch sobald sie die Ofentür öffnen, bist du noch genauso unversehrt wie zuvor. Und trägst sogar noch deine Robe!

Wie unterscheidet sich im Sterben der geistige Zustand von Menschen, die meditiert haben, und solchen, die das nicht getan haben?

Der Unterschied liegt im Wollen. Wer meditiert, konditioniert sich darauf, das Wollen loszulassen. Sodass er auch im Moment des Todes eine große Chance hat loszulassen und still zu werden. Bist du beim Sterben vollkommen still, bist du gar nicht zu sehen – wer immer da kommen mag, um dich zu holen und in dein nächstes Leben zu bringen. Weil du nämlich verschwunden bist. Er müsste unverrichteter Dinge wieder abziehen. Keine Wiedergeburt mehr! Doch wenn du dich auch nur ein bisschen bewegst, vermasselst du es. Dann bist du nicht zu übersehen und wirst an deinen nächsten Bestimmungsort geschafft.

Kannst du bitte etwas über das Verhältnis von Gehirn und Geist sagen?

Diese Frage wird häufig gestellt. Und als Naturwissenschaftler beziehe ich mich auf die Beweise, die die Arbeiten von Forschern wie Dr. John Lorber erbracht haben. Der Professor für Neurologie an der Sheffield University war auf einen Burschen ohne Gehirn gestoßen.

Lorbers Interesse galt der Form des menschlichen Schädels. Wann immer er auf dem Campus seiner Hochschule jemanden sah, dessen Kopfform irgendwie auffällig schien, lud er ihn ein, sich untersuchen zu lassen. Eines Tages traf er auf einen bereits diplomierten jungen Mann mit einem etwas groß geratenen Kopf. Sein Mathematikstudium hatte er mit Auszeichnung abgeschlossen. Als sich Professor Lorber später die Computer-Röntgenbilder – frühe CT-Aufnahmen – anschaute, stellte er fest, dass der Mann praktisch kein Gehirn hatte! Sondern Nervenwasser an dessen Stelle. Doch wie kann man den Geist noch als reines Nebenprodukt des Gehirns bezeichnen, wenn der Geist brillant ist, das Gehirn aber kaum vorhanden?

Bei einem Retreat, das ich in Sydney leitete, berichtete mir ein Arzt, er habe die CT-Aufnahmen selbst gesehen; um jeden Irrtum auszuschließen, seien sie sogar mehrfach wiederholt worden. Man könne sich gar nicht vorstellen, fügte der Mediziner hinzu, vor was für große Probleme diese paar Bilder die Wissenschaft damals gestellt hätten – Forschungsgelder in Milliardenhöhe standen auf dem Spiel. Schließlich wurde der Fall als Anomalie abgetan. Mit anderen Worten: Er ließ sich allzu schwer erklären und lief allzu vielen lieb gewordenen Meinungen zuwider.

Menschen, die praktisch kaum Gehirn hatten, sind auch fürderhin entdeckt worden. Die Hirnmengen, über die sie verfügten, waren keinesfalls geeignet, höhere mentale Funktionen zu erklären wie Gedächtnis- oder die überragenden mathematischen Leistungen des Mannes aus dem britischen Sheffield.

Weitere Beweise kommen von Dr. Pim van Lommel (s. auch 2. Frage im Abschnitt *Mit dem Sterben rechnen*), dessen Studien sich mit Menschen befassten, die ein Nahtoderlebnis hatten. Infolge eines Traumas – Operation, Unfall oder einem meiner Witze – war es bei ihnen nicht nur zu einem Herzstillstand gekommen, sondern auch zu einer außerkörperlichen Erfahrung.

Van Lommel hatte gehört, dass diese Menschen aus ihrem Körper herausgetreten waren und auch von akustischen Wahrnehmungen berichteten. Nun beschloss er, der Sache auf den Grund zu gehen und herauszufinden, ob das von ihnen Gehörte real war oder auf Einbildung beruhte. Seine Datenbasis bildeten alle Patienten, die in einem bestimmten Zeitraum mit Herzstillstand in eines von drei Krankenhäusern eingeliefert wurden. Den Überlebenden händigte er Fragebögen aus. Zugleich ließ er die Geschehnisse in der Erste-Hilfe-Station beziehungsweise im OP aufzeichnen. Erinnerten sich die Patienten später an etwas, was sie gesehen oder gehört hatten, konnte er es mit den Aufnahmen abgleichen. Von den zahlreichen Herzstillstand-Patienten, die an van Lommels Studie teilnahmen, hatten etwa zehn Prozent ein Nahtoderlebnis: Vieles von dem, was sie angaben, während ihrer Bewusstlosigkeit gehört oder gesehen zu haben, passte zu den tatsächlichen Ereignissen. Deshalb muss man davon ausgehen, dass es sich um reale Erfahrungen handelte.

Berühmt wurden diese Forschungsarbeiten vor allem, weil viele der Menschen mit einem Nahtoderlebnis zugleich auch hirntot waren (das heißt, dass ihr Hirn zu diesem Zeitpunkt nicht arbeitete). Und das war entscheidend. Denn so erkannte van Lommel, dass bewusste Erfahrungen während eines Nahtoderlebnisses – das beim Austritt aus dem Körper Gesehene oder Gehörte – nicht dem Gehirn entstammen können. Woraus er schloss, dass es sich beim Bewusstsein um ein vom Gehirn unabhängiges Phänomen handeln muss.

Das ist ein handfester Beweis dafür, dass der Geist nicht auf das Gehirn angewiesen ist. Im Laufe der Zeit sind weitere Belege aufgetaucht, sodass diese These heute von großer Überzeugungskraft ist.

Was geschieht eigentlich beim Sterben?

Während des Sterbeprozesses beginnt sich der Geist vom Gehirn zu trennen und von ihm unabhängig zu werden. Er braucht das Gehirn nicht mehr. Und sobald er sich davon abtrennt, gewinnt man an Klarheit. Kurz vor dem Tod wird man normalerweise mit Morphium und Schmerzmitteln vollgepumpt, das Gehirn steht voll unter Drogen. Zudem fließen ihm alle möglichen anderen Stoffe zu, sodass es zu der Zeit praktisch ausfällt. Erreicht der Prozess des Sterbens dann jedoch einen bestimmten Punkt, beginnt sich der Geist eben abzutrennen. Und dann kann man wieder sehen, hören und agieren.

Über einen klassischen Fall berichtete im *Time Magazine* ein Arzt, zu dessen Patienten ein Mann gehörte, der einen inoperablen Hirntumor hatte. Da er beobachten konnte, wie die Geschwulst das Gehirn übernahm, wusste er auch, was ihm weiter geschehen würde. Zunehmend wurde der Patient von Lähmungen befallen, bald verlor er seine Fähigkeit zu sprechen, sein Gedächtnis und schließlich auch seine Hirnfunktionen. Das Letzte, was noch funktionierte, war der Teil des Hirns, der die lebenswichtigen Organe, Herz und Lunge etwa, am Laufen hielt. Erlischt auch diese Hirnfunktion, stirbt man. So konnte der Arzt vorhersagen, wann der Mann sterben würde.

Die gesamte Familie saß an seinem Bett. Seit nunmehr etwa einer Woche lag der Patient im Koma. Seine Angehörigen hielten ihm die Hände und erwarteten seinen Tod. Da öffnete er die Augen, setzte sich auf und unterhielt sich ein Viertelstündchen lang mit seiner Familie. Was eigentlich ein Ding der Unmöglichkeit war, doch der Arzt selbst hatte sich davon überzeugen können. In den letzten fünfzehn Minuten seines Lebens, als sein Hirn längst keinerlei Aktivität mehr aufwies, gewann der Mann die Kontrolle über seinen Körper wieder. In unmittelbarer Nähe des Todes übernimmt der Geist die Führung.

Vielleicht sorgst du dich um ein an Demenz erkranktes Familienmitglied – aber bitte, das musst du nicht. Die letzten drei Jahre vor ihrem Tod litt meine Mama daran. Als sie starb, war ich nicht zugegen, doch hätte ich bei ihr sitzen können, als sich der Geist vom Hirn trennte, würde sie mit Sicherheit gesagt haben: »Oh, Peter, wie geht's dir? Alles klar Down Under?« Sie wäre bei vollem Bewusstsein gewesen und hätte sich auch wieder an alles erinnern können.

Von anderen erwachsenen Kindern, deren Eltern am Ende dement waren, habe ich Ähnliches gehört. In den letzten Augenblicken des Lebens, wenn sich der Geist vom Hirn zu trennen beginnt, stellt das Hirn seine Funktionen ein. Sobald diese Trennung jedoch einen bestimmten Grad erreicht hat, klärt sich der Geist und auch das Gedächtnis funktioniert wieder.

Für die Wiedergeburt, heißt es oft, seien die letzten Momente vor dem Tod entscheidend. Angst vor eventuellen Morphingaben –»dann wäre ich ja vollkommen betäubt« – muss man trotzdem nicht haben. Und zwar weil sich der Geist während des Sterbeprozesses ganz von Natur aus aufklart.

Dass dem so ist, habe ich erstmals aus einer Kurzgeschichte von Tolstoi erfahren. Darin ging es um einen Mann, der so krank war, dass er vor Schmerzen stundenlang schrie wie am Spieß, was seine Angehörigen schier verrückt machte. Einige versuchten seine Qualen noch zu lindern, andere flippten einfach aus. Doch dann plötzlich hörte er auf zu schreien, war fünf Minuten lang vollkommen klar und schmerzfrei, dann starb er. Tolstoi zufolge war dergleichen vor der Verbreitung schmerzstillender Opiate sehr häufig. Egal, wie viele Schmerzen du hast oder wie krank du bist: Die letzten Minuten vor dem Tod also tut dir nichts mehr weh und du bist ganz klar. Gut zu wissen, finde ich.

Im Sir Charles Gairdner Hospital zu Perth saßen zwei Schwestern am Totenbett ihres Vaters, als er plötzlich die Augen öffnete, sich aufsetzte und seine Töchter anschaute. Ohne es im Geringsten geplant zu haben, sagten die beiden wie aus einem Mund: »Wir lieben dich, Dad.« Daraufhin schlug er die Augen wieder zu und starb – ein weiteres Beispiel für die geistige Klarheit im Angesicht des Todes.

Da fällt mir noch ein Mann im Hospiz der Murdoch University ein, ebenfalls in Perth. Er hatte Krebs und war bis unter die Halskrause mit Morphin vollgepumpt. Ursprünglich stammte er aus dem englischen Yorkshire. Ich befand mich auf Bitten seiner Tochter bei ihm, die Buddhistin war. Zur Mittagessenszeit holte sie für sich und mich Hähnchenteile mit Pommes aus der Kantine. Und da es unter Engländern üblich ist, sich die Chips zu teilen, fragte die junge Frau aus reiner Gewohnheit: »Dad, willst du auch welche?«

Woraufhin ihr Vater aus seinem Morphin-Koma auftauchte und – waschechter Engländer, der er nun mal war – »Ja, gern« sagte.

Das waren seine letzten Worte. Danach versank er wieder im Koma und verstarb bald darauf.

Während tiefer Zustände bei der Meditation, einem *Jhana* beispielsweise, wenn man Körper, Atem, Puls und so weiter nicht mehr spürt, sind diese von einem Außenstehenden aber doch noch wahrzunehmen, oder? Denn wie könnte ein Meditierender in seinen Körper zurückkehren, nachdem er sich stunden- oder tagelang in einem *Jhana* befunden hat, ohne Atmung, Kreislauf und so weiter? Müsste der physische Körper nicht bereits verendet und am Verwesen sein, bevor der Geist aus dem *Jhana* zurückkäme?

Auch ein Außenstehender würde keine Atemtätigkeit oder einen Puls bemerken, wenn du im *Jhana* bist. Hier ist die Geschichte von Greg. (Siehe auch die des Waldmönchs in der 3. Frage im Abschnitt *Mit dem Sterben rechnen*.)

Normalerweise meditierte Greg nie länger als etwa eine halbe Stunde oder so. Eines Sonntagnachmittags, als es nichts Gescheites im Fernsehen gab, sagte er seiner Frau, er gehe dann mal ins Schlafzimmer, um zu meditieren. Als er nach neunzig Minuten immer noch nicht wieder zurück war, ging seine Frau nachschauen. Greg war immer noch im Schlafzimmer und meditierte. Ganz still saß er da – eigentlich *viel zu still!* – nicht einmal seine Brust hob oder senkte sich.

Seine Frau wählte die Notfallnummer und fünf Minuten
später traf ein Krankenwagen ein. Die Sanitäter stürmten das
Schlafzimmer. Als sie sahen, dass Greg nicht mehr atmete,
wollten sie ihm den Puls fühlen, fanden ihn aber nicht. Also
packten sie Greg in den Krankenwagen und rasten mit Tatüta-
ta ins Sir Charles Gairdner Hospital. Kein Puls, kein Herzschlag, kein gar nichts! In der Notfallambulanz wurde ein
EKG erstellt, um die Herzaktivitäten zu messen – kein Ausschlag, nicht einen einzigen Zacken wies die Linie auf. Allem
Anschein nach war der Patient tot.

Um sicherzugehen, wurde auch ein EEG erstellt, um die
Hirnaktivitäten zu messen – wieder kein Ausschlag. Greg war
hirntot! Sein Herz stand still! Seine Frau war entsetzt. Sie hielt
ihren Mann tatsächlich für tot.

Glücklicherweise war der Arzt jedoch indischer Abstam-
mung. Von seinen Eltern wusste er, dass sich die Vitalfunktio-
nen in tiefer Meditation von selbst runterfahren können. Und
Greg, erfuhr er nun, habe gerade meditiert. Vielleicht befand
er sich ja in einem Zustand der tiefen Meditation.

Mit dem Defibrillator verabreichte der Arzt Greg gezielte
Stromstöße. Immer noch kein Ausschlag – weder auf dem
EKG noch beim EEG. Alles wurde versucht, um Greg wiederzubeleben – aber nichts funktionierte … bis er schließlich aus
der Meditation herauskam. Er öffnete die Augen, setzte sich
auf und sagte: »Was tu ich denn hier? Ich war doch in meinem
Schlafzimmer! Was ist los?« Sobald er die Augen aufgeschlagen
hatte, zeichneten sowohl EKG als auch EEG normale
Aktivitäten auf.

Der Arzt unterzog Greg einer gründlichen Untersuchung,
anscheinend aber war er kerngesund. Also durfte er zusammen
mit seiner Frau nach Hause gehen.

Nachdem er mir das alles erzählt hatte, fragte ich ihn, was er denn anders gemacht habe als sonst, dass er in ein derartig tiefes *Jhana* gelangt sei. Worauf er (wie alle, die dieselbe Erfahrung gemacht haben) antwortete: »Ich habe zum ersten Mal richtig losgelassen.«

»Und wie hast du dich in dem Moment gefühlt? Hast du die Defibrillatoren gespürt?«

»Gar nichts habe ich gespürt. Pure Glückseligkeit war ich. So etwas Wunderbares habe ich nie zuvor erlebt. So viel Frieden. So große Glücksgefühle.«

Das ist ein sicherer Beweis. Die Elektroden des Defibrillators auf seiner Brust hat Greg nicht gespürt, auch das Einsatzhorn der Ambulanz hat er nicht gehört. Gar nichts hat er mitbekommen. Vielmehr war er ganz tief in sich versunken und amüsierte sich königlich!

So hat es sich abgespielt. Wirklich und wahrhaftig. Alle würden einen dann für tot halten, wenn sie nicht wissen, was los ist.

Diese Geschichte zeigt die Unterschiede zwischen Menschen, die sich im *Jhana* befinden, und Verstorbenen. Dass der Arzt einen Defibrillator zum Einsatz brachte, lag unter anderem daran, dass Gregs Körpertemperatur nicht abgesunken war. Dieser Sachverhalt wird auch im *Mahavedalla Sutta* (MN 43) beschrieben. Dort heißt es, dass sich Tote insofern von Menschen in tiefem *Jhana* unterscheiden, als der Körper der Letzteren warm bleibe.

Frage: Können auch Laien in diesem Leben zur Erleuchtung gelangen? Und wenn ja: Wie stellen wir es an?

Antwort: Ja, könnt ihr. Verliert euch einfach!

Abkürzungen

AN	*Aṅguttara Nikāya*
DN	*Dīgha Nikāya*
MN	*Majjhima Nikāya*
SN	*Saṃyutta Nikāya*
Ud	*Udāna*
Snp	*Sutta Nipāta*

Die Einzelnachweise für *Dīgha Nikāya, Majjhima Nik*āya, *Saṃyutta Nikāya* und *Aṅguttara Nikāya* entsprechen dem Nummerierungsschema der von Wisdom Publications veröffentlichten Übertragungen ins Englische, die für *Udāna* und *Sutta Nipāta* demjenigen der von der Pali Text Society herausgegebenen Pali-Texte.

Glossar

Achtfacher Pfad: Der Edle Achtfache Pfad, *ariyo aṭṭhaṅgiko maggo*. Eine der wichtigsten Lehren des Buddha, der ihn als den Weg zur Beendigung des Leidens und zur Erleuchtung beschrieb.

Ahosi-Kamma (ahosi kamma): Handlung aus der Vergangenheit, die keinerlei Auswirkungen (mehr) auf das *Kamma* hat.

Ajahn: Thailändischer Ausdruck für »Lehrer«, abgeleitet vom Sanskrit-Wort *ācariya*. Ehrenbezeichnung, auch Anrede buddhistischer Monastiker.

Anagami (anāgāmī): Nichtwiederkehrer. Eine Person, die die fünf niederen Fesseln abgelegt hat, die den Geist an den Zyklus der Wiedergeburt ketten. Nach dem Tod erscheint sie in einer der Brahma-Welten wieder, den Reinen Gefilden, und erlangt dort *Nibbana*.

Anagarika (anagārika): Person, die den Großteil ihrer weltlichen Besitztümer und Verantwortungen aufgegeben hat, um sich vollends der buddhistischen Praxis zu widmen. *Anagarikas* befolgen die acht Gebote und sind im Allgemeinen weiß gekleidet.

Anagatavamsa (Anāgatavaṁsa): Chronik des künftigen Buddhas Metteyya. In einem Kommentar sowie einem Subkommentar werden künftige Buddhas beschrieben.

Anapanasati (ānāpānasati): Achtsamkeit des Atems. Eine Meditationspraxis, bei der das Gewahrsein anhaltend bei der Atmung gehalten wird.

Anatta (anattā): Nicht-Selbst, ohne Seele. Eines der drei Daseinsmerkmale empfindender Lebewesen (neben *Anicca*, Vergänglichkeit, und *Dukkha*, Leiden).

Anicca (anicca): instabil, ungewiss, vergänglich. Siehe *Anatta*.

Anjali (añjali): Form der Begrüßung unter Buddhisten. Bei dieser Mudra werden die Hände vor dem Oberkörper aneinandergelegt.

Anuruddha: Cousin und bedeutender Schüler des Buddha. In den *Suttas* ist er der Bedeutendste unter den Menschen mit der Gabe des »göttlichen Auges«.

Alara Kalama (Ālāra Kālāma) und Uddaka Ramaputta (Uddaka Rāmaputta): Die Lehrer, die Buddha hatte, bevor er auszog, um seiner eigenen Praxis nachzugehen, und zur Erleuchtung gelangte.

Arahat (Sanskrit: arhat): Ein »Würdiger«. Eine Person, die die höchste Stufe der Erleuchtung erlangt hat.

Ariya (Sanskrit: **ārya**): Ein »Edler«. Eine Person, die eine der vier Stufen der Erleuchtung erlangt hat.

Armadale: Ortschaft in Western Australia, am südöstlichen Rand des Stadtgebiets von Perth.

Asava (**āsava**): Triebflüsse beziehungsweise geistige Befleckungen, mentale Einflüsse.

Avijja (**avijjā**): Täuschung, Illusion, Unwissen, mangelndes Verständnis, insbesondere im Hinblick auf die Vier Edlen Wahrheiten.

Avijjasava (**avijjāsava**): Triebfluss der Unwissenheit.

Bahiya (**Bāhiya**): Ein Asket, den der Buddha die rechte Methode zur Betrachtung der Sinneswahrnehmungen lehrte. Während er den Erläuterungen lauschte, gelangte Bahiya zur Arahatschaft. Der Buddha erklärte ihn zum Bedeutendsten unter denen, die die Wahrheit besonders schnell erkannten.

Bhavasava (**bhavāsava**): Triebfluss des Werdeseins, der Existenz.

Bhikkhuni (**bhikkhunī**): Eine voll ordinierte buddhistische Nonne.

Bodh Gaya: Der Ort, an dem Buddha Gotama zur Erleuchtung gelangt sein soll.

Bodhinyana-Kloster: Waldkloster in Serpentine, Western Australia, dessen Abt Ajahn Brahm seit 1995 ist.

Bodhisattva: Im Mahayana-Buddhismus eine Person, die das Erreichen des *Nibbana* dank seines Mitgefühls für das Leiden der Lebewesen aufschiebt. Im Theravada eine Person auf dem Weg zur Buddhaschaft.

Brahma-Welt: Ein himmlischer Bereich, in dem *Anagamis* und Menschen, die mit *Jhana* vertraut sind, wiedergeboren werden.

Brahmavihara (brahmavihāra): Die vier himmlischen Verweilzustände beziehungsweise die »Vier Unermesslichen«: *Metta* (liebende Güte), *Karuna*, (Mitgefühl), *Mudita* (Anteil nehmende Freude) und *Upekkha* (Gleichmut, Gelassenheit).

Buddha Gotama: Der historische Buddha, allgemein unter der Bezeichnung »Buddha« bekannt.

Buddha Kassapa: Name des dritten von fünf Buddhas dieses Zeitalters und der Letzte der sechs Buddhas, die dem historischen Buddha vorangingen. Diese sechs werden in den älteren Teilen des Pali-Kanons erwähnt.

Buddho (buddho): »Erwacht«, »erleuchtet«. Ein in der thailändischen Wald-Tradition weitverbreitetes Mantra.

Chah, Ajahn (1918–1992): Berühmter Schüler von Meditationsmeister Ajahn Mun in der thailändischen Wald-Tradition; Lehrer von Ajahn Brahm.

Cromagnonmensch: Alte Bezeichnung der ersten anatomisch modernen Menschen in der Kaltzeit Europas.

Dana (dāna): Geschenk, Opfergabe, Almosen.

Deva: Himmlisches Wesen.

Devi (devī): Himmlisches Wesen weiblichen Geschlechts.

Dhamma (Sanskrit: **dharma**): Die Lehren des Buddha.

Dhammananda, Dr. K. Sri (1919–2006): Renommierter buddhistischer Mönch und Gelehrter aus Sri Lanka.

Dhammasara-Nonnenkloster: Waldkloster in der Waldtradition des Theravada-Buddhismus; es liegt außerhalb von Perth, Western Australia, in Gidgegannup.

Drei Juwele: Die Objekte der dreifachen Zuflucht: Buddha, Dhamma (die Lehren) und Sangha (der Mönchs- beziehungsweise Nonnenorden).

Dukkha: Leiden. Siehe auch *Anatta*.

Edgar Allan Poe (1809–1849): Amerikanischer Autor, Lyriker, Herausgeber und Literaturkritiker.

Ekaggata (ekaggatā): Sammlung des Geistes, Synonym für *Samadhi*.

Gebote/Tugendregeln: Ethischer Verhaltenskodex von Buddhisten. Grundlegend sind die sogenannten fünf Gebote. Sie stellen jedoch keine Befehle dar, sondern eher Ausbildungsregeln, die freiwillig befolgt werden. Darüber hinaus gibt es noch andere Gruppen von Tugendregeln, insbesondere die acht Gebote, die zehn Gebote und das *Patimokkha* (Gebote für Mönche und Nonnen).

Geierberg: Einer der fünf Hügel, von denen die Stadt Rājagaha umgeben ist. Wie aus den *Suttas* hervorgeht, war der Buddha oft auf dem Geierberg und hielt dort auch viele Reden.

Guanyin: Weiblicher *Bodhisattva*; steht insbesondere für Mitgefühl und wird von vielen ostasiatischen Buddhisten verehrt. Bekannt auch als Göttin der Gnade.

Heilige Stätten des Buddhismus: Die Orte, an denen der Buddha geboren wurde (Lumbini), zur Erleuchtung gelangte (Bodh Gaya), seinen ersten Lehrvortrag hielt (Sarnath) und starb (Kusinara).

Hinayana (»Kleines Fahrzeug«): Historische, oft abfällig gemeinte Bezeichnung der Buddhisten anderer Traditionen seitens der Anhänger des Mahayana.

Jackfruchtbaum (Jakobsfrucht): Pflanzenart aus der Familie der Maulbeergewächse, in Teilen Süd- und Südostasiens heimisch; in buddhistischen Waldklöstern wird sein Kernholz zum Einfärben der typisch hellbraunen Roben verwendet.

Jagaro, Ajahn (1948 geboren): Australischer Schüler Ajahn Chahs, der erste Abt des Bodhinyana-Klosters.

Jaina: Anhänger des Jainismus, einer altindischen Religion, die in einem auf Verzicht und Schadlosigkeit beruhenden Leben den Weg zu Befreiung und Glückseligkeit sieht. Zu Zeiten des Buddha existierten Jainismus und Buddhismus nebeneinander.

Jhana (jhāna): Meditativer Zustand tiefer Stille, in dem der Geist ganz in den gewählten Gegenstand der Aufmerksamkeit versunken und von ihm absorbiert ist.

Jhana Grove: Jhana Grove Meditation Retreat Centre in Serpentine, Western Australia, gegründet und betrieben von der Buddhist Society of Western Australia.

Jun, Ajahn (1922–1995): Ein bedeutender Schüler Ajahn Chahs.

Kamasava (kāmāsava): Ein bestimmter Triebfluss, die sinnliche Befleckung. Anhaftung an und Suche nach dem Glück in der Welt der Sinneswahrnehmungen.

Kamma (Sanskrit: **karma**): Das Tun. Eine bewusst getroffene Wahl mit Konsequenzen für die Zukunft.

Karuna (karuṇā): Mitgefühl, das zweite der Vier Unermesslichen.

Kasina (kasiṇa): Klasse visueller Meditationsobjekte. Normalerweise wird eine farbige Scheibe verwendet.

Khandha (Sanskrit: **skandha**): Aggregat. Eine von fünf Daseinsgruppen oder Phänomenen, die vermeintlich die grundlegenden Aspekte der menschlichen Persönlichkeit bilden. Als da wären: *Rupa* (*rūpa*) = Körperlichkeit, *Vedana* (vedanā) = Gefühlswelt, *Sanna* (*saññā*) = Wahrnehmung, *Sankhara* (*saṅkhārā*) = Wille und *Vinnana* (*viññāṇa*) (Bewusstsein).

Khiddapadosika-Deva (**khiḍḍāpadosika deva**): Verspieltes Himmelswesen.

Loka-Dhamma (**loka-dhamma**): Die weltlichen Belange und Sorgen, die dazu neigen, den Menschen voll zu beanspruchen: Gewinn und Verlust; Ruhm und Schmach; Lob und Tadel; Glücklich- und Unglücklichsein.

Maha Bua, Ajahn (1913–2011): Ein berühmter Schüler des Meditationsmeisters Ajahn Mun in der Tradition der thailändischen Waldmönche.

Mahabrahma (**Mahābrahma**): Ein Gott, der von dem Wahn besessen ist, allmächtiger, allwissender Schöpfer des Universums zu sein.

Mahamoggallana (**Mahāmoggallāna**): Neben Sariputta der wichtigste Schüler des Buddha. Die beiden wurden zu Vorbildern erklärt, an denen andere sich ein Beispiel nehmen sollten. Mahamoggallana zeichnete sich besonders durch seine übernatürlichen Fähigkeiten aus.

Mahabodhi (**mahābodhi**) **Tempel**: Buddhistischer Tempel in Bodh Gaya, wo der Buddha zur Erleuchtung gelangt sein soll.

Mahayana (mahāyāna): Das »große Fahrzeug«. Eine der drei Hauptrichtungen des Buddhismus, die sich von Indien aus nordwärts verbreitete und heute vor allem in Tibet und Ostasien befolgt wird.

Metta (mettā): Liebende Güte, Wohlwollen, Nächstenliebe; das erste der vier *Brahmaviharas*.

Metteyya (Sanskrit: Maitreya): Name des mythischen künftigen Buddha.

Mun, Ajahn (1870–1949): Mitbegründer der thailändischen Waldtradition und Lehrer Ajahn Chahs.

Mudita (muditā): Mitfreude, Anteil nehmende Freude, Freude am Glück der anderen; das dritte der vier *Brahmaviharas*.

Namo Buddhaya (Namo Buddhāya): »Verehrung dem Buddha« – Huldigungsformel; wird beim Meditieren häufig als Mantra benutzt.

Nibbana (nibbāna, Sanskrit: nirvāṇa): wörtlich »Verwehen«; Auslöschung, Erkalten, Befreiung, höchstes Glück. Gemeint ist das Erlöschen von Verlangen (*lobha*), Hass (*dosa*) und Täuschung (*moha*) und damit das Ende des Leidens.

Nimitta: Meditationsobjekt, Zeichen, Signatur der tiefsten Wahrheit. Wird oft benutzt, um das mentale Bild eines Lichtes zu bezeichnen, das sich im *Jhana* einstellt.

Nyanadhammo, Ajahn (1955 geboren): Australischer Schüler Ajahn Chahs.

Om maṇi padme hum: Mantra tibetischer Buddhisten. *Maṇi* bedeutet »Juwel« und *padma* »Lotos«. Die Lotosblüte ist ein Symbol des Buddhismus.

Paritta: Schutz. Die buddhistische Praxis des Rezitierens bestimmter Verse und Schriften zum Zwecke der Abwehr von Unglück oder Gefahr.

Paṭācārā Bhikkhunī: Zu Zeiten des Buddha berühmte Nonne; von ihm zu einer der im *Vinaya*-Wissen beschlagensten *Bhikkhunis* erklärt.

Piti (pīti): Freude, Entzücken, Begeisterung; eine ganz spezielle Freude, die mit sehr tiefem Meditieren assoziiert wird.

Piti-Sukha (pīti-sukha): Begeisterung und Glück. Siehe auch *Piti* und *Sukha*.

Puthujjana (puthujjana): »Normaler« Mensch – im Gegensatz zum Edlen (*Ariya*).

Reines Land: Im Mahayana-Buddhismus der himmlische Bereich eines Buddhas beziehungsweise *Bodhisattvas*. Benennt auch eine Schule des Buddhismus.

Sakka: Himmlisches Wesen; in der buddhistischen Kosmologie Herrscher über den *Tavatimsa*-Himmel.

Sakyamuni: »Der Weise aus dem Volk der Sakyas«. Weil er dem Sakya-Clan angehörte, war Buddha auch unter diesem Namen bekannt.

Samadhi (samādhi): Mentale Stille. Das letzte Glied des Edlen Achtfachen Pfades und bestehend aus den vier *Jhanas*.

Samatha: Innere Stille. Eines der wichtigsten Resultate der buddhistischen Praxis. Einher geht *Samatha* gewöhnlich mit *Vipassana* (klarer Einsicht).

Samsara: Der Kreislauf von Tod und Wiedergeburt unter dem Diktat der Gesetze des *Kammas*. Befreiung aus diesem Kreislauf gibt es nur durch das Erlangen tiefer Weisheit beziehungsweise das *Nibbana*.

Sangha: Gemeinschaft buddhistischer Mönche oder Nonnen.

Sangharaja von Thailand: Titel, der in vielen Theravada-buddhistischen Ländern Mönchsältesten verliehen wird, die entweder einer Mönchsbruderschaft (*nikaya*) vorstehen oder dem ganzen *Sangha* des Landes. Oft mit »Patriarch« oder »Oberster Patriarch« übersetzt. Bei dem im Abschnitt *Dämonen und Devas*, 4. Frage, erwähnten Sangharaja von Thailand handelte es sich um Somdet Phra Nyanasamvara (1913–2013).

Sariputta (Sāriputta): Gehörte zusammen mit seinem Freund Mahamoggallana zu den zwei wichtigsten Schülern des Buddha. In den *Suttas* galt er als besonders weise in puncto Nonnen-*Sangha*.

Somdet Phra Buddhajahn (1928–2013): Abt von Wat Saket Rajavaravihara (1971–2013) und stellvertretender Sangharaja von Thailand (2005–2013). Er war der Lehrer Ajahn Brahms.

Somdet Phra Nyanasamvara (1913–2013): Abt von Wat Bowon (1961–2013) und Sangharaja von Thailand (1989–2013).

Stromeingetretener: *Sotāpanna*. Person, die in den Strom des Achtfachen Pfades eingetreten ist und in höchstens sieben Leben zuverlässig zur Erleuchtung gelangt. Er oder sie hat die ersten drei Fesseln (*saṁyojanas*) des Geistes abgestreift. Der Stromeintritt ist das erste der vier Stadien der Erleuchtung.

Sujato, Ajahn (1966 geboren): Australier; buddhistischer Gelehrter und Meditationslehrer; Schüler Ajahn Brahms.

Sukha: Glücksgefühle, Leichtigkeit, Vergnügen, Seligkeit. Im Zusammenhang mit der Meditation bezieht sich der Ausdruck auf das intensive Glücksgefühl, das aus einer tiefen Meditation entstehen kann.

Sutta (Sanskrit: **sūtra**): Lehrrede des Buddha.

Tavatimsa (Tāvatiṁsa): Himmlischer Bereich der dreiunddreißig Götter unter der Herrschaft Sakkas, eines Anhängers des Buddha.

Theragatha (Theragāthā): *Die Sprüche der Älteren Mönche*. 264 Gedichte im Pali-Kanon, in denen Mönche von ihren Schwierigkeiten und Erfolgen auf dem Weg zur Arahatschaft berichten.

Theravada: Bezeichnung der in Südostasien und Sri Lanka vorherrschenden Version des Buddhismus. Im Gegensatz zum Leitbild des *Bodhisattva* im Mahayana hebt sie das Ideal des *Arahats* hervor.

Therigatha (Therīgāthā): *Die Sprüche der Älteren Nonnen.* 73 Geschichten in Versform im Pali-Kanon, in denen Nonnen von ihren Schwierigkeiten und Erfolgen auf dem Weg zur Arahatschaft berichten.

Tusita: Eine von sechs himmlischen Welten der buddhistischen Kosmologie. Dort soll sich der Buddha aufgehalten haben, bevor er im menschlichen Bereich wiedergeboren wurde, um Erleuchtung zu erlangen.

Upekkha (upekkhā): Gelassenheit, Gleichmut, vierter der vier himmlischen Verweilzustände (*Brahmaviharas*). Zustand der Losgelöstheit, in dem man Zeuge ist, ohne emotional involviert zu sein. Tugend und Haltung, die es zu kultivieren gilt. Nicht zu verwechseln mit Gleichgültigkeit oder mangelndem Interesse.

Vacchagotta: Name eines Asketen (*paribbājaka*), dessen Gespräche mit dem Buddha im Pali-Kanon beschrieben werden. Vacchagotta bat den Buddha schließlich darum, von ihm ordiniert zu werden, und wurde zum *Arahat*.

Vajrayana: Buddhistisches Tantra, zentraler Bestandteil des tibetischen Buddhismus sowie bestimmter Schulen in China und Japan.

van Lommel, Pim (1943 geboren): Holländischer Kardiologe und Naturwissenschaftler, der besonders für seine Erforschung der Thematik von Nahtoderlebnissen und Bewusstsein Berühmtheit erlangte, vor allem für eine am 15. Dezember 2001 in der medizinischen Fachzeitschrift *The Lancet* veröffentlichte Prospektivstudie.

Vesakh: Theravada-buddhistischer Feiertag, der am Vollmondtag im Mai begangen wird und an Geburt, Erleuchtung sowie Tod des Buddha erinnert.

Vicara (vicāra): Unterscheidungsvermögen, nachhaltiges Denken. Einer der für das erste *Jhana* charakteristischen Faktoren.

Vier Edle Wahrheiten: *Cattāri ariyasaccāni.* Die zentrale Lehre des Buddhismus. Sie erklärt das Leiden (*Dukkha*), seine Ursache (*Samudaya*), seine Beendigung (*Nirodha*) und den Weg, der zur Beendigung des Leidens (*Magga*) führt.

Vimuttirasa: Geschmack der Befreiung, der allen Aspekten der Lehren des Buddha anhaften soll.

Vinaya: Einer der drei Teile des Pali-Kanons; umfasst die Ordensregeln.

Vipallasa (vipallāsa): Verkehrung, Verdrehung auf den Gebieten der Wahrnehmung (*saññā-vipallāsa*), des Bewusstseins (*citta-vipallāsa*) und der Ansichten (*diṭṭhivipallāsa*).

Vipassana (vipassanā): Klare Einsicht. Deutliches Erkennen der drei Daseinsmerkmale Vergänglichkeit, Leiden, Nicht-

Selbst. Wird gemeinhin auch gleichbedeutend mit »*Vipassana*-Meditation« verwendet.

Vitakka: Gedanke, ursprüngliche Geistestätigkeit. Einer der mentalen Faktoren des ersten *Jhanas*.

Wat Bowon: Tempel in Bangkok und Zentrum des Dhamma-yut-Ordens, eines der zwei wichtigsten Mönchsorden im Thai-Buddhismus. Sein erster Mönch war Prinz Mongkut, der spätere König Rama IV. (s. auch Abschnitt *Dämonen und Devas*, 4. Frage).

Wat Pah Nanachat: Internationales Waldkloster. Buddhistisches Kloster im Nordosten Thailands, von Ajahn Chah 1975 insbesondere als Ausbildungszentrum für nicht thailändische Mönche gegründet.

Wat Saket: Wat Saket Rajavaravihara, Tempel des Goldenen Berges. Buddhistischer Tempel in Bangkok. Unter seinem Lehrer Somdet Phra Buddhajahn wurde Ajahn Brahm dort ordiniert.

Über den Autor

Ajahn Brahm, geboren 1951 in London, betrachtete sich nach der Lektüre einschlägiger Bücher bereits mit sechzehn als Buddhist. Während seines Studiums der theoretischen Physik an der Cambridge University intensivierte sich sein Interesse an Buddhismus und Meditation noch.

Mit dreiundzwanzig wurde er zum Mönch ordiniert. Die folgenden neun Jahre widmete er unter dem renommierten Meditationsmeister Ajahn Chah Theorie und Praxis der Waldtradition.

1983 wurde er nach Australien eingeladen, um in der Nähe von Perth ein Waldkloster aufzubauen. Heute ist Ajahn Brahm Abt des Bodhinyana-Klosters und spiritueller Leiter der Buddhist Society of Western Australia.

2004 wurde er mit der prestigereichen John Curtin Medal für Weitblick, Führungsstärke und soziales Engagement ausgezeichnet.

2005 begann Ajahn Brahm mit dem Aufbau eines Zentrums, das Laien einen passenden Rahmen zum Erlernen der Meditation bietet. Jhana Grove wurde im April 2009 eröffnet. Seither sind dort bereits zahlreiche Meditationsretreats abgehalten worden.

Mit seinen originellen, erkenntnisreichen Vorträgen zieht der gefragte Redner überall auf der Welt ein großes Publikum an.

Ajahn Brahm

Eine wundervolle Sammlung
inspirierender Geschichten mit Tiefgang.
Nie wurde buddhistische Weisheit
charmanter und humorvoller präsentiert.

978-3-7787-8183-8

978-3-7787-8251-4

Ajahn Brahm

Sei nicht nur achtsam – sei liebevoll achtsam

Innere Kraft, Klarheit und Freude finden, sich voller Mitgefühl mit
seinen Mitmenschen verbinden, ganz entspannt im Hier und Jetzt
sein – das wird möglich durch liebevolle Achtsamkeit. Wie wir
diese Geisteshaltung in uns entfalten können, zeigt Ajahn Brahm
in dieser großartigen kleinen Lebensschule. Mit klarer Anleitung
und gewürzt mit dem sanften, unverwechselbaren Humor
des weltbekannten spirituellen Lehrers.

978-3-7787-8268-2

Lotos